U0139161

科技部經典譯注計畫

實用主義與教育研究

Pragmatism and Educational Research

Gert J. J. Biesta, Nicholas C. Burbules　著

林于仙　單文經　譯

五南圖書出版公司 印行

Pragmatism and Educational Research

Gert J. J. Biesta, Nicholas C. Burbules

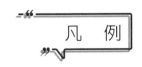

凡　例

一、本書導讀及注釋格式、參考文獻，按照臺灣教育學術界習用的 APA 格式，並附於每章之後。

二、原書籍引用文獻與參考文獻之格式，原則上予以保留，參考文獻則附於全書之後；惟原文引用文獻之格式稍雜亂，本譯本一併採統一格式。

三、本書原作者並未使用任何附加注解，因此本書之所有注釋皆為譯者加上之解釋，以「註腳」的方式呈現於每一章節中。

四、本書之譯注中，將原作者為加強語氣而以*斜體字型*呈現之字詞，一律改以**粗體字型**表示，並於必要時將斜體字原文置於括弧內，以資辨識。

五、在原文內文中出現的外文專有名詞、書名、人名等，原則上 (1) 將以中文音譯呈現，或以慣用中文譯名呈現，並在第一次出現時附上原文。(2) 必要時在書名之後加上出版年分、人名之後加上生卒年分。

六、本書原文中引用之引文文獻，作者名稱則不翻譯，以原文呈現，以供讀者對照作者在書末提供的文獻查考之用。

七、本書原作者之引文或正文中，以中括號 [ ] 加入之文字，為譯者補充之解釋、或為使前後文文意通暢之文字。

八、作者於原文中常以雙破折號（——）夾注文字，作為附帶解釋之內容。本書譯注會依照前後文之連接，或維持作者原格式，或以小括弧（）夾注文字之方式取代，以俾閱讀。

九、本書注釋中之文字，凡參考網站之資料者，多為經專家確認之網站內容，例如國家教育研究院之翻譯名詞網站。其他引用可信賴之網站內容，亦會列出其網址，以供讀者參考、比對。

十、本書所見引號可大別爲兩類，一爲中式標法「」，改自原書標示之西式標法""；二爲西式標法""，係譯注者翻譯時自行增加者。

十一、本書儘量做到活譯達意（包括句號有可能改爲逗號、分號等）、簡鍊流暢、力求神似，並避免漏譯、刪割、走樣等情事。又爲使文意更爲清順易解，偶以意譯方式處理，並適時加上必要的補述。至於注釋部分，則力求該注則注、詳爲解讀、深入闡釋，並提供必要的資訊予讀者參考。

原作者 Biesta 中文版序（Foreword）

Gert Biesta

I wrote most of the text for *Pragmatism and Educational Research* during the 2000-2001 academic year, and the book was eventually published in 2003. It was part of a series of books set up by Nicholas Burbules in which each volume explored the significance of a particular philosophical position, tradition or 'school' for the conduct of educational research. For me, writing the book was the culmination of well over a decade of concentrated study of the philosophy and educational theory of pragmatist thinkers. Beginning with the work of John Dewey (whose theory of knowing was the topic of my PhD, which I completed in 1992; see Biesta 1992), and adding to this the work of George Herbert Mead (whose educational thought was the focus of a 2 year post-doctoral scholarship from the Spencer Foundation and the National Academy of Education in the USA; see Biesta 1999; Mead 2008). My interest in Dewey's work emerged in the 1980s when I studied education and philosophy. At the time, the work of Karl Popper and particularly his ideas about falsification still played a major role in the philosophy of science and, through this, also had an impact on the methods and methodologies of social and educational research. The idea that research is a matter of formulating and testing hypotheses is still around today and, philosophically, goes straight back to Popper.

Yet the 1980s were also rife with discussions informed by historical and sociological scholarship on the development of modern science, beginning with the ground-breaking work of Thomas Kuhn. This resulted in rather heated discussions about the nature of scientific research and, more specifically, the question whether knowledge generated by the sciences could or could not claim to have special access to truth. One ongoing discussion at the time was whether scientific knowledge was objective, subjective or relative. And more generally there were discussions going on about notions of rationality and relativism, including strong arguments for the case that all knowledge was in some way relative to particular paradigms or cultural or social 'frameworks.' While some strongly defended the idea that science can provide us with objective knowledge, others claimed, with a similar strength and vigour, that such a claim to objective truth is simply not possible. The latter idea became a hallmark of so-called postmodern philosophy, and many, up to the present day, see postmodernism as the celebration of subjectivism and relativism – which is either welcomed or seen as a severe threat to objective knowledge and scientific rationality.

What I found remarkable about the work of John Dewey – which in the 1980s led a very marginal existence in discussions about knowledge, science and rationality; many thought that it was outdated and not really offering anything interesting – was, that it provided a very meaningful 'opening' in many of the discussions that were going on. And in retrospect I would say that the brilliance of Dewey's work lies in the fact that he does not take a position within an existing field – which is what proponents and critics of the idea objective truth seem to do; they both rely on the same set of assumptions – but actually tried to reconfigure that very field, by asking whether the assumptions that inform our discussions about what it means to know and how we can make judgements about the quality of our knowledge actually need revising. One of Dewey's main insights was that the discussion about the virtues and vices of modern science was conducted by means of philosophical categories that had emerged in a completely different context, namely Greek philosophy and the Greek worldview.

There 'real' knowledge was understood in terms of visual representations of a world outside of human beings; a world where human beings are spectators, as Dewey put it. The point Dewey made is that modern science as it emerged from the 16th century onwards did not generate its knowledge by looking at the world but by actually intervening in the world – the method of experimentation – in order then to register how the world 'answers back,' so we might say. If we believe that objective knowledge is knowledge about a world that exists totally independent from us, than any tinkering with that world can only be seen as a threat to the possibility of objective knowledge. But rather than using Greek ideas about knowledge and reality to make sense of experimental science, Dewey took the other option by asking how we might understand knowledge and reality if we take experimentation as our starting point, that is, the idea that the only way in which we can gain knowledge is by acting and noting the consequences of our actions upon the world.

With this simple but profound shift – which we might term a real paradigm shift – Dewey was able to acknowledge that everything we know is relative in that it is relative to the way in which we intervene in the world. But that doesn't mean that our knowledge is subjective or just phantasy. It is knowledge about reality, but not a reality we are just looking at – as someone looking at a picture in a museum – but rather a reality we are in constant interaction (or with the word Dewey preferred: transaction) with. Along these lines Dewey was not only able to break through the ongoing and in a sense never-ending discussion between objectivism and relativism. At the very same time it allowed him to make clear that modern science doesn't produce any special kind of knowledge that is better or more true or more objective than our everyday knowledge. If we want to understand what is special about modern science we should, in other words, not look to epistemology or theory of knowledge, but should rather look at the particular social organization of scientific research. And here we can partly say that science is a well-organised collective effort at generating knowledge – and many of the benefits of modern science have a lot to do with well-orchestrated collaboration between individual researchers and research groups. Yet with Dewey we can also see that if such groups and groupings become too powerful, they run the risk of silencing other voices, other knowledges, and insights from other domains and practices.

Precisely with regard to the big discussions that were going on in the 1980s and which, in a sense, are continuing today, for example around ideas of 'fake news' and 'post truth,' Dewey's philosophy has much to offer and, so I wish to add, still has much to offer. This is also the case for the field of educational research which, as I have argued in many places (see, e.g., Biesta 2007; 2010; 2020), suffers from a far too narrow and far too simplistic obsession with questions about 'what works,' and thinks that particular forms of research, including large-scale randomised trials, are able to tell once and for all what teachers should and should not be doing. This is a popular but very problematic idea, and I do think that Dewey's work also provides a very meaningful angle from which the limitations of these recent research fashions in education can be made visible.

For all these reasons I am really pleased that *Pragmatism and Educational Research* is now available in Chinese, one of the major global languages of the present. I hope that the text can help to make discussions about educational research more 'intelligent,' to use a Deweyan phrase. I also hope that, through this, educational research can contribute to the ongoing improvement of educational practice, not by telling teachers what they should and shouldn't do, but by providing them when insights and considerations that can support and enhance their professional judgement and action, rather than that it limits and curtails their possibilities for intelligent educational action.

Edinburgh, August 2021

Gert Biesta

References

Biesta, G. J. J. (1992). *John Dewey. Theorie & Praktijk*. [John Dewey - Theory & Practice] Delft: Eburon. (Dissertatie RU Leiden).

Biesta, G. J. J. (1999). Redefining the subject, redefining the social, reconsidering education: George Herbert Mead's course on Philosophy of Education at the University of Chicago. *Educational Theory, 49*(4), 475-492.

Biesta, G. J. J. (2007). Why 'what works' won't work. Evidence-based practice and the democratic deficit of educational research. *Educational Theory, 57*(1), 1-22.

Biesta, G. J. J. (2010). Why 'what works' still won't work. From evidence-based education to value-based education. *Studies in Philosophy and Education, 29*(5), 491-503.

Biesta, G. J. J. (2020). *Educational research: An unorthodox introduction*. London: Bloomsbury.

Mead, G. H. (2008). *The philosophy of education*. Edited and introduced by Gert Biesta and Daniel Tröhler. Boulder, Co./London: Paradigm Publishers.

　　我在 2000-2001 學年爲《實用主義與教育研究》撰寫了大部分內容，該書最終於 2003 年出版。它屬於尼可拉斯・伯布列斯（Nicholas Burbules）[1]統籌的系列書籍中的一本，該系列的每一卷書都探討了進行教育研究的特定哲學立場、傳統或「學派」。對我來說，寫這本書是十多年來對於實用主義思想家的哲學及教育理論的研究結晶；始於約翰・杜威的作品（他的知識理論是我於 1992 年完成的博士論文主題；參見 Biesta, 1992），接著再加上喬治・赫伯特・米德（George Herbert Mead）的作品（他的教育思想是我接下來兩年於斯賓塞基金會和美國國家教育學院的博士後研究主題；參見 Biesta, 1999；Mead, 2008）。我對杜威作品的興趣始於 1980 年代，當時我主修教育和哲學。那時，卡爾・波普爾（Karl Popper）的作品，特別是他關於否證（falsification）的思想，仍然在科學哲學領域占有重要地位，並因此對社會和教育研究的方法及方法論產生影響。關於研究是形成（formulate）和測試假設的想法，今日仍舊存在，而且哲學上來說可追溯到波普爾的思想。

　　然而，1980 年代也充斥著關於現代科學發展歷史及社會學學術的討論，這都因著托馬斯・孔恩（Thomas Kuhn）的開創性作品，開啟了關於科學研究性質的激烈討論，更具體地說，這個 [激烈] 辯論的問題是科學所產生的知識，是否可以聲稱具有特殊的眞理獲取途徑。其中一項從當時直到現在還在持續的討論，是有關科學知識是否是客觀的、主觀的、還是相對的。另一項更普遍的討論則是關於理性和相對主義的概念，包括對於 [知識相對性] 的激烈爭論，即所有知識在某程度上是相

---

[1] 譯注：本書第二作者。

對於特定典範（paradigms）或文化或社會「架構」的。雖然有些人強烈捍衛科學可以提供客觀知識的觀點，其他人則以類似的聲量和活力聲稱，這種對客觀真理的聲稱根本不可能。後者成為所謂的後現代哲學的標誌，直至今日，仍有許多人視後現代主義（postmodernism）為對主觀主義（subjectivism）和相對主義（relativism）的表揚讚賞——而這個看法不是受到歡迎，就是被視為對客觀知識和科學理性的嚴重威脅。

我發現約翰・杜威作品的非凡之處——在 1980 年代他的理論在關於知識、科學與理性的討論中，處於非常邊緣的地位；許多人認為它已經過時，並沒有提供任何真正有趣的東西——在於，它對於當時正進行的許多討論提供了一個非常有意義的「開場白」。回想起來，我會說杜威作品的輝煌之處在於，他沒有在現有領域中占據一席之地——這似乎正是客觀真理思想的支持者及批評者所做的；他們都依賴於同一組假設——但他實際上試圖重新配置這個領域，對於我們關於認知過程（to know）的定義以及我們如何對知識品質做出判斷的討論，他藉由思考這些討論的假設來源是否需修正，而重新再加以審視。而杜威其中的一個見解是，檢視現代科學得失之法，[諷刺的是] 乃透過出現在完全不同的語境脈絡中的哲學範疇，即希臘哲學和希臘世界觀，進行的。

在這個方法下，「真正的」知識乃是根據人類以外的世界之視覺表現來理解的；如杜威所說，是一個「人類如旁觀者」的世界。杜威提出的觀點是，從十六世紀起出現的現代科學並不是透過觀察世界來產生知識，而是經由實際介入（intervening）這個世界——實驗的方法——來記錄世界如何「回覆」（answers back）。如果我們相信客觀知識是關於一個完全獨立於我們之外的世界之知識，那麼對於那個世界的任何修補都將只會被視為對客觀知識可能性的威脅。但是，杜威並沒有使用希臘關於知識與實在的思想來理解實驗科學，而是做了另一種選擇，詢問如果我們以實驗為起點，我們可以如何理解知識與實在；也就是說，我們唯一可以獲得知識的方法，是透過行動，並且注意到我們的行動對世界所產生的後果。

因著這種簡單而深刻的轉移——也許可稱之爲眞正的典範轉移（paradigm shift）——杜威能夠確認我們所知道的一切都是相對的，因爲它與我們介入世界的方式有關。但這並不意味著我們的知識是主觀的或只是幻想。它是關於實在的知識沒錯，但並非是我們只在一旁觀看的實在——像人在博物館裡看圖畫那樣——而是一個我們不斷與之互動的實在（或杜威喜歡的詞：交互作用，transaction）。沿著這些思路，杜威不僅能夠突破客觀主義和相對主義之間一直進行、甚至在某種程度上是永無止境的討論。同時，這使得他可以表明，現代科學不會產生任何比我們的日常知識更好或更眞實或更客觀的特殊知識。換言之，如果我們想了解現代科學的特殊之處，就不應該依賴認識論或知識理論，而應該查看科學研究的特定社會組織。在這裡，有一部分我們可以說，科學在生產知識上是一種組織良好的集體努力——而許多現代科學帶來的好處，與個體研究人員和研究小組之間精良策劃的合作有很大的關係。然而，在杜威身上，我們也可以看到，如果這樣的團體和團體組成變得過於強大，他們就會冒著讓其他領域和實踐的聲音、其他知識與見解沉默的風險。

關於 1980 年代正進行的大型討論，確切地說某種意義上，這些討論今天仍在繼續，例如圍繞「假新聞」（fake news）和「後眞相」（post truth）的討論，杜威的哲學可以提供很多東西，所以我想補充，**他仍有很多東西可以提供**。在教育研究領域上也是如此，正如我在許多地方（參見 Biesta, 2007; 2010; 2020）所說的，教育研究領域一直對於「什麼是有效的[2]」（what works）的問題過於狹隘與過於簡化執著，並認爲

---

[2] 這裡原文 what works 一語雙關，可翻譯爲是否「管用」、「行得通」或是「有效的」；例如於本書導讀中，譯者介紹作者「延伸之重要著作」時，將其文章標題 why 'what works' won't work 譯爲「爲什麼『管用的』不管用」。然在此段的這個單詞，譯者選擇譯爲「有效的」，其脈絡如下：因作者在其討論以證據爲導向的研究（evidence-based research）之文章中，批判研究過於強調教育實踐需透過研究認證其「有效性」（effectiveness）與「普遍性」（generalisa-

特定形式的研究，包括大型隨機測驗（large-scale randomised trials）[3]，能夠一勞永逸地告訴教師應該做些什麼和不應該做些什麼。這是一個流行但非常有問題的想法，因此我著實認爲杜威的作品還提供了一個非常有意義的角度，從中可以看到近年這些教育研究時尙的侷限性。

　　基於這些原因，我很高興《實用主義與教育研究》現在有中文版，這是當今主要的全球語言之一。我希望本書內容可以幫助有關教育研究的討論——用杜威的話來說——更加「明智」。我也希望藉此，教育研究可以爲教育實踐的持續改進做出貢獻，並非藉由告訴教師們應該或不應該做什麼，而是提供能支持和增進他們專業判斷與行動的見解和考量，而不是限制與削弱他們進行明智的教育行動的可能性。

葛特・畢斯達

愛丁堡，2021 年 8 月

參考文獻

Biesta, G. J. J. (1992). *John Dewey. Theorie & Praktijk*. [John Dewey - Theory & Practice] Delft: Eburon. (Dissertatie RU Leiden).

Biesta, G. J. J. (1999). Redefining the subject, redefining the social, reconsidering education: George Herbert Mead's course on Philosophy of Education at the University of Chicago. *Educational Theory* 49(4), 475-492.

---

tion）等觀念，並質疑教育研究證實所謂「有效的」眞的「管用」嗎？因此譯者在此採用「有效的」譯文。

[3]　這裡指的應該是近年的國際大型評量，包括國際數學與科學教育成就趨勢調查（Trends in Mathematics and Science Study，簡稱 TIMSS）、國際閱讀素養研究（Progress of International Reading Literacy Study，簡稱 PIRLS）、國際學生能力評量計畫（Program for International Student Assessment，簡稱 PISA）等等。請見 Biesta（2010）、林于仙（2014）。

Biesta, G. J. J. (2007). Why 'what works' won't work. Evidence-based practice and the democratic deficit of educational research. *Educational Theory 57*(1), 1-22.

Biesta, G. J. J. (2010). Why 'what works' still won't work. From evidence-based education to value-based education. *Studies in Philosophy and Education 29*(5), 491-503.

Biesta, G. J. J. (2020). *Educational research: An unorthodox introduction*. London: Bloomsbury.

Mead, G. H. (2008). *The philosophy of education*. Edited and introduced by Gert Biesta and Daniel Tröhler. Boulder, Co./London: Paradigm Publishers.

譯注參考文獻

林于仙（2014）。評量年代下的優質教育：從比耶斯塔的論點做思考。**臺灣教育評論月刊**，3(5)，72-74。

Biesta, G. J. J. (2010). *Good education in an age of measurement: Ethics, politics, democracy*. Boulder, Colorado: Paradigm Publishers.

目　次

第一部分

導讀

壹、楔子

一、緣起

為什麼要讀這本書？譯者為什麼要譯注這本看起來一點也不「時尚」的書呢？介紹一些後現代、後結構主義的新觀點不是更吸引人嗎？

首先，「也許」（純屬臆測）正因為這本書聽來不太時髦，才能列於科技部經典譯注的推薦書單中，而計畫主持人（以下簡稱譯者）[4]才有機會譯注這本好書。第二，想介紹這本書給中文讀者，是因為譯者於英國求學時受到畢斯達教授的啟發，並在當時 University of Exeter 對於質性以及不同（教育）研究取向的開放（但嚴謹）態度下，走了一條很不一樣的研究路線，設計了「量身打造的」（tailored）的研究方法。

由於該校對博士論文研究方法論的哲學論述以嚴格要求著稱，以致當時譯者完全沒有意識到自己其實享受到的自由風氣以及所設計之研究方法的獨特性。因此回國後，當譯者以相同的研究設計申請科技部（當時為國科會）專題計畫時，並沒有被接受；從幾番審查者的意見中才明白，原來國內的教育（實證）研究主要仍以實證主義的框架來要求所有的計畫，更糟的是其中還有宣稱自己是「質性研究」支持者的審查學者，卻不知自己仍是實證或後實證主義的實踐者。原因為何？這正是本書原作者點出的其中一個癥結：這些研究學者可能知道不同的研究方法（論）的存在，卻對不同的方法論背後的（哲學）立論不夠了解，或說他們對於背後的理論架構沒有進行過真正的反思。

有趣的是，後來輾轉得知，譯者的論文在母校竟被我所不認識的教育研究法老師，列為研究方法論的閱讀參考之一。而我也才回想起回國前，論文第二導師（Anna Craft, 1961-2014）離別前說的一番我不甚理

---

[4] 本書的主要譯者為本譯注計畫的計畫主持人，而計畫共同主持人單文經教授所扮演的角色，相當於原著第二作者 Nicholas Burbules 的角色，請見譯注內容的前言。

解的話：「除了繼續做創造力與可能性思考（possibility thinking）的教學研究，也別忘了你應該寫一篇關於你的研究方法的文章，那會給許多人啟發的。」可惜我在第一項就遭遇極大反彈，被擋下的主要原因正是研究方法。

幾年後，二導逝世多年，譯者也放棄了研究員的身分，投入了一直希望有所貢獻的（師培）教育現場近五年。那時我已不覺得還能對於學界做點什麼時，有幸遇見了單老師，他提議申請譯注《實用主義與教育研究》計畫。於是，老天爺就在我離開學界前，為我開了一條路，讓我能對於二導的期許有所回應，也讓我能把過去曾滋養我的觀點之一，介紹給中文的讀者們。

二、導讀架構

在翻開這本書時，你可能跟從前的我一樣，是個完全沒有哲學底子的人，只因為（教育）研究法的課，必須找資料而翻找到這本書；或者你已開始進入研究發想與撰寫的階段、又或者你是個有哲學底蘊的人，想來翻翻這本書可以有些什麼與過去討論實用主義的論述不同之處。那麼我想你不會失望。如果要形容，我會說這是一本可以**打通任督二脈**的書，因為它會使你的論文研究方法，不會只是研究方法的陳列，而是一個從本體論（ontology）到知識論（epistemology）再到方法論（methodology）都經過反思而彼此連貫的研究方法。

所以我邀請各位讀者，不管你決定是否贊同、採納杜威的實用主義觀點，抑或你可能選擇實證主義觀點，可以試著在閱讀的同時，反思你所贊同的本體論、知識論等，然後在找到相互契合的形上學立論後，再構築與選擇符合你的研究的方法。這樣先形成架構再設計研究方法，看來也許是個限制，但其實這麼做，反而讓你看得更清楚不同的研究典範，例如詮釋性的研究典範（interpretative paradigm）、批判典範（critical / cultural paradigm）的限制，使你用更寬廣的角度去發現其他研究取向與方法的可能性。再不然，至少認識研究本質的理論，你就不會僅

以質性／量性研究這種粗淺的方式來分類研究方法，因為質性／量性的研究分類僅是在研究本質理論的架構中，最枝微末節的一環；這就如同許多人在整個「國民基本教育課程綱要」中，只關注升學考招方式這個末端，而不理解前端整體課程設計與教學實踐的理念是一樣的。

因此在以下的導讀內容中，除了原著的大要，我將介紹一些背景資料，進而解釋閱讀實用主義需要注意的脈絡，希望使各位讀者不會因為「觸雷」而產生常見的誤解，或發生因卡在某個看不懂的環節而把書一丟的憾事。所以以下的導讀大綱將包括：

　　　・本書譯名緣由
　　　・成書緣由與作者背景
　　　・原著之重要性
　　　・原著內容大要
　　　・杜威實用主義之獨特背景與常見誤解
　　　・譯者後記

而導讀最末列出的參考書目可供讀者延伸閱讀之參考。

貳、本書譯名緣由

本書參考了幾個對於 "pragmatism" 一詞的翻譯與看法，探究這些譯名所傳達的意義，以茲對照。在考量名詞的字源、背後所代表的哲學立場以及華文學界的翻譯習慣後，本書選擇仍將原著主要關注的哲學學派 pragmatism 譯為「實用主義」，以下就此名詞之背景、引申意義及華文翻譯參考等三方面，作進一步說明。

一、Pragmatism 最早提出之背景

若要忠實地翻譯此名詞，首先要了解此字字源 pragmatic 的涵義，在現代英文字典中多半將它解釋為「務實的、實際的、能使事務運作順利的、講求實效的」。不過這個解釋是日常生活中所代表的意義與用

法，不能盡使人領略此哲學學派的立論，且從字面上來看這個名詞，還常造成對實用主義立論的誤解。因此以下將從此名詞提出的脈絡來探究適合的譯名，也就是從實用主義的三位創始者對於 pragmatism 的定義與論述來釐清。

最早實用主義被提出的背景是 1870 年代，由珀爾斯（Charles Sanders Peirce, 1839-1914）於非正式的哲學討論會上以及他所發表的文章提出 pragmatism 一詞，並提出以概念所產生的後果及實際影響來檢視、評判一個概念或思想的原則；此原則被其好友亦爲實用主義創始者之一的詹姆斯（William James, 1842-1910）稱爲「珀爾斯原則」。珀爾斯的實用主義並沒有獲得廣泛的注意，直到二十世紀初，詹姆斯將其創見透過演講與文章發表介紹給大眾（朱建民，1997）。詹姆斯在其演講中表示實用主義先是一種方法，一個解決形上學爭論的方法；然後是關於眞理的意義與發生的理論。所以它被提出來的背景是爲了解決形上學，也就是研究實在與眞理的學問所存的二元對立爭論──自希臘哲人以降至啟蒙時代理性主義、經驗主義對於人類心靈、思想是否獨立於外在事物之爭議。

詹姆斯認爲實用主義以探究相對應的實際效果來詮釋每個概念之方法，可使原本的爭議因爲變得沒有意義而擱置了。他解釋：

> 兩個爭持的意見實際上意味著同樣的東西，而且對我們而言，除了實踐的意義以外，並無別的意義可言。（劉宏信，2007：49）

換句話說，眞理的價值在於實踐的效益，而非在於其本身的對或錯。雖然透過詹姆斯的傳播，實用主義的觀點被廣泛討論，不過珀爾斯並不滿意詹姆斯對於實用主義思想的介紹與詮釋，原因之一在於珀爾斯是溯及康德的理論而提出 pragmatism 一詞，而詹姆斯則是由希臘原文與其應用來解釋（朱建民，1997；Ormerod, 2006）。

　　康德（Immanuel Kant, 1724-1804）在其觀念論（唯心論）中區分出兩種形上學觀點，即 practical（德文 *praktisch*）與 pragmatic（*pragmatisch*）法則。前者爲先驗法則（a priori），指的是人的理性認知是獨立於經驗與行動；後者是經驗法則（pragmatic laws）[5]，指的是人需透過經驗行動而認知知識。也就是說，在康德哲學中這兩個字詞與原則應該是相反的。珀爾斯指出他的實用主義原則是依據實驗主義（experimentalism）的立場，成爲科學方法論的核心觀點，以實驗經驗作爲概念意義（例如什麼是「堅硬」）的檢證標準，凡無法經由實驗經驗驗證的概念，即是無意義的。亦即珀爾斯的實用主義原則，是個將概念的意義建立於經驗基礎上的意義準則（鄭喜恆，2018；Biesta & Burbules, 2003）。

　　不過，詹姆斯對於實用主義的解釋是以希臘文來詮釋。他指出實用主義的名詞是從希臘文中的 $\pi\rho\tilde{\alpha}\gamma\mu\alpha$（pragma）衍生出，意思是行爲、行動，更衍生出實踐（practice）與實踐的（practical）兩詞[6]，因此詹姆斯不那麼喜歡 pragmatism，而是偏好實踐主義（practicalism）的名稱（Ormerod, 2006；朱建民，1997；劉宏信，2007）。此外，有別於珀爾斯將實用主義限定於對概念意義的省思方法，詹姆斯將實用主義廣泛運用於眞理與實在（reality）的理解，以及延伸於科學哲學以外的領域。也因此後續珀爾斯決定與詹姆斯的實用主義做一區分，另取了一名「效驗主義」[7]（pragmaticism），並稱此名「醜陋到沒有人會綁架[8]」（Bi-

---

5　此處在康德論點的脈絡下 pragmatic laws 翻譯爲「經驗法則」，以示與「先驗法則」做區隔，此乃參考鄭喜恆（2018）之翻譯以及林永喜（2000）對於「先驗、後驗」詞條之定義。不過在國家教育研究院的雙語詞彙、學術名詞暨辭書資訊網中，有 "pragmatic rules" 一詞，翻譯爲「實用法則」（http://terms.naer.edu.tw/detail/3278368/）。

6　對於同樣是詹姆斯所述的這兩個字，朱建民（1997）與劉宏信（2007）就有不同的翻譯，朱將 practical 譯爲實用的，而劉宏信則譯爲實踐的。

7　此處參考郭博文（1990）的翻譯。

8　原文爲 kidnap。

esta & Burbules, 2003: 4）。

　　雖然有人戲稱實用主義運動是由於詹姆斯誤解了珀爾斯而造成的結果，但也因為詹姆斯擴大了實用主義的應用範圍，而影響到後起的實用主義者所發展的論點，包括杜威（John Dewey）[9]。

二、實用主義的不同引申詮釋

　　經詹姆斯的介紹，實用主義影響了芝加哥學派的杜威，其所發展的實用主義又有些不同，不但應用範圍更加廣泛，拓展至社會、教育、藝術哲學，他對於真理的觀點還加上了功能性色彩。受到達爾文進化論的影響，杜威認為人生存環境中的不利情況，亦即疑難情境，人便會以探究、選擇等行動改變環境。這些思想活動就是一種實驗行動，也是解決問題的工具。藉行動而增加經驗，經驗也包含衝突，從衝突中產生探究，藉以修正經驗，解決問題。至此，實用主義理論的發展與應用，已經與最初珀爾斯嚴格的科學實驗與檢驗概念效果的原則相去甚遠；而因為與兩位前輩所發展的真理觀有所不同，杜威傾向稱自己的理念為自然主義、交互作用的實在論（transactional realism）、工具主義（instru-mentalism）等（曾漢塘、林季薇，2000；Biesta & Burbules, 2003）。

　　以杜威為主的實用主義，在經過上世紀由分析哲學以及實證主義主導科學哲學的年代下，受到批評與誤解而暫時沉寂。到了二士世紀進入「後分析哲學」（post-analytic philosophy）的天下時，啟發解構主義觀點的實用主義又再度受到重視，以奎因（Willard van Orman Quine）、羅蒂（Richard Rorty）等為主的「新實用主義者」對分析哲學發出批判，並使得實用主義重獲地位，與杜威等人的古典實用主義有所區別（陳

---

[9] 這幾位實用主義哲學家有密切的互動關聯，例如珀爾斯與詹姆斯是哈佛的同學，一生交情深厚，但哲學立場上卻也深鋒相對。又如杜威曾受教於珀爾斯；而曾受教於詹姆斯的實用主義者米德（George Herbert Mead）與杜威則是密西根大學的同事。

波，2005）。

由此可知，如本書作者所言，實用主義不只有一種，這個名詞下所包含的除了最初對於形上學的二元對立觀點，所產生的一種解決爭議之反思，亦有在此目的下因新興學說與科學發展等影響，發展出在科學哲學以外的擴展觀點。因此在翻譯此名詞時，究竟應該要考量其最早提出的用意與意義，例如若以珀爾斯的立場來說，「實際效應」為其所關注；抑或是後來所發展之指稱呢？例如以詹姆斯的立場對於 pragma 希臘字源引申為「實用」與「實踐」之關注。本譯注透過比較之前實用主義相關譯作所做的決定如下。

三、Pragmatism 的翻譯

國內或華文學者多將 pragmatism 譯為「實用主義」，包括朱建民（1997）、高宣揚（1987）、曾漢塘與林季薇（2000）、劉宏信（2007）、鄭喜恒（2009）、樓繼中（2000）等。朱建民（1997：4）在其《實用主義：科學與宗教的融合》一書中提到日人將其譯為「實際主義」，而胡適則譯為「實驗主義」（胡適，1986），也有人譯「實效主義」；而朱建民使用此譯名的原因是「實用主義」為較常見的譯名。

劉宏信（2007）雖將詹姆斯所著的 "*Pragmatism*" 一書譯為「實用主義」，但在其譯注中特別說明：

> 參考本書第二章所言，pragmatism 由其詞源與意義來看，譯成「實踐主義」可能比較好，但在華人學界，譯成「實用主義」已是普遍現象，因此本書仍沿用此譯名，但請讀者特別注意詹姆斯所闡述的實用主義，超越了功利主義、功能論、實徵論的內涵，切勿被「實用」這個中文詞誤導。
> （p.10）

　　雖然是普遍的譯名，但劉宏信仍特別加注請讀者勿被誤導，可見他認為「實踐」一詞比較好的原因除了詞源意義，也因「實用」一詞可能會產生錯誤的連結。雖然如此，最終劉沒有堅持，而如朱建民，選擇了較普遍的譯名，足見這名詞的譯名除了要考慮「信、雅、達」的信與達，還有更重要的一個脈絡是社會的接受度；當慣用譯名要改變時，也需要足夠的集體意識，如同實用主義在二十世紀的崛起一般。

　　若要符合翻譯的信與達原則，本計畫作者認為郭博文（1990）所譯的「實效論」是一不錯的譯名，既能表達珀爾斯原則，也能包含詹姆斯、杜威觀點的意義，跳脫實踐與實用的爭議；惟譯者考量此譯名會比「實踐」一詞，在中文上更多了一層**價值判斷**的意味，並且這個譯名能否表達本書所關注的杜威觀點，也值得考量。此外，根據哲學辭典（段德智、尹大貽、金常政，2007）的說法，有人將行動主義（activism）譯為「實踐主義」。爰此，為避免混淆，本計畫初步排除了「實踐主義」之譯名。並且在考量翻譯的字詞能否包含在 pragmatism 學派下，所發展關於實在與真理的多種觀點後，作者決定仍將 pragmatism 翻譯為「實用主義」。

　　有趣的是，實用主義者自身並不很滿意 pragmatism 這個名詞。詹姆斯曾提及不太喜歡實用主義運動這個名詞，只是他已來不及改了。最早提出的人珀爾斯，也另外取一名以稱其論點；而後續將其發展、推廣者如杜威，對這個名稱則有些感冒，希望能以其他名稱說明其觀點。如若這些自身都想把實用主義改名的實用主義者，聽見吾人因其倡導的理論而苦思適切之譯名，不知會作何反應呢？！

　　也許就如實用主義者所說，如果兩個爭論中擇一，但對這世界並沒有造成什麼不同，那麼就沒有意義。畢竟單一一個名詞實在無法解釋、涵蓋這個運用於許多領域探究的哲學學派，而實用主義此譯詞若已深植人心，就不宜再創一詞，最重要的還是如何使讀者願意更進一步閱讀書本內容，深入查考實用主義之意涵。

參、成書緣由與作者背景

一、成書緣由

本書是 Rowman 和 Littlefield 出版社出版的系列書籍「哲學、理論和教育研究學」（Philosophy, Theory, and Educational Research Series）其中的第二本，此系列書籍共四本，包含後實證主義（post-positivism）、實用主義、後結構主義（post-structuralism）以及女性主義（feminisms）與教育研究。出版系列書籍之目的除了在於解釋與澄清這些哲學學派的觀點，也希望能闡明其觀點如何影響教育研究的方法與研究目的，尤其是現今教育研究更加強調特定的研究方法論。本書作者於叢書前言中指出：

> 當代教育研究歷經如雨後春筍般出現的新方法論（methodologies）與探究取徑（approaches），其中許多取徑都源於構成其研究方法、目標及效度標準的哲學或理論立場。然而，研究者並不總是將這些取徑背後的哲學或理論假設交代得清楚，因此讀者很難去判斷研究的假設立論。（p.66）

前言也進一步說明系列書籍的主旨乃在：

> ……探討影響當今教育研究的主要哲學和理論立場，以一種公平評判的方式來探討這些觀點的實質內容，並說明它們與研究目標和實踐的相關性。本系列每卷專書皆將各自說明一套特定的哲學和理論立場，及其如何影響教育研究的方法和目標；且每卷專書都將討論具體的研究範例，以顯示這些取向如何付諸實踐，重點會放在對問題生動、可親近、但有理論基礎的探索。（p.66）

　　因此透過本系列書籍諸位作者對於該哲學學派的親民解說，期望使教育研究者或是對教育領域中不同哲學「主義」（ism）內容有興趣的讀者一同領略與思考該學派的發展脈絡與哲學立場。

　　至於本書之主旨，作者於第一章中提到：

> 雖然我們關注「實用主義」這個更廣泛的哲學運動，但我們在本書中的主要焦點是約翰・杜威（1859-1952）的思想。這不僅是因爲杜威是世界知名的教育家和哲學家，也是因爲杜威對（科學）探究的過程及其與人類行動的關係進行了詳盡的描述。最重要的是，我們相信杜威的許多想法至今仍具適切性——雖然在過去的二十年裡有很多關於杜威的書籍出版，但其思想尚未被充分的認識，至少在教育研究的脈絡中。（p.3）

　　因此本書之實用主義觀點主要聚焦於杜威的實用主義，並詮釋其關於探究、知識、經驗、實在等議題的論述，以及對於教育探究的民主實踐性，並以杜威的實用主義觀點提出跳脫傳統二元對立思維的新論述，開啟教育研究方法另一個方向，促使研究者對於所處教育情境、教育研究之目的以及教育實踐，有更進深的詮釋與闡述。但是作者也強調探討實用主義之觀點並非認爲「……實用主義對於這些問題給出了最終答案。但是我們確實想要表明實用主義哲學家們以一種前所未有的方式處理這些議題，並表明實用主義在今天與一個世紀多以前同等重要，而當時實用主義者正開始批評西方文化兩千多年來以那種不連貫及非人性化的方式，建構知識和現實」（p.2）。簡言之，本書之目的在於闡明實用主義在西方哲學史中之地位，它對知識、實在（reality）、經驗和人類行動的看法，以及今日這些觀點如何與我們對於教育研究認知和取徑有所相關，使採用不同研究取徑的實踐者從實用主義觀點重新思考他們的方法和目的。

　　本書是「哲學、理論和教育研究」系列書籍中的第二本書。每卷書的第一作者主要負責內容概念化和起草文本，而叢書系列編輯，亦即每本書之第二作者（伯布列斯）則是在選擇每卷的主題和組織方面發揮積極的作用，例如在文本起草時與第一作者定期互動，並且於必要時提出修改文本與增加新材料的建議，因此所負擔的責任比一般編輯人員多。不過，此系列中每卷書的主要觀點與論述則屬於第一作者。以下就原著兩位作者之背景、經歷等作簡介與評析。

二、尼古拉斯・伯布列斯（Nicholas C. Burbules, 1954-）

　　伯布列斯於 1983 年獲美國史丹佛大學（Stanford University）教育哲學的博士學位，之後主要研究領域便專注於教育哲學、以對話為基礎的教學（teaching through dialogue）、職業道德、教育科技議題以及批判的社會理論（critical social theory）。他目前是伊利諾伊大學厄巴納─香檳分校（University of Illinois, Urbana-Champaign）教育政策系的特聘（Grayce Wicall Gauthier）教授[10]以及「國家專業和研究道德中心」之教育總監（Education Director for the National Center on Professional and Research Ethics），並在其專長領域已廣泛發表著作。

　　自 1991 年以來，伯布列斯一直擔任《教育理論》（*Educational Theory*）雜誌的編輯。他相關的著作包括《全球化與教育：批判性視角》（*Globalization and Education: Critical Perspectives*）（與 Carlos Torres 合編，2000 年），以及與 Paul Smeyers、David Bridges 和 Morwenna Griffiths 共同編輯的 "*International Handbook of Interpretation in Educational Research*"（Springer, 2015）一書。近年來他也開始研究

---

[10] Grayce Wicall Gauthier 是一種榮譽教授的頭銜，此榮譽為 1995 年由該校校友 C. J. Gauthier 所建立，紀念其過世的妻子。本書第二作者擔任此榮譽教授的時間為 2002-2007 年（https://education.illinois.edu/faculty/nicholas-burbules）。

教育科技與無所不在的學習等議題，他最近（2016）發表的論文之一為「教育工作者應如何善用社交媒體」（How we use and are used by social media in education）[11]，探討目前各種社交媒體對於人們的溝通以及運用於教育脈絡下之效應；他認為教育工作者應使用例如臉書、推特等工具使更多學生融入學習，因為這些網路社群是現今年輕學子的生活與學習領域，但同時他也呼籲這些社群媒體帶來的議題與危險需要被關注，以確保教育在創新的同時提供更多學習的可能。

在本叢書他擔任第二作者的角色，系列中的其他三本書包括了《後實證主義與教育研究》、《女性主義與教育研究》以及《後結構主義與教育研究》。2000 年他則與 Carlos Torres 合編了《全球化與教育：批判性視角》一書。

三、葛特・畢斯達（Gert J. J. Biesta, 1957-）

（一）背景簡介

本書第一作者畢斯達出生於荷蘭的鹿特丹，他於高等教育進修碩博士學位前，曾擔任醫事放射師（radiographer）以及訓練醫事放射師的物理教師。之後他分別於萊登大學（Leiden University）（1987 年）獲得學士、鹿特丹伊拉斯謨大學（Erasmus University）（1989 年）獲得碩士以及萊登大學（1992 年）獲得教育哲學的博士學位。在該國的三階段高等教育，畢斯達主要研究杜威哲學，但也同時熟知歐陸的其他哲學學派及脈絡，例如他對於解構主義的德希達（Jacques Derrida, 1930-2004）、批判理論的洪席耶（Jacques Rancière, 1940-）等之作品亦有深入研究。由於深感在荷蘭對於杜威哲學的資料與研究甚少，畢斯達申請

---

[11] 作者在該文討論教育工作者應如何善用社交媒體，似為引起讀者的注意，使用幽默醒目的題目。然在此譯者以〈教育工作者應如何善用社交媒體〉意譯其篇名。

至美國進行博士後研究（Spencer Post-Doctoral Fellow with the National Academy of Education, USA），並且從事教學工作，因而有機會得以閱讀更多杜威未出版的寫作，畢斯達在此一階段所形成對杜威哲學的理解，之後成為了這本書內容主要的來源（Biesta, 2014b）。

從美國回到荷蘭後，畢斯達開始他的大學講師學術生涯[12]。他澄清雖然他的主要研究領域為教育哲學，但實際上他畢業於「pedagogiek」系，即荷蘭文的教育系，且是獨立於教師培訓體系的教育系，因此他傾向稱他早年的學術身分為「對哲學有興趣的教育學者（pedagoog）」。在本書最末的作者簡介（pp.241-242）中，他稱自己的思想啟發主要來自實用主義與後結構主義，他也常被歸屬於後結構主義的評論家。

1999 年至 2012 年間，他轉任於英國的高等教育機構，包括艾克希特大學（University of Exeter）與史德霖大學（University of Stirling），2013 年之後他曾於盧森堡大學、英國倫敦布魯內大學（Brunel University London）與擔任北歐幾個大學的客座教授（Visiting Professorships at NLA University College, Norway, the University of Orebro, Sweden, Malardalen University, Sweden）。1999 年至 2014 年間，畢斯達是《教育與哲學研究》（*Studies in Philosophy and Education*）、《教育理論》（*Educational Theory*）、《英國教育研究期刊》（*British Educational Research Journal*）的主編，目前也是 "*British Educational Research Journal*"、"*Asia-Pacific Journal of Teacher Education*" 等期刊的共同編輯。畢斯達目前同時擔任幾個大學的客座教授，包括愛爾蘭的梅努斯大學（Maynooth University）的公共教育與教學中心、英國愛丁堡大學（University of Edinburgh）、荷蘭的人文大學（University of Humanistic Studies）、挪威的阿格德大學（University of Agder）以及芬蘭赫爾

---

[12] 在歐洲，大學教職分為兩軌：講師以及教授。因此雖然畢斯達已是博士，但仍擔任以教學任務為主的講師；至於教授，主要負責研究與研究生的指導等工作。

辛基藝術大學（University of the Arts, Helsinki）的客座教授[13]。

自從畢斯達於英國艾克希特大學專任教授職並參與研究後，勤於著述，不論專書、期刊論文或是專書論文，皆持續不斷。他以多種語言發表論文，所關注的教育議題亦甚為多元，舉凡教育研究與教育哲學、公民教育、成人教育、教育理論、藝術教育等，皆有所論列，若曰其著作等身，洵不為過！茲謹將其近年來在上述各領域中的重要專書，整理成表1。至於作者的教育哲學及研究相關重要著作，則列於「本書重要性之分析」中。

表 1 作者畢斯達在教育研究與哲學主題以外的近年重要專書

年代與作者	書名
Biesta, G. J. J. (2021)	*World-centred education: A view for the present.* London: Routledge.
Biesta, G. J. J. (2019)	*Obstinate education: Reconnecting school and society.* Leiden: Brill/Sense.
Biesta, G. J. J. (2017a)	*The rediscovery of teaching.* London/New York: Routledge.
Biesta, G. J. J. (2014a)	*The beautiful risk of education.* Boulder, Co: Paradigm Publishers. (*Winner of the AERA Division B Outstanding Book Award 2014*)
Biesta, G. J. J. (2011)	*Learning democracy in school and society: Education, lifelong learning and the politics of citizenship.* Rotterdam: Sense Publishers.

---

[13] 有關 Biesta 更詳細的資料與著作，讀者可參閱作者本人的網站（https://www.gertbiesta.com），當中詳列其所有專書著作與文章，也有一些文章的電子檔連結。

年代與作者	書名
Biesta, G. J. J. (2010)	*Good education in an age of measurement: Ethics, politics, democracy.* Boulder, Co: Paradigm Publishers.
Edwards, R., Biesta, G., & Thorpe, M. (eds) (2009)	*Rethinking contexts for teaching and learning: Communities, activities and networks.* London/ New York: Routledge.
Biesta, G. J. J. (2006)	*Beyond learning: Democratic education for a human future.* Boulder, Co.: Paradigm Publishers. (*Winner of the 2008 American Educational Studies Association Critics' Choice Book Award*)
Biesta, G. J. J. & Denise Egéa-Kuehne (2001)	Derrida and Education

（二）背景評析

　　由於杜威等古典實用主義哲學家被歸類為美國本土的哲學家，因此有人注意到他們的理論經常被認為受到美國歷史發展與環境影響，帶有美國獨特的拓荒精神或是短視近利的商業心態（朱建民，2000；高宣揚，1987；陳亞軍，1999）。本書亦提到相同的觀察：

　　　　人們經常認為實用主義是第一個真正的美國哲學運動。雖然在某些方面，實用主義確實反映了美國對世界的獨特看法，但合適的評論必須提出。……實用主義通常被描述為一種「典型的」美國心態的哲學表達，在諸如開拓精神、對擴張的敦促、商業的態度以及缺乏歷史意識等所謂的特徵中，得到了體現。但這種特徵不僅依賴於對北美

文化以及文化與哲學間互動的膚淺理解，更重要的是，它完全無法為實用主義的哲學深度給予公平評價。……伯特蘭‧羅素曾提出實用主義是美國商業主義的哲學（Russell, 1922）……。（Biesta & Burbules, 2003: 4）

　　然而本書的主要撰寫者畢斯達是歐陸學者，他沒有研究歐洲的實用主義倡導者，例如席勒（F. C. S. Schiller, 1864-1937）、帕皮尼（G. Papini, 1881-1956），而是研究美國的實用主義，這是為何呢？他的「歐陸觀點」會不會因此影響他看杜威呢？再者，他的後結構主義背景為何會讓他想回頭去研究這門看來不時興的非主流哲學呢？

　　首先，第一和第三個問題可以一起回答。畢斯達在本書的中文版序中自己解釋了這些問題：

　　　我發現約翰‧杜威作品的非凡之處——在 1980 年代他的理論在關於知識、科學與理性的討論中，處於非常邊緣的地位；許多人認為它已經過時，並沒有提供任何真正有趣的東西——在於，它對於當時正進行的許多討論提供了一個非常有意義的「開場白」。回想起來，我會說杜威作品的輝煌之處在於，他沒有在現有領域中占據一席之地——這似乎正是客觀真理思想的支持者及批評者所做的；他們都依賴於同一組假設——但他實際上試圖重新配置這個領域，對於我們關於認知過程（to know）的定義以及我們如何對知識品質做出判斷的討論，他藉由思考這些討論的假設來源是否需修正，而重新再加以審視。

　　後結構主義大傘下的理論，皆以批判結構主義為起點，挑戰結構主義對世界、人類理性、語言、制度等的理解，並且認為結構會不斷變化發展、無確定性。再者，後結構主義可以說厭棄結構主義的簡化主義

（又譯化約論）方法論及其所強調的中立、全知觀點，追求揭露結構或文本中各種存在觀點的衝突。

其中 Derrida 提出的解構（deconstruction），即一種解構閱讀文本的分析法，強調文本中被忽視的觀點以及文本意義的流動性，希望透過批判男性中心主義與二元對立思想，找出文本背後的眞實。從這樣的思維脈絡中，其實不難發現後結構主義與實用主義的相似之處：兩者都同樣對於既存的二元對立思想提出批判。實用主義顛覆了舊有的世界觀以及認識論爭論，對於現代科學所帶來的文化危機也提出警語；後結構主義則對於男／女、文明／野蠻、科學與一般常識、理性與感性等有階級（hierarchy）高低或對立的意識形態提出解構。這也呼應了作者說的：杜威的作品對於上世紀末進行的許多二元對立的討論，提供了一個非常有意義的「開場白」。

因著杜威重新檢視西方哲學的假設而提出的新觀點（包括知識的理論），不同於過往的歐陸哲學（不論是經驗主義、理性主義、唯物論、唯心論等），甚至某種程度上是一種決裂，畢斯達認為這產生了簡單而深刻的典範轉移（paradigm shift），能夠突破客觀主義和相對主義之間一直存在的爭論。他也看到在 1980 年代進行的大型討論，其實至今仍在進行，例如圍繞「假新聞」（fake news）和「後眞相」（post truth）的討論。他認為：

> 杜威的哲學……仍有很多東西可以提供。在教育研究領域上也是如此，正如我在許多地方（參見 Biesta, 2007; 2010; 2020）所說的，教育研究領域一直對於「什麼是有效的」（what works）的問題過於狹隘與過於簡化執著，並認為特定形式的研究，包括大型隨機測驗（large-scale randomised trials），能夠一勞永逸地告訴教師應該做些什麼和不應該做些什麼。這是一個流行但非常有問題的想法，因此我著實認為杜威的作品還提供了一個非常有意義的角度，從中

可以看到近年這些教育研究時尚的侷限性。（請見本書中
文版前言）

至此，作者於書中引用新實用主義者羅蒂（1982, xviii）對杜威的
一句評論，縈繞於耳：

> （杜威和詹姆斯）……不僅等在分析哲學走過的辯證道
> 路的盡頭，而且仍等在像是傅柯（Michel Foucault, 1926-
> 1984）和德勒茲（Gilles Deleuze, 1925-1995）等哲學家目前
> 旅程的盡頭。

此外，畢斯達的「歐陸觀點」會否影響他對杜威理論的詮釋呢？與
其說歐陸觀點影響，不如說他的背景使他對於實用主義發展的歷史脈絡
更整全，例如上述提到畢斯達認為不該將實用主義描述為一種典型的美
國心態的哲學；他也提醒在北美形成的實用主義，並不表示它是完全由
北美的素材組成，因為實用主義者皆深受歐洲哲學家的影響：珀爾斯深
受康德（Immanuel Kant, 1724-1804）的影響，杜威的論文亦研究康德
的哲學，連帶開啟他作為黑格爾追隨者的哲學生涯；詹姆斯和米德則在
歐洲（德國）的大學接受了相當長時間的學術教育。而畢斯達的歐陸背
景也使得他能看出杜威實用主義的獨特之處，或說對於十九世紀的學界
來說這樣的「反認識論」與另類世界觀，有多麼的離經叛道，以至於他
形容杜威的實用主義是真正的典範轉移。

再者，作者畢斯達在詮釋杜威的哲學論述時，有獨特的見解，也
許可說是他歐陸觀點的影響。舉例來說，他看待杜威的人文主義，是
緊隨著杜威當時的脈絡將之聚焦於「科學的人文主義」，並沒有延伸
連結至眾所熟知的「以兒童為中心」、「以學生為中心」的教育，因
此畢斯達在他教育評論的著作中，稱杜威的教育哲學並非兒童中心的取
向，而是「一種徹底的溝通中心取向」哲學（Biesta, 2014a；單文經譯

注，2016，頁 147）。也許這樣的詮釋可以避開杜威所面臨的批評或是爲杜威「以兒童爲中心的學校」等理念被反對者扭曲的負面批評（例如連結於反智主義、缺乏教學效能），作一平反。在畢斯達其他的教育評論著作中（Biesta, 2007, 2009, 2010a, 2014a, 2017a; Edwards, Biesta, & Thorpe, 2009），其獨特的歐陸觀點會更清楚；雖然畢斯達以杜威的觀點爲出發點，發展出具實踐性的教育評論觀點，但是他始終不認同其他對於杜威的人文主義在教育實踐上的主流詮釋，包括強調學生的自主性（autonomy）與能動性（agency）的說法，因爲他認爲這樣的人文主義仍舊淪爲一種社會化的框架，因著自身的本質化，仍舊會形成排他性。這樣的觀點也許是深受他所屬的後結構主義的影響；也或許在歐洲一直對於不同的人文主義（例如古典的、科學的、佛洛伊德的或是心理學第三勢力的），甚至是其他的「主義」，如資本主義、馬克思主義等，本就有著蓬勃而多元的討論存在！因此畢斯達在討論某一取向的哲學論點或倫理價值時，其背後豐厚多元的歐陸觀點會使他的評析更不同。

最後，畢斯達原本的物理學背景也對於理解杜威的論述有所幫助。除了在本書第二章中看到作者對於現代科學理論的發展非常熟悉以外，他的背景又再次幫助讀者以更整全的背景了解杜威所處的世代、所受古典及新興科學理論的影響，包括牛頓的物理學、達爾文的進化論、反射弧（Reflex Arc）的理論、愛因斯坦的相對論、波爾的原子模型、後牛頓力學的量子場論等等。有趣的是，畢斯達的物理科學背景，似乎沒有讓他對於杜威批評現代科學所帶來的危機、以及提出科學知識不該高過日常常識地位的看法不滿，他反而能欣然接受、看出杜威思想的價值，譯者認爲這與畢斯達的倫理價值選擇有關。也因此畢斯達對於教育的其他議題之著作，雖非大紅大紫的主流，卻讓人感受到他對社會公義的眞正關懷。

肆、原著之重要性

一、本書在教育研究等領域之重要性

本書（在此指原著）為了解實用主義對於教育研究之哲學立論的影響，以及杜威對於探究獨特觀點與倡議的重要之作。作者透過書中五個章節的論述，檢視杜威對於探究的哲學理論之批判與倡議，並重新建構杜威對於教育研究的觀點，使研究者在應用受杜威影響的研究方法之際（例如行動研究、混合研究法），能更透徹理解杜威在研究方法背後所秉持的一貫哲學思想。此外，本書是國內外學者公認能闡明杜威對於探究、知識、經驗、實在等議題的論述，作者以深入淺出的文字與例子分析杜威理論，兼具可讀性以及學術價值！

又，本書自 2003 年出版以來已有 1,145 個研究論文引用此書之觀點（至 2022 年 8 月 4 日[14]止，資料來源：https://scholar.google.ru/citations?user=auiOrHcAAAAJ&hl=en&oi=ao），足見其對於教育研究的影響力，值得譯注為中文介紹給國人。本書之重要性亦可由列於〈國科會103 年度人文及社會科學經典譯注計畫推薦書單〉為證。以下將試論本書的三個重要性與譯著的價值。

（一）本書能啟發研究者對於研究方法論背後之哲學立論，做深度的理解與反思，提升研究品質

自十八世紀起，教育學者如 J. H. Pestalozzi（1746-1827）和 J. F. Herbart（1776-1841）等就已關注教育研究與實踐的關聯性，提倡具實踐取向的教育研究；如今面對社會快速變遷、教育議題更加多元的景況，此觀點已然成為共識，教育研究與教育現場的相關性及提出實際建議更相形重要。然而對於教育研究如何能產生實際意義與相關性，且研

---

[14] 本譯注初稿完成至出版前更新之資料。

究應如何發揮實際作用，事實上學界有不同的看法與詮釋。而這個差異不僅展現在研究方法的選擇及研究產出的成果論述，也包含了研究取徑背後的哲學立場。如果研究者只著重於研究方法的安排，而缺乏對於研究哲學立場的通透思考，並展現、貫串於研究中，那麼便容易落入不同研究立場的爭議而不自知，並且也因研究缺乏透明的哲學思考展現（杜威所謂的「民主性」）而使人無法對其研究品質做判斷。因此，本書的內容將能啟發研究者對研究的哲學命題做進一步的理解與反思，提升研究之深度。

（二）以杜威的實用主義觀點提出跳脫傳統二分思維的新興論述，除解決爭議，也開啟教育研究方法另一個方向

若上個世紀的自然與人文科學研究方法論是由「實證主義」（Positivism）的觀點所主導，那麼二十一世紀則可稱爲**「解構主義」（post-analytic philosophy）**的時代；也因此啟發解構主義觀點的「實用主義」又再度受到重視。

傳統的分析哲學（analytic philosophy）及實證主義之理論根基，將人的探究思維做一區別：非「分析」即「綜合」命題，也就是非透過主觀理性思考，即透過觀察經驗而得知真理；而分析哲學相信唯透過後者方能得到真正客觀且科學的知識，這也正是實證主義積極尋求客觀經驗與普世真理之故。然此二分法產生了知識是獨立於人類經驗之迷思，以及客觀與科學的知識該由誰認定的爭議，也引發了學界對於何爲科學探究之爭論。因此杜威等實用主義者提出跳脫此爭議的觀點，認爲：(1) 事實與人的感官經驗是無法分割的，因人的探究之所以有意義乃因人心智之詮釋；(2) 強調意義／知識／思想的本質具有社會性與互爲主體性（intersubjectivity），避免落入古典／科學理性以及主客觀知識之二分法。

本書以深入淺出的方式探討不同研究哲學立場的同時，勾勒出研究方法論上不同「主義」間的爭議，並梳理出實用主義解決過往二元對立

爭議的觀點，可促使教育研究者對探究本質之反思，也爲教育研究開啟既符合科學又具人性、民主的研究思考方向。

（三）重新詮釋與建構杜威對於探究、知識、經驗、實在等議題的論述，給予教育者／研究者在教育研究的民主實踐性上啟發與省思

本書作者爬梳杜威著作中針對現代科學觀所帶來危機的回應，再建構出杜威對於（教育）研究議題所提的四種新觀點：(1) 對於人所處的環境或所欲探究的「實在」提出「交互作用的實在論」（transactional realism）；(2) 對於知識提出「實用的互爲主體性」（practical intersub-jectivity）觀點；(3) 對於知識與人類行動（經驗）的關聯提出「行動的哲學」，強調知識與行動（經驗）的關係密切；(4) 對於探究的目的及形成的知識、展現提出「人文主義」（humanism）的精神，主張不貶低人類日常生活的價值，追求一種人文化的理性。

綜上所述，作者從杜威的實用主義觀點出發，系統性地剖析知識等議題，藉此提供教育研究方法一個可行的方向，有助於教育研究者反思教育研究的主流取向與研究結果之應用，相信將促使教育研究展現多元實踐與民主的樣貌。

二、本書之影響分析

以下茲就本書出版後在教育研究領域所引發之影響，做兩方面的分析，包括本書被引用之情形，以及作者將本書主要論點再發展成後續著作論述之情形。

（一）接受引用之情況

本書是第一作者畢斯達早期所發表的專書，經計畫主持人考察後發現過去爲本書進行書評的評論多爲短評，而發表於學術期刊之論文只有

一篇由 Tomas Englund 於 2006 年發表於瑞典的 Utbildning & Demokrati
（教育與民主）期刊的瑞典文書評。但是相較於書評，本書在出版後接
受引用的情形有相當高的比例，截至 2022 年 8 月 4 日爲止，已有 1,145
篇論文引用，在畢斯達的著作中引用比例也排名第六（見表 2）。而在
1,145 篇引用中，本計畫篩選了四篇與教育研究哲學高度相關的文章，
於下一節「重要文獻評述」進行對本書影響之分析。

表 2　畢斯達著作接受引用情形（排行前十之著作）

Title（著作名稱）	Cited By（接受引用情形）	YEAR（出版年分）
1. Why "what works" won't work: Evidence-based practice and the democratic deficit in educational research G. Biesta Educational theory 57(1), 1-22	2,124	2007
2. Good education in an age of measurement: Ethics, politics, democracy GJJ Biesta Routledge	1,958	2015
3. Beyond learning: Democratic education for a human future GJJ Biesta	1,949	2015
4. Beautiful risk of education GJJ Biesta Routledge	1,784	2015
5. Good education in an age of measurement: On the need to reconnect with the question of purpose in education G. Biesta Educational Assessment, Evaluation and Accountability	1,459	2009

Title（著作名稱）	Cited By（接受引用情形）	YEAR（出版年分）
6. Pragmatism and educational research G. Biesta & NC Burbules	1,032	2003
7. Pragmatism and the philosophical foundations of mixed methods research G. Biesta Sage handbook of mixed methods in social and behavioral research 2, 95-118	852	2010
8. Why 'what works' still won't work: From evidence-based education to value-based education GJJ Biesta Studies in philosophy and education 29(5), 491-503	787	2010
9. Agency and learning in the life-course: Towards an ecological perspective G Biesta & M Tedder Studies in the Education of Adults 39(2), 132-149	780	2007
10. What is education for? On good education, teacher judgement, and educational professionalism G. Biesta European Journal of Education 50(1), 75-87	449	2015

資料來源：https://scholar.google.co.uk/citations?user=auiOrHcAAAAJ&
　　　　hl=en（2021, Sep. 28）

（二）延伸為重要著作論述之情形

畢斯達於本書中重新詮釋杜威的實用主義哲學及其對於教育研究之

觀點，除了成爲研究論文引證辯護或用於比較觀點之重要依據，亦成爲作者自身日後延伸爲重要著作的基礎，包含至少有五篇期刊論文與三篇專書章節（見表 3）。

表 3　畢斯達的實用主義與教育研究相關之延伸著作

類別	年分	題名
期刊論文	2007	Why 'what works' won't work. Evidence-based practice and the democratic deficit of educational research. *Educational Theory 57*(1), 1-22.
	2009	How to Use Pragmatism Pragmatically? *Suggestions for the Twenty-First Century E&C/Education & Culture 25*(2), 34-45.
	2010a	Why 'what works' still won't work. From evidence-based education to value-based education. *Studies in Philosophy and Education 29*(5), 491-503. [DOI: 10.1007/s11217-010-9191-x]
	2011	教育研究和教育實踐中的證據和價值。北京大學教育評論（季刊），9(1)，123-135. [Evidence and values in educational research and educational practice. *Peking University Education Review 9*(1), 123-135.]（ISSN 1671-9468）
	2014	Is philosophy of education a historical mistake? Connecting philosophy and education differently. *Theory and Research in Education 12*(1), 65-76.
專書章節	2010b	Pragmatism and the philosophical foundations of mixed methods research. In A. Tashakkori & C. Teddlie (Eds), *Sage handbook of mixed methods in social and behavioral research*. Second edition (pp. 95-118). Thousand Oaks, CA: Sage.

類別	年分	題名
	2015	No paradigms, no fashions, and no confessions: Why researchers need to be pragmatic (pp. 133-149). In A. B. Reinertsen & A. M. Otterstad (Eds), *Metodefestival og Øyeblikksrealisme*. Bergen: Fagbokforlaget.
	2017	Mixed methods in educational research. In R. Coe, J. Arthur, M. Waring, R. Coe, & L.V. Hedges (Eds), *Research methods and methodologies in education*. Second revised edition (pp. 147-152). Thousand Oaks, CA: Sage.
專書	2020	*Educational research: An unorthodox introduction*. London: Bloomsbury.

三、重要文獻評述

（一）援引本書之論文內容

在本書所接受引用的 1,145 篇文獻中，本譯注選擇其中與教育研究理論高度相關且亦被高度引用的四篇重要期刊論文（三篇英文和一篇中文），依照出版年分順序分析其受到本書影響之觀點。

首先英國學者 Badley（2003）在名為〈教育研究的危機：一個實用主義的取向〉（The crisis in educational research: A pragmatic approach）的期刊論文中指出，現今的教育研究出現危機的原因有四，分別是：(1) 產生錯誤的二元論（false dualism），(2) 錯誤的優先性（false primacy），(3) 錯誤的必然性（certainty），(4) 錯誤的期待（expectation），而這四個錯誤可以由實用主義的論證加以超越，不再被這些錯誤前提困住。

所謂錯誤的二元論，Badley 引用 Pring（2000）的說法，認為是由於實證主義與建構主義的研究者對於知識與世界觀之觀點不同所造成；居於主流的實證主義教育研究者主張客觀的實在，而建構主義者則認為

27

實在是由社會共同建構的。第二，所謂錯誤的優先性指的是實證研究派點（paradigm）的主張，也就是他們信念的邏輯優先性對於另一方強調多元觀點與反思取向的研究造成了傷害。第三，錯誤的必然性，是指研究者對於既定的知識理所當然接受，而不是對於新的可能或任何不確定性保持開放，預備重新建構既有知識。第四，錯誤的期待，意思是政府等期待以證據為基礎的研究，提供教育問題緊急的解決方案。Badley認為這四個錯誤使得教育研究被困在狹隘的爭論之中，而實用主義的論點可突破這些錯誤帶來的危機，例如以交互的實在論取代二元論，以實在（reality）是變動歷程（journey）來反駁實證主義的優先性。Badley在最後引用 Biesta & Burbules（2003）的內容來說明實用主義並非提出另類的研究模式，而是一個進行中的觀點（working point of view）、折衷的平衡觀點以及一個可能的行動方案。這篇發表於《歐洲教育研究期刊》（*European Educational Research Journal*）的文章，也許可說明歐洲（相較於美洲、亞洲）對於不同研究方法的理論基礎（theoretical framework）更加開放，使得不同於實證主義研究的論點仍可稍微保有一席之地。

第二篇期刊論文〈混合研究在教育研究的應用〉是國內學者宋曜廷、潘佩妤（2010）所寫，主旨是為混合研究這個新興研究方法闡明意義、歸屬的哲學派點，以及研究設計與應用。文中，宋曜廷、潘佩妤在原本 Guba & Lincoln（1994, 2005）所定義的四種研究派點定義實證主義、後實證主義、建構主義與參與派典之上，再加上「實用主義派點」，並將混合研究這個超越質性與量性研究取向的第三勢力歸類為實用主義的研究派點下。文中，宋、潘引用 Biesta & Burbules（2003）整理的杜威觀點來闡述此研究派點的本體論與知識論，指出杜威的交互作用的實在論（transactional realism），亦即視實在為一歷程且具變動本質之觀點，可脫離理性主義與唯實主義觀點（主張唯一不變的實在）的限制；而實用主義強調真理與知識需從行動中獲得，個體透過與環境的互動探知本身預存的概念意義，也依據外在環境互動自我修正。不過，

此篇論文在論述混合研究的設計方法及應用方面，就不再引用 Biesta &
Burbules（2003）之看法，一方面印證 Biesta & Burbules 所言，杜威所
提的實用主義於教育研究上的應用，並非特定的研究方法、步驟，另
一方面也可看出宋、潘對於 Biesta & Burbules 一書在教育研究應用上的
哲學討論，例如實用主義的探究結果（consequence）應觸及可欲（desir-
able）之教育價值而非改進教育之完美良方，並無太大感觸。這也反映
出國內教育學者將研究方法的哲學討論與教育研究方法論劃分開來的傾
向，至爲可惜。

　　第三篇文章是英國 Warwick 大學的 Hammond（2013）所寫的〈實
用主義對理解教育行動研究的貢獻：價值與結果〉，文中提出「行動研
究」以實用主義的立論爲其研究方法理念（ratinale），因爲它與實用
主義對於知識是在不確定的情況下，因著反思、分析等而產出的看法不
謀而合。Hammond（2013）提到行動研究其實也分許多種，也有行動
研究採用實證主義、詮釋學觀點或是後現代主義論點，但是嘗試以實用
主義的看法爲行動研究訂下知識論方面的共識觀點。所以他引用了包括
Badley（2003）、Biesta & Burbules（2003）與 Biesta（2010）等的文章
來說明實用主義提供了另類的「眞理觀」與知識形成歷程，正與行動研
究透過對行動的反思以解決問題的結果，異曲同工。Hammond 說明他
並非認爲杜威提出了行動研究的方法，而是行動研究「承載了」實用主
義知識論點的假設，因此他將行動研究描述爲「實用主義的探究」，並
接續引用 Biesta & Burbules（2003）與 Biesta（2010）等的內容說明實用
主義的探究具備的特質，包括對於探究結果的期待並非提出最終或最好
的實踐、人們日常環境能有實用的影響、探究何爲可欲的價值，以及實
在（reality）是變動與可修正的。

　　從 Hammond 的文章可看出本書論點在教育研究的影響，除了提供
研究者選擇本體論、知識論等跳脫傳統哲學的新觀點，以及影響研究者
思考何爲「可欲的」研究結果，也可與其他特定的研究方法（例如行動
研究）形成了新的連結。

第四篇是美國的 Morgan（2014）於《質性研究》（*Qualitative In-quiry*）期刊所發表的〈實用主義作為社會研究之派點〉一文，旨在說明過去提出實用主義為社會研究及混合研究法等服膺之派點者，大多著重闡明研究的實際層面（how to），而忽略實用主義的哲學與政治層面應用，因此此篇文章欲補足過去的遺漏之處。文章中 Morgan 以杜威對經驗的觀點詮釋實用主義派點的哲學立論，此外，與前三篇不同之處，Morgan 引用 Biesta & Burbules 整理杜威對探究的系統性五步驟，來說明杜威探究的模式；而此模式經常被行動研究者延伸發展為研究之步驟與行動循環，可見 Morgan 企圖重新將杜威的探究模式建置於更廣泛的社會研究領域下，而非特定單一的研究方法。這與 Biesta & Burbules 書中所強調杜威並非以此步驟為唯一可行的探究方法之精神是相符的。

由以上四篇文章可看出《實用》一書出版後，如所預期，促使研究者對於所選擇的研究方法做哲學上的思辨，或更加理解過去哲學觀點的分歧所造成的不同研究派點之脈絡，並且也看出本書論點經檢驗與思考後被引用為教育研究的研究派典重要論述，甚至與特定的研究方法形成了新的連結。

（二）延伸之重要著作

作者畢斯達繼本書之後，又陸續對於教育研究的議題寫了許多文章，本節將分析他以本書所詮釋的杜威之實用主義論點，回應二十一世紀教育研究之問題所寫的六篇文章；前三篇關注所謂的「以證據為基礎的研究」（evidence-based research），後三篇則關注杜威之觀點應用於混合研究（mixed-method research）等議題。

畢斯達於 2007 年和 2010 年所發表的兩篇期刊文〈為什麼「管用的」不管用：以證據為基礎的實踐與教育研究的民主缺失〉（Why 'what works' won't work: Evidence-based practice and the democratic deficit of educational research）、〈為什麼「管用的」還是不管用：從以證據為基礎的教育到價值為基礎的教育〉（Why 'what works' still won't work:

From evidence-based education to value-based education），以及畢斯達
（2009）的〈如何實用地使用實用主義？二十一世紀的建議〉（How to
Use Pragmatism Pragmatically? Suggestions for the Twenty-First Century）
共三文，可說皆以《實用》一書中杜威的觀點來回應其所觀察到二十一
世紀的教育研究缺失，或說持續以杜威觀點呼籲仍存在於（教育）研究
領域的哲學觀與價值觀之分歧。

　　以兩篇批判「證據為基礎之研究」的論文來說，畢斯達延續杜威
對於理性主義與觀念論分歧的態度來看待服膺於提供科學證據的教育研
究，指出它存有三個錯誤前提，即：(1) 教學實踐被等同於「醫學」這
個當初由證據導向研究所發展出來的領域，(2) 研究結果提供正確與客
觀的知識，(3) 期待從研究得到什麼是有效管用的。以杜威的交互實在
論及其知識論觀點，現代科學證據導向的研究限制了研究問題的範圍及
教育決策的民主參與機會。至 2010 年 Biesta 指出證據導向的研究持續
抓住了研究者、政府、政策決定者等的想像，因此他除了重申這個主流
的研究在知識論、本體論與人類行為學方面的缺失，及以杜威的觀點來
調和這些缺失之外，Biesta 更進一步提出「價值為基礎的教育」，用以
拒絕證據導向的研究與教育的錯誤研究期待及教學實踐。

　　Biesta（2009）的〈如何實用地使用實用主義？〉一文則聚焦在澄
清以科學證據導向的研究對杜威觀點背書科學研究的說法，重申《實
用》一書中他對杜威觀點的詮釋，包括杜威是否是實證主義者、杜威提
出文化的危機（即科學知識貶低日常知識）、杜威提出旁觀者與參與者
的區分，最後以杜威的交互實在論澄清杜威對於所謂的科學研究之看法
與態度，絕非如現今強調唯一客觀科學證據之研究者的觀點。

　　Biesta 另外三篇與教育研究相關之論文分別為 Biesta（2010b）〈實
用主義與混合方法研究的哲學基礎〉，收錄於 Sage 社會與行為研究的
混合研究參考手冊（*Sage handbook of mixed methods in social and behav-*
ioral research. Second edition）；Biesta（2015）〈沒有典範就沒有流行
與告解：為何研究者需要成為實際的〉（No paradigms, no fashions, and

no confessions: Why researchers need to be pragmatic），收錄在挪威出版探討研究方法之專書；以及 Biesta（2017b）〈教育研究的混合方法」（Mixed methods in educational research）[15]，收錄在 Sage 出版的《教育研究的方法與方法論》（*Research methods and methodologies in education*）一書。

　　Biesta（2010b）一文檢視對於實用主義被宣稱可作爲混合研究的哲學架構之說法，認爲有些說法成立、但有些說法卻不是那麼強有力的支持觀點，所以他以三個方式來檢視實用主義與混合研究法的相關性。首先，Biesta 列出幾位將實用主義哲學與混合研究之研究目的與結果作連結的學者文章，指出他同意這一層次的連結，但他不同意的是將實用主義當成是研究派典，因這會限制本體、知識論至方法論等「混合」的可能。第二，Biesta 列出七個檢視混合研究的討論層次，包括混合不同的「資料」、「研究方法」、「研究設計」（例如是否有教學實驗）、「知識論」、「本體論」、「目的」與「研究扮演的實用角色」（例如專注於教學技術或是文化上）。第三，Biesta 再次以杜威的知識理論元素支持與評鑑混合研究，因杜威的觀點正可支持打破不同知識論的階級與藩籬，提供可能的行動與結果連結，使不同的研究方法在上述七個方面產生連結。

　　Biesta（2015）的文章則是針對他作爲五份博士論文的外審委員（external examiner），看見這些論文迷失在自己所引用的理論中，因而提出要如何有實用的精神（pragmatic attitude），而非做個「實用主義者」，只引用實用主義的理論作爲研究的哲學架構。文中他呼籲不要只問要引用哪個理論，還要問要用該理論在研究中做什麼，或說產生什麼效應，也就是要用一個實用的態度去理解研究中的理論。他對於研究典範或特定研究取向的選邊（position-taking）持保留態度，他並非不鼓勵闡明研究取向，而是用一個「告解的方式」（a confessional way）

---

[15] 作者最初原稿標題爲 mixing methods，似欲與現今的混合研究（mixed methods）有所區別。

來自我檢視，否則就會忽略了研究任務而過於強調處理任務的「工具」。所以，他以實用主義的觀點來提醒研究者要思考研究的目的以及研究本身是什麼，也提醒研究古典整合的可能，勿迷失於派典的理論之中而忘記研究本身的目標或目的。

最後，Biesta（2017b）探討混合研究方法一文，指出漸受關注的混合研究因企圖對社會現象產出更正確與適切的理解而結合質性與量性研究方法，使研究者可依研究目的與研究問題選擇結合的方式或程度，此優勢特性牽涉到研究典範之爭的話題。他指出混合研究的確切定義仍在建構討論中，有人建議應允許混合研究有空間可以結合質量研究之不同元素，因此有對混合研究的「單一的混合研究法」（mixed-method study）與「混合研究計畫」（mixing within a program of research）兩類型做一區隔。作者接著以 2010 年提出的七個項度：「資料」、「研究方法」、「研究設計」、「知識論」、「本體論」、「目的」與「研究扮演的實用角色」，定義混合研究的本質，檢視其混合的程度與可能性。

這幾篇文章的討論使譯者想起於 2009 年通過的博士論文曾引起當時畢業學院的討論，因為雖然譯者將其定義為詮釋典範之研究架構，但本體論、知識論受杜威之影響，而研究方法採「量身訂做」（tailored）地結合了民族誌、行動研究、個案研究等方法，但因典範之故並未定義為混合研究。後來學院將此論文列為學院課程「混合研究」之範例文獻時，頗覺有趣；也許它正像 Biesta 所形容的「混合研究計畫」。閱讀 Biesta 這幾篇文章後，更能理解在歐陸與英國對於混合研究之討論脈絡仍在流動中。

而這幾篇 Biesta 以實用主義之哲學觀點所延伸的著作，除了有很高的引用率（見表 2），也可看出他持續以獨特的實用主義論點關注現今教育研究或教學實踐上所出現的問題或爭論，將杜威的理念與影響推展至也許杜威也沒有想到的廣度與時間長度；重要的是，Biesta 已不單純是引用杜威的看法，而是重新詮釋建構，形成了他自己在二十一世紀的教育脈絡下的實用主義者論點，並將實用主義的影響延續下去。

伍、原著內容大要

本書內容共有五章，標題如下：

一、什麼是實用主義

二、從經驗到知識

三、探究的過程

四、實用主義的結果

五、實用主義與教育研究

以下將就各章之內容進一步簡述。

第一章

本章主要導論哲學立場與教育研究及實踐之關係，並介紹實用主義興起之背景、對於傳統主流哲學之批判與實用主義者所提出之新觀點。本章內容可分為兩節：

（一）什麼是實用主義：(1) 從歷史層面回答（包括實用主義起源、當代背景），(2) 從哲學層面回答。

（二）實用主義探討：(1) 杜威是實證主義者嗎？(2) 文化的危機，(3) 西方哲學歷史簡要，(4) 人類理性的追求。（原著作中的各標題並無編號，但譯者為增加閱讀便利性而暫於此簡介加上編號。）

第一節的內容說明實用主義的幾位創始者及其思想與歐陸哲學學派的關聯。作者從歷史脈絡來看實用主義，指出它扎根於歐陸哲學傳統，但也對於此傳統，例如英國的經驗主義、德國的唯心論（又譯觀念論），做出了原創的貢獻——將現代科學之方法納入人獲取知識的模式，以及強調知識與行動的密切關聯。而到了二次大戰前後由於歐陸的維也納學派學者逃至北美，其主張的分析哲學引起討論，因著對於分析學派以及化約論（reductionism）的批判論述，使得實用主義再度獲得重視；包括自稱是「徹底的實用主義」的奎因（Quine）批評人不可能將意義與事實全然劃分，主張感官觀察需透過人的詮釋才有意義；以

及戴維生（Davidson）、羅蒂（Rorty）強調人之思考與意義之建構具有社會性及互為主體性的本質。這些評論無疑對於分析學派是直接的一擊，也因此在如今稱為後分析時代的二十一世紀，實用主義的觀點仍有其重要性。

而從哲學層面來看，實用主義提出了一個新的認識論，以杜威來說，他雖然贊同人的心靈與外在物質不可避免地是分開的，但他將起點立基於自然的整體互動狀態，而非專注於傳統哲學將兩者全然分開或兩者不可分（唯心論）的二分哲學，認為人的知覺與世界（實在）是處於不斷交流尋求平衡的狀態，杜威稱之為交互作用（transaction）。也因此杜威的觀點可稱為交互的實在論。基於這觀點所延伸關於人的探究與知識的意義以及實用主義的結果，於二至四章繼續討論。

本章的後半部回答一些對於杜威觀點的衍生問題，例如重視科學方法的杜威是否為實證主義者（Positivist）、杜威所認為的文化危機與其哲學觀點的關聯，最後以簡單易懂的方式敘述自希臘哲學以降的西方哲學簡史，為本書接下來幾章所要探討的哲學議題做一脈絡的鋪陳與解說。

第二章

本章題目為「從經驗到知識」，主要引導讀者認識杜威對於知識的論述之基礎要素，包含交互作用、習慣、行動、經驗等。作者並提醒杜威的理論取向一開始不容易懂，原因在於他以新的詮釋在使用傳統哲學的概念，例如經驗一詞。本章內容可分為五部分：

（一）引言

（二）經驗

　　2-1 經驗如交互作用

　　2-2 經驗的型態

（三）行動

　　3-1 杜威對反射弧的批判與重新建構

　　本章的內容看似解釋杜威對於知識的哲學觀點而沒有直接討論教育研究，但這些哲學觀是使讀者了解實用主義者對探究過程之思想的基石，也是實用主義取徑運用於教育研究的理論背景。引言中，作者簡略介紹杜威如何以「交互作用」表示其對於實在的看法；不同於牛頓的物理學以及唯物論觀點，將世界及存在其中之物視為規律且單向因果關係的運作機制，杜威則是認為自然界是個持續變動的整體，而其內各部分是相互影響互動的。因此作者稱杜威的本體論為自然主義的交互作用主義（naturalistic transactionalism），是認識杜威對知識的理論之重要架構。

　　接著，作者從杜威的哲學核心論點：「經驗」開始說明，指出對杜威而言，經驗是有機生物體（人）與其環境的交互作用，是雙向的關係。亦即人類與實在（reality）的連結乃是透過交互作用經驗，並非如康德所說的沒有獨立於人之心靈思想的實在。因此杜威指的經驗包含範圍是人類所有的可能性，例如認知過程（knowing）是一種經驗模式，其他還有實踐的、倫理的、美感的經驗等。在他對經驗的重新定義中，

人無須單單透過知識認知世界，因人已經驗到實在的眞實。

　　作者接續論及杜威的行動哲學，進一步解釋經驗雖爲人與環境間的交互作用，透過經驗人與自然連結，但經驗本身卻非「知識」，在經驗與知識之間的失落環節便是「行動」。而在論及杜威對行動與探究意義的觀點，作者也提及杜威如何處理心理學中「刺激與反應」及「習慣」的定義，杜威對這些名詞皆以其交互作用觀來詮釋。最後作者論及杜威的經驗式學習理論，再次強調個體透過與環境交互協調的經驗而學習，且並非只習得資訊，而是一套複雜的行爲傾向，因爲世界是充滿了各種意義的。而個體在經驗性探究過程，會產生更多的行動或反思、領悟等，使得個體能從行動進入到明智的行動。亦即，個體因反思、行動與反省轉化的經驗（就是交互經驗）而發現知識，因此對杜威而言，知識與行動是密不可分的。

第三章

　　本章論及「探究的過程」，主要介紹杜威探究理論的重要特徵、區分自然界與社會場域的探究，以及探討教育探究的本質。本章內容分爲四部分：

　　（一）引言
　　（二）探究的理論
　　　　　2-1 不確定的與問題情境
　　　　　2-2 概念運思與存在操作
　　　　　2-3 事實與想法（ideas）
　　　　　2-4 功能性的符應
　　　　　2-5 探究過程的結果
　　　　　2-6 從探究到研究
　　　　　2-7 意義、驗證與眞理
　　　　　2-8 探究與實徵研究的循環
　　（三）自然探究與社會探究

3-1 人類關係的探究

3-2 社會科學的適切任務

（四）教育探究

4-1 教育的實踐

4-2 教育者如探究者

首先，作者指出杜威認為探究是沒有絕對的止盡，而是具備一個暫時的特性，且探究所產生的結果、知識也有同樣特性。杜威的探究有幾個步驟：(1) 知覺到困難或疑難，(2) 定義疑難，(3) 建議可能的解決方法，(4) 推理出解決問題之方法，(5) 以觀察或實驗接受或推翻解決方法。接下來，作者就每一個步驟整理出杜威之哲學觀。

第一，杜威認為探究的開端始於問題（problematic）情境，而非只是認知上無法確認的衝突（conflicting）情況；杜威認為確定疑難為何等於問題解決的一半。不過杜威並不依賴客觀認知來確認什麼是疑難問題，而是靠環境與個體的交互關係來確認。第二，對杜威而言，探究並非發生於人的思考中，而是一個情況的真實轉變，而那情況正是個體與環境的交互關係。並且探究包含兩種方法，缺一不可：一為概念上的運作，例如反思；一為外在操作，也就是真實的改變，例如教師真的改變其教學方式。第三，個體需透過蒐集事實來定義問題情境，但事實與想法（建議）卻不是彼此獨立的，而是相互對照，且兩者都只有暫時的地位。接著發展可行建議時，人會需要知識以提供可能的概念性運作，以找到適切的因應。杜威強調過程中的操作、假設等都只是工具與方法，並非真理。

經過事實蒐集與驗證，探究會產生兩個結果，不單在個體的習慣上會帶來改變，也使事實產生新的意義，因此有時杜威指稱探究過程產生概念上的結果為「知識」。但作者進一步指出，比起知識，杜威實際上更喜歡另一稱呼：有根據的主張（warranted assertion）。也就是說，透過探究行動過程，想法會轉化成知識，但杜威不認為這些知識是永恆不變的真理，而是可在經過一番探究後加以驗證或推翻的；也就是說，知

識具有可錯性。

作者在此討論了杜威如何看探究與研究的差別。後者杜威認為具有公開且透明的過程，使人可判斷特定的研究結果是如何達到的。

至於杜威如何看自然與社會領域的探究，雖然杜威並不特別區分這兩個領域的探究，也認為兩者關係密切，但杜威並非化約論者，他認為社會領域是個更複雜的系統，在此系統中存在的各部分透過互動而有共享、共構的意義。在這個論述中，作者更進一步闡述杜威對本體論與認識論的看法，也說明杜威並不認同關注人類想法會使研究缺乏客觀結果的看法，因為如此將使社會探究淪為只處理「方法」而非人的互動本身。杜威也不欲見社會科學家成為一群研究匠師。

最後，作者探討杜威怎樣看待與人息息相關的教育探究。對杜威而言，「教育實踐」是教育探究的起始，亦是終點，教育探究的唯一目的便是使教育者有更明智的行動，而此觀點又與杜威認為教學是藝術而非科學有關，這與第一章一開頭的引述：「沒有任何科學研究結論可以轉化為教育之藝術的直接規則」是一致的。而杜威也認為沒有一個教育探究比親身參與教學的教師所執行的來得更適切，因此他鼓勵教師應如探究者透過探究的回饋來改進教育。

第四章

本章論及「實用主義的結果」，主要探討杜威如何看待理論與實踐的關係、知識與實在之關聯、以及杜威觀點的客觀主義與相對主義三個重點。本章內容可分為五部分：

（一）引言

（二）理論與實踐

　　　2-1 認識論的終結

　　　2-2 理論的實踐

　　　2-3 科學與常識（common sense）

（三）實用主義的實在論（realism）

3-1 知識的實在（reality）

3-2 知識的對象（object，或譯客體）

3-3 杜威的工具主義

3-4 理論與實踐、科學及常識

（四）超越客觀主義與相對主義

4-1 知識的主觀性

4-2 知識的相對性

4-3 從相對主義到人文主義（humanism）

（五）結論

　　實用主義的珀爾斯原則，也是實用主義原則，即是以產生的後果與實際影響來分析、評判一個概念或思想的原則。因此作者指出，如果杜威觀點之「結果」不會與其他不同的知識論點表達有所不同，那麼他的論點將無法通過實用主義哲學之核心原則的驗證。因而繼探討杜威之探究過程與知識之觀點後，本書於第五章探討杜威的實用主義之結果，亦即他的論點產生了什麼不同。作者在杜威處理理論與實踐之關係等論述中，梳理出杜威哲學之目的乃為恢復人類行動領域中的理性、自主及責任。

　　杜威所謂的理性並非恢復笛卡爾所區分的外在物質（world）與人類心靈（mind）兩類模式，而是試著在整合的架構下重新看待知識與行動之間的間隙（gap）與連結。這個間隙可從現代哲學的一種懷疑論點來理解，它認為人永遠無法去確認人的心靈思想能否與世界、實在連結，並且將理解（knowing）與行動分開；但杜威認為哲學可超越這個對人類懷疑的認識論，因為我們無法確知未來將會為人類帶來何種可能，因此我們的所有知識都是可錯的（fallible）。以杜威的交互作用論來說，理解是個動態的、行動的模式，「知識」不僅是外在操作（例如實驗）的結果，同時也是一種行動與後果間的連結之形式。進一步而言，實在會轉化成理解過程的結果，所以杜威對於實在的觀點是實在本身有個實用（實踐）的特徵；亦即杜威認為知識不是複製實在的結果，

而是「將實在本身視爲後果」。

　　作者進一步指出因著現代哲學，我們通常認爲習得理論是獨立於人類活動的，將理論與實踐分開，也將知識與教育現場做區分；但對杜威而言，理論與實踐是沒有認識論上的差異的，因爲他將理解與行動視爲彼此連結的，並且理論與實踐應該爲兩種不同的實踐，而非二元對立。也因此杜威批評將科學與一般常識區分的觀點，認爲科學知識不應被認爲是權威或比日常的知識（everyday knowledge）高人一等；雖然科學研究有其價值，畢竟它是在特殊條件下進行的（而非在複雜的人類社會中），但這不代表科學家就更能接近、了解實在是什麼，就因爲他們使用了「可靠的方法」。杜威看待探究歷程也是如此，認爲知識不應被視爲是事實的陳述，因爲知識永遠表達著「可能性」：一個原則可被實現或可成眞的可能性。因此杜威學派的方法意味著一個對於理論／實踐、科學／常識及教育研究／科學研究間的新思考方式，作者稱這樣的看法具有民主取向。對杜威學派而言，教育研究使用知識爲工具去找到我們實際經驗的意義，以致有機會可找到恢復協調的行動（coordinated action）之方，亦即找到問題解決的方法。

　　而杜威的工具主義與其「實在論」（realism）觀點有關。在這一節中，作者提到兩個杜威的立論名稱，「交互作用的實在論」（transactional realism）以及「徹底的經驗主義」（radical empiricism）以解釋杜威對實在、眞理（知識）與行動的觀點。簡單來說，杜威並非觀念論者（idealism），認爲實在與客體是透過人的知覺詮釋而存在；相反的，杜威是「交互的實在論」者。作者指出雖然杜威是實在論者，他的實在論又是另一種版本，原因有二：(1) 杜威認爲實在並不會只是物質的實體（entities），而是過程本身；(2) 實在與人並不是獨立分開的，人在理解實在的過程是參與者而非於實在之外的旁觀者（spectator）。也就是說，若有人要評論實在本身，必須要承認自身的存在與主觀。

　　而人與充滿意義的實在（環境）不斷地產生暫時的、功能性的交互作用與符應（correspondence）過程中，透過行動（doings）產生探

究的結果，也就是「有根據的主張」，人便藉由人所使用的感受、知覺（perception）而知道自身的知覺，而且「人的看法會是推斷所有自然客體與過程的唯一最終數據和唯一媒介」（p. 91），這就是杜威的徹底經驗論。所以，杜威的交互作用主義意味著日常生活經驗中的客體、意義應該理解為是從人類與他們的環境之交互作用所產生的，而人與環境的交互作用又會受人的習慣影響。也就是說，人所知覺之客體，並非如實在所呈現的「就是如此」，而是如「交互作用」下所呈現的形式。

杜威的工具主義觀點便是建立在交互的實在主義上，認為現代科學所建構的知識並不會不同於我們日常生活交互作用過程所建構的知識，因此杜威除了協調科學的及日常生活經驗的兩種實在，他關心的是承認兩種實在的知識客體，以及由兩組工具探究所產出的明智方案與知識，而非去區分哪一種實在或知識才是有效、上位的。

因著杜威認為人在環境互動中承認自我存在的影響，他常被指為主觀主義者，但其實他強調的是人要能對實在有一種共通的理解，需要有社會性的互動，而這當中人們共構了一個共同的互為主體（共同主觀）的世界，真理也需要在社會脈絡下的實踐所建立的共同知識客體來決定。也因著杜威不強調確切、客觀真理，而提倡互為主體性，他也被視為是相對主義者。不過作者認為杜威並非相對主義的倡導者，而是傾向將社會的與理智科學的兩種知識統合，不使任何一方限制了定義「何為真」的可能性。也就是說，杜威超越了客觀主義與相對主義這兩個對立的認識論，因此杜威更喜歡稱自己的立場為「人文主義」（p.204）。

第五章

本章論及「實用主義與教育研究」，主要探討實用主義如何看待教育研究的基本問題，以研究目的、產出、限制與實踐等四大問題來討論其洞見。本章內容可分為五部分：

（一）引言

（二）教育研究之目的為何？

（三）教育研究能對教育實踐提出什麼貢獻？

（四）什麼是實用主義作為哲學的限制？

（五）教育研究者要如何「使用」實用主義？

從前幾章的解說可知實用主義並不特別提出具體的「方案」，也不提出進行教育研究或特定研究的方法。但它提供一種對於教育研究與實踐所具有的可能性和侷限性而言，獨特的理解模式。也就是說，讓杜威學派的實用主義與其他理解教育研究觀點的不同之處，是其交互作用架構（transactional framework），將知識解釋為對人類行為的功能，以及對人類互動和交流的理解。作者整理出杜威的實用主義提供的四方面的應用：(1) 提供知識與行動之關係的新觀點；(2) 提供理論與實踐、以及教育研究與教育實踐間之關係的新觀點；(3) 提供關於我們知識的客體（可能是自然科學的世界，或是日常生活的世界）的非傳統區分法；(4) 使我們以新的方式看待客觀性（objectivity）與相對性（relativity）。杜威的方案並不是為要使我們的行動更「科學」，相反的，是要使科學的探究行動更人性化。因此在最後這一章，作者探討的是實用主義對於教育研究的基本問題提供了什麼洞見，包括研究目的、產出、限制與實踐。

作者指出，實用主義對教育研究的理解不只是為了找到更有效的方法來達成理所當然的教育目標，而是將探究過程與教育的目標、目的結合在一起，教育研究應該探究包含工具方面的以及價值方面的觀點。亦即，研究不只要探究教育的方法、技巧等，也要探討教育的最終目的，否則又將使教育之方法與其目的分開，兩者無法連結。因此杜威認為教育研究為整合教育方法與目的之探究，且研究目的除了在找到什麼是可能達成的，更是在處理那個「可能達成的」是否是「可欲的」（desirable），至少從教育的角度而言。作者進一步說明杜威認為即使透過研究找到使學生成功的學習結果（outcome），也可能只是教學的運轉機制，所以當我研究何為教育時，不應將教學成效與教育價值作切割，而應當使我們所認為的教育與何為適合的學習與社會的價值觀一致。因而

杜威呼籲教育研究者不應將教育侷限於探究教育之方法以至成為教育工匠，也使得研究成為不民主且有問題的。

其次，探討杜威如何看教育研究的貢獻。首先，作者強調杜威的交互作用取向並不產生教育行動的法則，而是告訴人們在教育的各殊情況下什麼是可能的，也就是行動與後果的可能連結。杜威認為教育者在探究或實踐時，便是教育知識的創造者，因此他認為教育科學的最終實在是存在於教育者的心靈思想中的。由於教育的實在不會是永遠不變動的，因此教育研究所提出的知識不可思考為改進教育的完美良方，原因有三：因每個教育情況是獨特的，且充滿不可預測性，第三是今日的教育者面對許多過去不存在的問題；吾人需要教育研究，是因其可提供更明智的思考而非完美的教育實踐。不過作者提醒本書只討論實用主義理解的知識與行動之關聯，至於教育研究將促使教育制度與實踐改進至什麼樣的程度，將交由讀者決定。

第三，本章討論實用主義的限制，作者指出杜威對於西方哲學的重新詮釋之所以引人入勝，是因為他並非如其他人在現代科學興起時，以舊式的哲學方法來詮釋此新興科學方法，因此避開了原本產生斷裂不連續的「偏合」（mismatch）。而這偏合使得人們相信科學知識只是指那些離人類生活遙遠的理論，並使科學知識缺乏對社會與道德層面的人文關懷。不過作者指出這不表示杜威的實用主義可解決所有現代人類生活之問題，雖然他同時強調科學實驗、公開性與人文關懷。現代科學的世界在杜威的觀點中是一個充滿人類潛能與可能性的世界（實在），但此觀點是有代價的。作者認為杜威的哲學關乎的是人類這個有機生物體不斷適應長久改變的環境而產生與環境的交互作用，但此觀點只是理解這個世界的一種可能觀點；在二十一世紀，我們知道只此一觀點是不足夠的，且對於科學與人文關懷的區分使得杜威的哲學又陷入了一個進退維谷的兩難。杜威所展現的現代科學的世界，即一個充滿人的可能潛能之世界，並非多數人所相信的現代科學世界。

最後，作者簡短的提示如何使用實用主義於教育研究領域。他認

為實用主義並不提供教育研究如「食譜」般的步驟，也非處方箋，而是提供了對錯誤的二元對立哲學觀之檢視，拒絕傳統理所當然的假設與前提；它開啟了新的可能性，幫助研究者可以有更具反思性、也更加明智的探究行動。

陸、杜威實用主義之獨特背景與常見誤解

本書導讀已於一開始對於實用主義提出的背景加以說明，而上一節的各章內容摘要相信也使讀者對於杜威的實用主義對「知識」、「探究」以及「人的行動」等概念的主張，有較清晰的輪廓。在引導讀者進入本書的實用主義論述前，譯者將再補充說明兩項關於杜威實用主義的背景，以使讀者在閱讀本書內容時，能將杜威的論述放進這圖像脈絡中，對於其理論才能有更整全的觀點來思考與評斷。這兩方面的補充包括一、杜威實用主義之獨特背景，以及二、對於杜威論述的常見誤解。

一、杜威實用主義之獨特背景

本書作者在第一章即開始鋪陳杜威實用主義提出之獨特背景，包括西方哲學傳統的爭議、古典實用主義先驅們看出此傳統的問題，走出的一條不同於傳統的路徑，以及這些先驅們所傳承的哲學影響有哪些。如若順著作者平易近人的敘述思路，讀者應不難看出實用主義面對哲學傳統困境，所展現的如典範轉移般的思想創新。

然而相較於本書作者對於實用主義產生背景的敘述，譯者將嘗試把作者僅點到為止的另一面觀點（或說這些觀點是散見於各章節本體論與認識論的內容中）加以整理補充。

（一）另闢蹊徑的勇氣與洞見

G. R. Geiger（李日章譯，2005）曾指出，儘管時間不斷流轉，各時代有其不同的時代氛圍與議題，杜威提出他的另類哲學思想的勇氣，卻是不同時代皆缺乏的：

……杜威自己也十分明白許多人確已喪失他們的勇氣。如果他沒看出這一點，那麼他所持的「哲學大部分是當代文化衝突的反映」這觀點就有問題了。（p. 10）

　　因此，譯者認為除了卓越的創新能力，杜威及其實用主義前輩能提出哲學新觀點，以及在後來分析哲學當道之時，力抗諸多批評，是因其有超越的勇氣。當然這樣的勇氣也受到近代其他新興學說、同時期其他論述等的鼓舞與支持的，包括達爾文的進化論、自然主義（naturalism）與關懷人道和民主的自由主義（liberalism）等，瓦解了過去封建體制下的思維（但仍舊存留）。在此背景下，杜威的實用主義對於傳統哲學產生的二元對立爭議，另闢蹊徑，提出了 (1) 與過去截然不同的世界觀，(2) 會不斷興發（emerging）的認識論，而後者在本書中，作者形容為具時間性的（temporal）知識理論。

　　簡單來說，在以往探討形上學的哲學家眼中，人的知覺與外在世界兩者是分開的，而那含有客觀真理的本質世界，不管是古希臘以降或是近代牛頓物理學的觀點中，是永恆不變、規律美好、最真實的世界，是哲學家們一心探詢能解釋一切問題的答案之源頭。而杜威受近代科學發現以及達爾文的演化論影響，認為外在物理世界並非永恆不變，相反的，它是變動的，且在自然界中沒有絕對不變的形式。也因此自然、人以及下面要提到的知識，是會不斷改變的，新的問題會產生，新的想法與方法也會因應而生（Dewey, 1925）。此外，過去傳統哲學以及牛頓物理所建構的機械式世界觀，認為所有在其中的組成照著其內在的理性秩序，一個連著一個地朝著單一的方向運動影響。由於達爾文的理論，加上本書中提到的其他近代物理原子學新發現，使得實用主義者選擇否定了這樣的世界觀，杜威更提出了其「交互作用取向」（transactional approach）的世界觀，本書作者稱為「存在的形上學」以及「自然主義的交互作用主義」（naturalistic transactionalism）。

　　第二，實用主義也挑戰傳統哲學在真理論（也就是認識論或關於知

識的獲取方式等討論）的看法。過去哲人將感官經驗與外在物理世界兩者分開，Geiger 形容這在哲學上有著肅然起敬的傳統，可追溯至希臘的二元論，而這傳統在近代思潮仍為主流，始終使得心、物二元的鴻溝無法消除，產生了知識是獨立於人類經驗的迷思，以及知識主客觀的認定爭論。然而杜威繼承了詹姆斯的想法，提出了跳脫此爭議的觀點，認為事實與人的感官經驗是無法分割的，且人的探究之所以有意義乃因人心靈的詮釋。除了拒絕將主客體分開的傳統想法，杜威受上述科學新論的影響，將實在形容為一個過程，而非固定不變的世界。因此杜威對於永恆真理的概念也加以否定，並拒絕將知識視為是永恆實在的鏡像（或說複印機、照相機的產品），而是人與不斷變動的環境之間，為了尋找生存與解決問題之道而產生的交互作用過程。也就是說，杜威認為知識在這個發展過程中是具有「時間性」這個因素，包括它可能是暫時的、是可錯的、是會被新的想法所取代的。

　　因此在面對二十世紀分析哲學與邏輯實證主義主導的科學哲學，杜威仍舊走著不一樣的路徑，以上述新的知識理論為基礎，提出了本書作者所梳理的三種觀點：(1) 對於人所處的環境或所欲探究的「實在」提出「交互作用的實在論」（transactional realism）。其論點已於上述闡明，在此不予贅述。(2) 對於知識提出「實用的互為主體性」（practical intersubjectivity）觀點。也就是人在所探究的「實在」中並非客觀的旁觀者，而是參與者，並透過與環境的互動建構知識、建構群體與事物互相連結、互為主體的世界，因此在交互作用的過程中，信念與認知會有所調整、修正，社會群體的集體想法等亦會因彼此溝通互動而改變。在此觀念下，杜威認為知識是有可能改變，也需要接受驗證而修正、更新。(3) 對於知識與人類行動（經驗）的關聯提出「行動的哲學」，強調知識與行動（經驗）的關係密切，因為知識本身是行動的基礎，也是行動與結果的表述。因此知識的獲得是在行動之中，而非只在心智的思考之中。

（二）對文化危機的回應

最後，在閱讀本書時，讀者除了可將本書一直提到的西方哲學傳統及上述補充的學術討論氛圍，與杜威的洞見作一對照，還有一點也值得注意，即杜威面對他的時代所產生的學術氛圍，作出一個倫理價值上的回應。

實用主義與傳統哲學的不同點之一，還包括它對於科學方法的重視，強調對於概念進行實驗與效驗的測試，因此實用主義常常與科學的實驗主義畫上等號。然而 Badley（2003）在其論文（摘要請見本導讀的「接受引用之論文內容」一節）中指出杜威的許多論述，其實是對於一種文化危機的回應，而這危機來自於現代科學的世界觀與認識論，瓦解了日常生活的常識等領域對於人類的影響。Badley 形容現代科學使人們以機械式的機制、或說是一幅冷漠機械定律與規律的物理粒子作用的景象，來解釋世界的存在樣貌；而這種機械論世界觀對現實的解釋，使人們減損了對世界日常體驗、日常生活中情感的、價值的等非認知層面的認可，落入了杜威所形容的「非人性的理性」以及「人性非理性」的兩難抉擇（Dewey, 1939b）。如此這般科學理性的霸權，將理性限制在事實和方法上，而將價值和目的排除在理性審議之外，因此杜威試圖對於科學研究結果，也就是所謂客觀、普遍的知識，以及存在日常生活中的常識領域，兩者因現代科學而產生的分歧，透過另一種哲學觀點加以調和。

因此本書作者在回應杜威是否為「實證主義」者之後，即指出杜威對於探究的目的及形成的知識提出了「人文主義」（humanism）的觀點，主張以探究提升其科學性之前，應先使科學探究行動更加具有人味兒，不貶低人類日常生活的價值，並透過前述三個觀點（交互作用的實在論等）使自然科學的理性與人類特有的情性調和，使探究過程與結果具有民主特質，追求一種人性的理性。相關的論述，讀者可見本書第一章及第四章中提到杜威人文主義的內容，在此不贅述，僅供讀者在閱讀

時，加上此一背景用以勾勒出杜威當時的心境與價值選擇。

　　附帶一提的是，杜威當時所覺察的文化危機現象，似乎沒有因為他的呼籲而消失；在二十一世紀，Badley 在教育研究領域中（或說社會領域的研究）依然發現了科學對於它所稱主觀的、反思的、強調多元觀點的研究等帶來傷害，使得教育研究出現四種錯誤，包括產生錯誤的二元論（false dualism）、錯誤的優先性（false primacy）、錯誤的必然性（certainty）與錯誤的期待（expectation）。而 Badley 認為這四個錯誤可以由實用主義的論證加以超越，才可不再被這些錯誤前提困住。這樣的看法是不是很熟悉呢？許多回頭去研讀杜威論述的學者都發現許久之後，杜威的實用主義仍可提供許多洞見，超越那一直位居主導地位的觀點所解決不了的爭議……

二、對於杜威論述的常見誤解

　　既然實用主義面對了哲學傳統另闢蹊徑，而面對當代議題依舊提出警醒之語、沒有隨波逐流，那麼可以想見它也會面臨與之採取不同觀點理論（包括形上學及其他二元對立爭議）之批判或誤解。雖然實用主義者詹姆斯曾挖苦地形容，即使實用主義會招致誤解與批評，到後來也可能會轉變為理解或贊同；他是這麼說的：

> 首先，你知道，一個新的理論會被攻擊成荒謬的；接著，人們雖然會承認它是對的，但是會說它是老生常談而無關痛癢的；最後，人們會把它看得非常重要，以至於原先那些反對它的人會宣稱他們自己發現了它。（朱建民譯，2000：15）

　　當然有許多後繼的實用主義追隨者為這些誤解作了考察和辯解，但是批評的觀點或誤解似乎仍舊如影隨形（Howlett, 2013）。

　　為使讀者在閱讀本書的同時，已能知道這些「地雷」所可能引發

的閱讀理解障礙，包括對杜威理論常見的誤解以及杜威一點也不特殊的「特殊用字」（必須在杜威哲學脈絡下才能正確理解的字詞，例如眞理、認知、交互作用、符應等），本節將在以下簡短介紹關於這兩部分「地雷」的拆解或跨越工具。由於大部分杜威哲學的「特殊用字」，即本書探討的重點與了解杜威對教育研究看法的基礎，因此在此不多作闡述，而是整理與補充一些相關字詞的脈絡，供讀者作爲閱讀理解的工具，並可利用參考書目做延伸閱讀。

（一）實用主義

導讀一開始，已就此名詞提出之背景做了解釋，並提到本譯注雖費心思考如何翻譯此一詞，惟實用主義者的提倡者們卻一一與之撇清關係，包括一直爲其辯護的杜威，終於在 1938 年出版的《邏輯：探究理論》（*Logic: The theory of inquiry*）一書中，把「眞理」一詞從其哲學詞彙中剔除（李日章，2005），同時也放棄使用「實用主義」一詞：

> 我想，本書不會出現「實用主義」一詞。或許這個名詞本身就會招致誤解。它每每招來嚴重的誤解與相當無謂的爭論，因此避免使用它倒是明智之舉。（朱建民譯，2000：2）

此名詞之所以招致誤解的其中一個原因，如前述，與批評者將「珀爾斯原則」注重概念的有效性，與美國歷史、文化背景做連結，因此得出這樣的結論：實用主義是「典型美國市儈的哲學」、「強調工業成就與商業價值」、「美國拓荒精神的反映」（李日章，2005；朱建民，2000；陳亞軍，1999）。也有將杜威強調自主精神與人文關懷的哲學批評爲「北方佬習俗的表現」（可見這個批評是從美國本土來的，很可能是南方人）。更有許多人因爲對杜威另闢蹊徑的形上學觀點不夠理解，將其說法歸類爲「唯物論」、「唯心論」、「相對主義」、「主觀主義」等，Geiger（李日章譯，2005）形容爲「從一個極端到另一個極端，

幾乎應有盡有」（p.12）。而不再使用實用主義一詞的杜威，改以其他的用詞取而代之，包括「自然主義」（見本書第二章）、「有根據的主張」（warranted assertion）（見本書第三章）、交互作用的實在論、互為主體論（見第一、四章）等。

　　至此，讀者應可更理解本書中每每提到杜威必須對批評有所回應，並為自己的論述命名或正名，其當時所處景況的背景。不過讀者也許亦發現，若是起初實用主義者就有系統性地論述，誤解者（或地雷）也許就不會那麼多。但有學者認為這是因為實用主義是個歷史運動、哲學運動，而不該稱為哲學學派（Gavin, 2003）。將實用主義視為歷史運動的，會以時間軸對不同實用主義者的貢獻作比較，本書亦以西方哲學發展的時間軸，拉開實用主義出場的序幕，凸顯實用主義站在傳統哲學與當代思想的十字路口所帶來的影響。將實用主義視為哲學運動的人，則認為實用主義的哲學以問題導向來發展論述，不同的實用主義者對於知識理論主題的相關論述可匯聚成信念、方法相近的哲學，並且仍有許多當代的哲學問題可借鏡其取向（朱建民，2000）。

（二）工具主義與實驗主義

　　由於實用主義重視科學實驗方法以及強調獲取知識的過程中認知的工具性價值，「工具主義」（instrumentalism）與「實驗主義」（experimentalism）常用來指稱實用主義的哲學運動，或說是此運動的分支（但昭偉，2000）。然而這兩個名詞與實用主義有著相同的命運，就是從字面上的解釋與此運動的哲學論述相去甚遠，因此亦常招致誤解。以「工具主義」而言，就常被狹義地解釋成為求便利、任務順利完成而便宜行事，或是為滿足個人私慾而只取有利途徑等。然而在杜威的哲學脈絡中，完全不是這麼一回事：杜威的工具主義是與其交互作用理論相連結的，即知識在人類與環境交互作用的經驗中，具有使人所處的問題情境過渡轉變為問題解決之情境的工具性，所以杜威主張認知過程是解決問題的工具。更具體來說，杜威認為桌子、椅子等知識的對象，在認知

的過程（即交互作用）中是能幫助人類建構桌子、椅子的意義的手段或工具，而那意義可能包括桌子用途以及人類可如何適當回應（見本書第四章）。因此杜威的工具主義必須是從杜威的哲學脈絡來理解，才能避免錯誤的解釋。

而實驗主義所招致的批評則與不人道的或不為純正目的而進行的實驗連結，忽略了原本是指以實驗操作（本書稱為存在操作），將人的思考與可能的解答方案連結起來的探究方法與精神。杜威認為可將其理論稱為實驗主義，由此可知他對於實驗性格與科學探究的推崇。

而對於實用主義的誤解，除了其本身與相關名稱外，尚有其論述的創新名詞與沿用一般常用的名詞等。Geiger（李日章譯，2005）指出，有些哲學家會發展出一套全新的詞彙來表達自己的觀念，但杜威則選擇使用大眾熟知的日常語彙，例如實用的（practical）、有問題的（problematic）、工具性的、想法（idea）等，是他的論述產生誤解的最大原因。由於曲解而招致的批評相當多，後繼的實用主義者或對其有興趣的學者多有針對杜威論述中不同主題的名詞，加以考察、論述。以下將針對本書中幾項重要名詞的脈絡稍做說明。

（三）知識

杜威對於知識的觀點幾乎是本書探討的重點，可以從杜威的世界觀（拒絕傳統哲學對本質世界與普通人的世界的區分）一路理解到杜威的交互作用實在論，也就是知識的獲取、知識的對象、認知過程等觀點，最後到探究與研究的定義，都與杜威對知識的觀點分不開。因此讀者閱讀本書後，相信能清楚知道杜威的知識理論，本導讀在此不多敘述，僅對於杜威的知識觀點背後的脈絡背景做簡單的梳理。

前面簡述杜威的工具主義時，即已提到知識（或說知識的對象）在人與環境的互動中，也就是人的經驗中，所扮演的角色。但是通常對於知識的廣泛認知是，有機體（人類）對於環境的直接覺察（apprehension）產生的感覺、知覺；只要人活著，直接覺察與感受會不斷出現，

並透過感受影響人的行為。但杜威反對將人的直接覺察、知覺等稱為知識，他認為那無非是非認知的或先於認知的經驗側寫。對杜威而言，知識不會是一個固定、直接的感受，而是一個認知歷程的結果，此歷程起始於經驗中事物的「意義」透過其他事物的「徵象」（sign）（例如下雨透過「烏雲」這個徵象）浮現時。因此唯有非認知的感受內容被當作徵象來使用，對於事物的意義透過推論而使之成為被認知的意義（也就是知識），才能成為認知歷程，或說「知識」。也就是說，杜威認為知覺與概念本身雖不是知識，但為知識和價值提供了材料（Dewey, 1903b）。而對於知識是歷程的概念，實用自然主義者稱之為知識的連續性原則（朱建民，2000），本書作者則採用杜威的說法稱之為具時間性、暫時性與可錯性的發展歷程（見第三章）。

有趣的是，杜威雖將知識視為一歷程，他的知識理論卻也同樣關注此歷程的結果（與真理、探究的概念相關，請見「探究」部分），如本書作者提到的，「杜威知識理論的一個非常重要的步驟，就是要將知識關注『如其所是』（as it is）之世界的觀點，轉變為知識乃關注**條件與後果**的觀點」（p.133）。同時因為杜威的理論是建立於生物學的基礎上，因此在這個認知的歷程中，他主張認知者（也就是人）與其環境是不可分的，為解決有問題的情境而主動參與跟環境的互動。因此認知者不是局外的旁觀者，而是與環境彼此有一種動態關係的，且這關係如前述是符號性的。也可以說，杜威認為人與環境的交互作用歷程（經驗）與結果就是一種知識，而這知識就是世界的一部分，並非如舊的哲學體系所認為的只存在於不變動的本質世界中。

（四）想法（idea）

杜威對於觀念（idea）（本書譯為「想法」，以下將統稱為想法）的解釋，與哲學傳統又是非常不同的。在哲學脈絡下一般認為想法是由人的心靈所形成的，因此是主觀的，是心靈的對象。但在認識論中，想法的定位更加侷限：由於世界分為內在與外在、心靈與物質的、表象

與實在的，人作爲一個被動的旁觀者從內在世界窺知外在世界，或是外在世界的刺激引發了內在思想的意象，人的心靈所形成的只會是外在景象或刺激的摹本。這個摹本，也就是想法，接近前面所提到的感受與知覺，並不構成世界的一部分，而人的心靈也始終處於被動狀態。然而，杜威哲學中的「想法」，與探究歷程有關，也就是與知識的發生、以及與處理不確定和有問題的情境是相連的。杜威將想法比喻爲探究行動的地圖；首先爲了解不確定情境，我們需要透過觀察蒐集事實，在這過程中，想法與事實會連帶地發展，因爲想法會爲所觀察到的事物賦予意義，並指引觀察的方向。而當事實越清晰時，人就更能發展出解決問題、改變情境的想法，形成假設與建議。

因此，想法在這個探究過程中爲引領人的探究行動而架構出地圖，指引行動達成與目的一致的結果。此外，還有一個細微的觀點是不同於舊的哲學體系，即杜威將想法視爲是暫時的狀態，是隨時可修正的。既然想法是暫時的，本書提到想法與事實之間的區別，也會是暫時的。至於想法的「眞確性」如何確認，與人的行動即後果有關，即與探究、研究相關。

附帶一提，想法原文爲 idea，在哲學領域 idea 一詞通常譯爲「觀念」，例如 idealism 翻譯爲「觀念論」。但本譯注選擇較一般性的用詞「想法」，除了因爲書中 idea 一詞不一定是指形上學當中的觀念，也因爲一般用語中「觀念」與「想法」有時也可互通。最重要的是，本書提到杜威傾向將「想法」認定爲具有「暫時性」的發展特性（請見pp.154-157），與「設想」、「假定」等詞較爲接近；而「觀念」一詞在字典中的解釋爲「因文化背景或生活經驗而形成對人事物的認知與看法」，較「想法」更加發展得具體些，而失去杜威所想表達之意。基於以上考量，本書統一將此詞譯爲「想法」。

（五）經驗

「經驗」一詞可說是杜威哲學的核心，除了其知識、探究的理論可

從經驗的定義出發，其教育理論、藝術觀點等亦與經驗的概念不可分。
然而再一次地，杜威用新的方式詮釋這個哲學傳統上的概念，也使得經
驗成為他哲學中最有問題、最易被誤解的概念，因而讀者需要了解杜威
對經驗定義的背景，以免錯失其哲學的真義。在說明背景之前，在此先
補充一個觀點，Geiger（李日章譯，2005）指出，杜威哲學的「經驗」
包括兩個不可分割的部分，即「認知」（knowing）與「領受」（hav-
ing），而杜威討論的經驗主要服務的對象是「藝術」，也就是從認知延
伸到領受；只是大部分討論實用主義的人（包括本書），多半限於討論
前者，也就是經驗在思考、解決問題、工具主義、科學方法等認知方面
的意義。

　　一般人大多將經驗視為是直接得來的東西，例如親身經歷的事件，
而非從閱讀等間接方式得來。這樣的看法常使人認為經驗是個人化的、
是主觀而非客觀的。在哲學傳統也有類似的情結，傳統的心物二元論視
經驗為不自然且不全然可靠的、不值得信賴的，因而也就缺乏知識上的
價值。在此背景下，杜威的經驗論述有兩方面的特質，一是建立在新的
實在論之上，一是具有民主、道德的精神來談論人的經驗。

　　簡單地說，基於反對心物二元論以及基於生物學上「連續性」
概念的影響，杜威將「經驗」看作生物有機體與環境之間的交互作用
（transaction），是一種在自然之中的存在（以事件的方式存在），且
是一種能不斷深入自然本質的手段。所以經驗並不是神祕的內在思想事
件，也不是對於世界的被動「感受」。由於這個定義，經驗等同於人與
宇宙之關係的所有可能性，包含了人在世界上生活的所有層面，例如認
知的、實踐的、倫理的、審美的等等，杜威將這些層面稱為不同的「經
驗模式」。此外，杜威所謂的交互作用，本書形容為一種雙重關係的互
動，而非單向的刺激與回應關係，是人與自然的交往，這概念就與物理
學中「場」的概念是相通的（見本書第二章）。所以，杜威將經驗解釋
為一種動態的交互作用，呼應了他獨特的實在論，是一種交互作用的實
在論，在其中「實在」也同樣是動態的、自我演化中的。

　　當杜威談到經驗包含人在世界上生活的所有層面時，他也同時強調「所有經驗模式都是同樣眞實，因爲它們都是生命有機體與環境交互作用的模式」（本書 pp.130-131）。亦即，不會因爲有人對某經驗的內容是眞實的，其他人的經驗就不眞實或較不準確，因爲每個人的經驗當是同樣眞實的。這種對於個人經驗的信任與尊重，與哲學傳統以及實證主義成爲對比，是一種民主的觀點。

　　最後補充一點，雖然許多學者認爲杜威說的知識也可算爲是一種經驗，但本書作者特別澄清經驗本身「並不是（還不是）知識」（p.51）。因爲在經驗與知識之間還有一個環節——「行動」；杜威曾說唯有透過行動，我們才能了解經驗會在何種條件下發生。這部分深入的討論可參考本書第二章「從經驗到知識」。

（六）探究

　　經過幾項杜威觀點的闡述後，來理解杜威對「探究」的定義與背景就容易多了。由於實用主義認爲哲學的目的是將哲學問題還原成「人的問題」，因此可以理解杜威看待人的探究也是同樣設定在人所生活世界所發生的活動。實用自然主義者傾向將杜威所謂的探究活動與自然主義以及生物學理論連結，強調生物有機體對於環境的回應發展出一種邏輯，選擇接受環境的友善部分而排斥環境的不友善條件。在此類似的邏輯之上，高等生物（人類）也發展出高等而複雜的邏輯運作，幫助人進行轉化、適應、持續發展等，是爲探究的基礎（朱建民，2000）。然而本書論及杜威的探究，較傾向從實驗主義的觀點來闡述。簡單來說，探究是一種人類的習取知識的活動歷程，始於有問題的情境，透過經驗與行動的合作（以及嚴格的科學方法），最終形成「有根據的主張」（這是杜威偏好的詞彙，儘管許多人直接稱探究的終點是知識）以及「更明智的行動」。而探究的概念性結果，杜威認爲儘管必須符合（本書譯爲「符應」）人所在的眞實世界，它始終是保持在暫時的（provisional）狀態，不會是最終絕對且永恆不變的眞理；也因此探究會是一個循環的

歷程，沒有止境，可隨時因為探究結果受到質疑而有進一步的探究。

　　既然探究是從有問題的情境開始，最終探究是否改變了些什麼？對於這個問題最直接的回答是原本的問題情境，可能是人類提出了解決問題的建議，也可能是人的心靈與認知有所改變（李日章，2005）。但本書作者這樣回答：「探究過程會產生雙重結果：不僅有機體的習慣會有所改變，且各符號之間的關係也會發生變化，換言之，會產生新**意義**」（p.161）。這呼應了上述杜威對於探究的看法，因著探究所形成的更明智的行動，人的習慣會有所改變，在探究歷程中也形成新的知識、判斷、主張等等。杜威對於探究的主張，本書有更進一步的梳理，包括杜威提到的探究步驟、以及探究與研究的區別，還有本書最重要的主題：杜威所揭櫫的教育研究本質。

　　有了以上對於實用主義以及杜威哲學初步的背景介紹，相信能讓讀者更知道如何理解與看待杜威的理論，避開或拆解「地雷」，深入杜威的哲學中，甚至可啟發讀者找到不同的見解。

小結

　　本導讀從譯注這部作品的源起開始談起作者如何詮釋杜威的哲學，也簡略梳理（因為杜威的著作以及後人的研討論述實在相當豐富，本導讀僅作一開頭）讀這本書所需要了解的背景知識，包括實用主義一詞提出的背景、本書作者的歐陸背景對詮釋杜威觀點的影響、本書之重要性與影響分析、本書各章大要、以及關於杜威的實用主義，其背後特殊的脈絡與常見的誤解。期望這樣的導讀安排能幫助讀者更輕省的進入杜威哲學，領略杜威及本書對其哲學的重新建構下對教育研究本質看法的旨趣，打通讀者理解教育研究哲學的任督二脈。

譯者後記

一、譯注計畫之優點與限制

本譯注作品除了譯者本身是英文系出身、並且曾受教於畢斯達教授的背景外，還稍可大言不慚地稱為優點的，大概是本譯注進行的前後譯者皆與作者保持聯繫，隨時就杜威的理念與語意的詮釋等作溝通確認，以及作者特地寫成的中文版序。

提出解構概念的德希達曾說 reading is misreading，並強調用溝通縮小認知差距的重要，這表示譯者更需要在翻譯的過程中扮演好溝通橋梁的角色，不管是文本語意的理解或是語意背後作者的意向、目的。因此在許多文字本身有多重意義的狀況下，或是對於杜威作品的原文，我與作者、或作者與其他學者間有不同解釋等情況，譯者皆會請教作者原初的想法為何。不過有些許地方，譯者選擇在注釋中說明各種資料與說法，然後將判斷使用哪種詮釋的空間給予讀者。例如在第二至第四章，作者稱杜威對知識的論述為「時間性的知識理論」，其中的「時間性」（temporal）一詞在本書出現 25 次，其解釋的意義在哲學上通常為「具時間性的」；然而在書中第三章，作者引用杜威的某些原文，與 temporal 的其他跟時間相關的解釋，也可相通；那麼原文中的 temporal 一詞，杜威的指涉又是為何呢？是作者的原初想法，還是有可能也包含了其他的可能性呢？這時譯者除了於注釋中說明前後文脈絡，對於如何詮釋杜威的用語，把空間留給了各位讀者。

至於本譯注計畫的最大限制之一，莫過於時間，也許每位譯者都會有此感嘆，總希望能有多一點時間將翻譯工作臻至完善。不過在這一年的計畫中，譯者要於教學與家庭中間平衡兼顧，頗為吃力；因為譯者在家中是照顧者之一，教學則有每週十至十二小時的課程，並且科目繁

複，皆屬不同專業領域，想來六年間於教育系／師培體系，譯者累積的教學科目將近四十門之多。而在家庭與學校教學、導生輔導、行政工作等之間周旋的譯者，還要於擠出來的「瑣碎時光」中完成譯注，想必造成書中有翻譯、注釋尚不周全之處，書中有些觀點可待更深入探討，唯心有餘力不足。因此除懇請讀者指正與包容，也請利用書中的參考書目作為延伸閱讀的資料，以補譯注之不足。

二、譯者心境之比喻

猶記譯者負笈英國之時，學校研究圈中正進行一項有趣的研究：「身為家庭／家族中的第一位學術人」。由於當時已完成博士論文即將回國，否則眞有股衝動想加入研究，因為譯者正是家庭／家族中唯一也是第一位踏進學術圈的人。擁有這樣的背景，不論在學習過程、進入學術界的過程或是在其中打滾的箇中滋味，如人飲水，在此先不贅述。惟譯者想提及的，是譯注的過程使人想起一個童話故事的主人翁，頗心有戚戚焉。譯注的進行過程是寂靜的、孤獨的、專注的、不斷日夜趕工的，但周遭的人（例如家人、工作場域的行政人員、主管）卻不太能明瞭這個工作到底在做些什麼、寫些什麼、忙些什麼；尤其家人不太能諒解身為女性卻將這事放在家事與家庭照護的前頭時。這是否像是某個童話中，女主人翁為了破除咒詛而苦尋材料，要在有限的時間中，趕緊埋頭完成十幾件衣裳。且過程中她不能出任何聲音為自己辯護，直到最後在期限那一天，將織好的衣裳拋給她的天鵝哥哥們、咒詛打破、任務完成時，她周遭的人才會知道，她這些日子以來到底在做些什麼……。（當然前提是天鵝還眞能變回人、這本譯注還眞能完成出版！）

至此，譯者想對這段期間，我生命中出現的每一位樂意、不問理由的幫助者，不管是大忙小忙，致上眞摯的感謝，因為何其寶貴！

三、作者譯名之說明

最後，特就本書第一作者姓名之發音，作一說明。蓋譯者曾於英國求學時受教於他（當時為譯者之研究哲學教師與學院總監），學生們不論來自英美、歐盟國家、拉丁美洲、中東地區、亞洲等，皆習慣將作者之姓氏發音為「比耶斯達」，而作者似乎不以為意也未加糾正。畢竟，平時同學們與作者見面，皆依西方習慣，直呼其名 Gert 的英文發音「葛（爾）特」。然而，直到近年有另一位同學為作者翻譯時，才引發大家注意到過去不論是作者的姓或是名，所作的發音都不正確。經與作者確認，其姓名 Gert Biesta 以德語發音應為「格赫特・畢斯達」，而以荷蘭語發音則為「哲赫特・畢斯達」；然而在往來的信件中，作者表示傾向將其名字以（英國）英語發音為「葛特」，而姓氏部分以德語發音為「畢斯達」。是為本譯注計畫中以「葛特・畢斯達」定其譯名的緣由。

參考文獻

朱建民（1997）。**《實用主義》：科學與宗教的融會**。臺北市：臺灣書店。

朱建民（譯）（2000）。S. Morris Eames 著。**實用自然主義導論**（*Pragmatic naturalism: An introduction*）。臺北市：時英。

但昭偉（2000）。實驗主義。**教育大辭書**。取自 http://terms.naer.edu.tw/detail/1313055/

宋曜廷、潘佩妤（2010）。混合研究在教育研究的應用。**教育科學研究期刊，**55(4)，97-130。

李日章（2004）。G. R. Geiger 著。**杜威：科學的人文主義哲學家**（*John Dewey in perspective*）。臺北市：康德。

林永喜（2000）。先驗、後驗 A Priori, A Posteriori。**教育大辭書**。取自 2019，Nov. 30 http://terms.naer.edu.tw/detail/1304377/

胡適（1986）。**胡適作品集 (4) 問題與主義**（胡適文存第一集第二卷）

（初版）。臺北市：遠流。

段德智、尹大貽、金常政（譯）（2007）。**哲學辭典**。臺北市：貓頭
　　鷹。

徐宗林（2000）。赫爾巴特。**教育大辭書**，2019，Nov. 15 https://pedia.
　　cloud.edu.tw/Entry/Detail/?title=%E8%B5%AB%E7%88%BE%E5%B
　　7%B4%E7%89%B9&search=%E8%B5%AB%E7%88%BE%E5%B7
　　%B4%E7%89%B9

高宣揚（1987）。**實用主義概論**。新竹市：仰哲。

陳亞軍（1999）。**實用主義：從皮爾士到普特南**。湖南教育出版社。

曾漢塘、林季薇（譯）（2000）。**教育哲學**（Noddings 原著）。新北
　　市：弘智。

郭博文（1990）。**經驗與理性：美國哲學析論**。臺北市：聯經出版社。

單文經（2020）。在十二年國教課綱「總綱」中遇見杜威。**當代教育研
　　究**，28(2)，1-29。

單文經（譯注）（2016）。**重新詮釋杜威《民主與教育》的時代意義**。
　　新北市：心理。

劉宏信（2007）。**實用主義**。新北市：立緒文化（國立編譯館與立緒文
　　化合作發行）。

樓繼中（2000）。實用主義。**教育大辭書**。取自 2019，Nov. 30 http://
　　terms.naer.edu.tw/detail/1313020/?index=9

簡成熙（in press）。後結構主義的師資培育：論 G. J. J. Biesta 對學習
　　化現象的批評與教學的期許。

鄭喜恒（2018）。〈古典實用主義論真理與實在〉，王一奇（編），
　　華文哲學百科（2019 版本）。URL=http://mephilosophy.ccu.edu.tw/
　　entry.php?entry_name= 古典實用主義論真理與實在

鄭喜恒（2009）。中年裴爾士的兩個「實在」觀念：裴爾士論科學方
　　法、「真理」與「實在」之關連。**歐美研究**，39(2)，295-332 頁。

Badley, G. (2003). The Crisis in Educational Research: A pragmatic approach. *European Educational Research Journal, 2*(2), 296-308.

Biesta, G. J. J. (2007). Why 'what works' won't work. Evidence-based practice and the democratic deficit of educational research. *Educational Theory, 57*(1), 1-22.

Biesta, G. J. J. (2009). How to Use Pragmatism Pragmatically? Suggestions for the Twenty-First Century. *E&C/Education & Culture, 25*(2) (2009): 34-45.

Biesta, G. J. J. (2010a). Why 'what works' still won't work. From evidence-based education to value-based education. *Studies in Philosophy and Education, 29*(5), 491-503. [DOI: 10.1007/s11217-010-9191-x]

Biesta, G. J. J. (2010b). Pragmatism and the philosophical foundations of mixed methods research. In A. Tashakkori & C. Teddlie (Eds), Sage *handbook of mixed methods in social and behavioral research. Second edition* (pp. 95-118). Thousand Oaks, CA: Sage.

Biesta, G. J. J. (2011). 教育研究和教育實踐中的證據和價值。北京大學教育評論（季刊），9(1)，123-135。[Evidence and values in educational research and educational practice. *Peking University Education Review,* 9(1), 123-135.]（ISSN 1671-9468）

Biesta, G. J. J. (2014a). *The beautiful risk of education.* Boulder, CO: Paradigm Publishers.

Biesta, G. J. J. (2014b). From Experimentalism to Existentialism: Writing in the Margins of Philosophy of Education.

Biesta, G. J. J. (2015). No paradigms, no fashions, and no confessions: Why researchers need to be pragmatic (pp.133-149). In A. B. Reinertsen & A. M. Otterstad (Eds), *Metodefestival og Øyeblikksrealisme.* Bergen: Fagbokforlaget.

Biesta, G. J. J. (2017a). *The rediscovery of teaching.* London/New York: Routledge.

Biesta, G. (2017b). Mixing methods in educational research. In R. Coe, J. Arthur, M. Waring, R. Coe, & L. V. Hedges (Eds), *Research methods and methodologies in education. Second revised edition* (pp. 147-152). Thousand Oaks, CA: Sage.

Burbules, N. C. (2016). How we use and are used by social media in education. *Educational Theory, 66*(4), 551-565.

Dewey, J. (1925). Experience and Nature. In *The Later Works (1925-1953)*, Volume 1, edited by Jo Ann Boydston. Carbondale: Southern Illinois University Press.

Edwards, R., Biesta, G., & Thorpe, M. (Eds) (2009). *Rethinking contexts for teaching and learning. Communities, activities and networks.* London/ New York: Routledge.

Gavin, W. J. (2003). *In Dewey's wake: Unfinished work of pragmatic reconstruction.* New York: State University of New York Press.

Geiger, G. R. (1964). *John Dewey in perspective: A reassessment.* New York, NY: McGraw Hill.

Hammond, M. (2013). The contribution of pragmatism to understanding educational action research: Value and consequences. *Educational Action Research, 21*(4), 603-618, DOI: 10.1080/09650792.2013.832632

Howlett, J. (2013). *Progressive education: A critical introduction.* London/ New York: Bloomsbury Academic.

Morgan, D. L. (2014). Pragmatism as a paradigm for social research. *Qualitative Inquiry, 20*(8), 1045-1053.

Ormerod, R. (2006). The history and ideas of pragmatism. *Journal of the Operational Research Society, 57*, 892-909.

Pring, R. (2000). *Philosophy of educational research* (2nd ed.). London, New York: Continuum.

第二部分

譯注內容

前言

這本與 Gert Biesta 合著的書，是由 Rowman 和 Littlefield 出版社出版的系列叢書：「哲學、理論和教育研究」當中的第二本。當代教育研究歷經如雨後春筍般出現的新方法論（methodologies）與探究取徑（approaches），其中許多取徑都源於構成其研究方法、目標及效度標準的哲學或理論立場。然而，研究者並不總是將這些取徑背後的哲學或理論假設交代得清楚，因此讀者很難去判斷研究的假設立論。

本系列叢書旨在探討影響當今教育研究的主要哲學和理論立場，以一種公平評判的方式來探討這些觀點的實質內容，並說明它們與研究目標和實踐的相關性。本系列每卷書將說明一套特定的哲學和理論立場，及其如何影響教育研究的方法和目標；且每卷書都將討論具體的研究範例，以顯示這些取向如何付諸實踐，重點會放在對問題生動、可親近、但有理論基礎的探索。這些書不僅適用於教育研究者，也適用於希望了解這些教育領域中不同「主義」內容的任何一個人。

本系列叢書的特色是由國際傑出的學者組成作者群。我們要籲請讀者體認，本叢書的每位第一作者負責主要概念及撰寫文本；叢書主編[16]則是在選擇每卷書的主題與組織架構上發揮積極作用，在文本撰寫後與第一作者定期討論，也享有相對自由修改初稿並建議或添加新內容。較之一般主編，實扮演更積極的角色，因此第二作者似乎是合適的稱謂。不過，本系列每卷書的主要立場與觀點仍屬於第一作者；不太可能反過來由第二作者主導。畢竟本系列叢書中有許多是相互不同的論述立場[17]，而共同作者很難同等地提倡所有的立場。

---

[16] 第二作者，即 Nicholas C. Burbules。

[17] 本系列叢書除了本書的實用主義，還包括探討後實證主義（postpositivism）、後結構主義（poststructuralism）、女性主義（Feminism）等與教育研究之關係。

目次

第一章
什麼是實用主義？

> 沒有任何科學研究結論可以轉化爲教育藝術（educational art）的直接規則。
>
> ——約翰・杜威[18]（1929b: 9）[19]

人們普遍認爲，教育研究應該產生與教育工作者日常實踐相關的知識。教育工作者並不只是想知道「外部」的世界是怎樣的，他們需要能爲他們的行動與活動提供信息的知識；教育政策制定者和政治工作者也是如此，同樣也尋求能支持和指導決策的知識。因此人們可能會覺得，當教育研究是**爲了**（for）教育而研究時，就不那麼**關注**（about）教育本身[20]。

教育研究應該與教育實踐相關已非新的觀點。自十八世紀末教育成爲系統性科學探究的對象以來，教育學家一直強調教育研究的實用[21]取向和意義。對於像現代教育理論的開創者約翰・海因里奇・裴斯塔洛

---

[18] John Dewey，1859-1952，美國實用主義哲學家、心理學家及教育家。他關於探究、行動、知識等觀點爲本書主要焦點。

[19] 原文如後：No conclusion of scientific research can be converted into an immediate rule of educational art. For there is no educational practice whatever which is not highly complex; that is to say, which does not contain many other conditions and factors than are included in the scientific finding.

沒有任何科學研究結論可以轉化爲教育之藝術的直接規則。因爲教育實踐活動沒有不高度複雜的，也就是說，除了科學結論中涉及的條件與因素之外，所有的教育實踐活動都還包含許多其他的條件與因素。

[20] 譯者解讀這句話的方式是，作者的第一個教育是指能在教育政策、教育績效、教育技術等面向上，給予證明或支持的理論或研究結果等等，而第二個教育則是指研究者在單純想理解教育爲何（包括實踐、目的等）的情況下的那個教育。

[21] practical，下文多譯爲「實用的」，但有時根據上下文意，會譯爲「實踐的」。

齊[22]、約翰‧弗里德里希‧赫爾巴特[23]與弗里德里希‧施萊亞馬赫[24]這樣的作家來說，這個議題是他們關注的核心。今天，在教育研究者需要不斷面對其工作的實用意義和相關性等問題時，它變得更加重要。

　　雖然對於教育研究應該具有實用取向的觀點，幾乎已是共識，但對於教育研究**應如何**發揮其實際作用存在許多不同觀點。例如，有些人認爲教育研究應該爲教育工作者提供教育技術（educational techniques），因此，教育工作者的任務就是實現各地皆可產生的一般教育「眞理」（truths）[25]。其他人則認爲，教育研究對於教育現實（educational reality）應提供不同的詮釋，使實踐者可以使用這些詮釋來認識和理解他們所處的教育情境[26]。

　　看待教育研究與教育實踐之間的關係，與人們對知識、實在（reality）[27]和人類行動的信念有關。例如，如果一個人認爲知識可以爲

---

[22] Johann Heinrich Pestalozzi，1746-1827，瑞士教育家和教育改革家，受法國思想家盧梭之影響，重視實物教學。他也重視道德教育，認爲所有課程都應包含道德教育，是要素教育的主要代表人物，被譽爲西方「教聖」、歐洲「平民教育之父」（曾漢塘、林季薇，2000）。

[23] Johann Friedrich Herbart，1776-1841，德國十九世紀哲學家、心理學家，科學教育學的奠基者。同樣受到盧梭對感官經驗重視的影響，認爲實際的經驗有助於學習新事物。強調品德教育與系統化的教學步驟，曾發展四段式教學法：明晰（Clearness）、聯結（Association）、系統（System）及應用（Application），作爲教學中的四個步驟（徐宗林，2010；曾漢塘、林季薇，2000）。

[24] Friedrich Schleiermacher，1768-1834，德國十九世紀神學家及哲學家，被稱爲現代神學、現代詮釋之父，主張神的臨在性，也就是強調宗教「感覺」。受其影響者包括詮釋學者威廉‧狄爾泰。

[25] 此處論及教育研究背後的認識論觀點，此處所指研究產出的教育眞理，爲一種絕對客觀的知識眞理，是客觀主義（Objectivism）與實證主義對知識的觀點。

[26] 此處指的是詮釋學派觀點（Interpretivism paradigm）的哲學觀。以下論述亦可看出作者以客觀主義和詮釋學派的觀點做比對。

[27] 哲學用語，指與表象相反的實際存在狀態、事物本身、一切實際存有物的總和，以及與意識無關的所有實有物（劉貴傑，2000）。不過本書中有一、兩處

我們提供「眞確」反映實在的相關信息，並且如果進一步假設只存在一個實在，那麼人們可能會得出一個結論：最終只有一種正確的行動方式。相反的，如果人們認爲人類行動的世界是通過行動與互動產生的，並且知識和人們所做的事情密切相關，那麼新知識就會對於新的、不可預料的各種可能性抱持開放，而不是告訴我們只有一種可行的行動方式。

這些觀點表明了探討教育研究與教育實踐之間關係的問題，會立即引發關於知識、實在與人類活動方面更廣泛的哲學問題。這足以說服那些參與教育研究的人——無論是作爲「生產者」還是作爲研究的「使用者」——從事哲學反思的價值；但這不應該只是爲了論述這些哲學立場而做。我們想表達的是，應該把哲學反思擺在第一位，因它可以闡明有關知識**所有權**（ownership）以及教育研究和教育研究者**權威**（authority）的問題，而這些問題會影響教育實務工作者的判斷。

我們不想宣稱構成本書的哲學傳統——實用主義——對於這些問題給出了最終答案。但是我們確實想要表明實用主義哲學家們以一種嶄新且前所未有的方式處理這些議題，並表明實用主義在今天與一個世紀多以前同等重要，而當時實用主義者正開始批評西方文化兩千多年來，以那種不連貫及非人性化的方式[28]建構著知識和實在。

3　　　本書的目的是闡明實用主義在西方哲學史中的地位，它對於知識、實在和人類行動的看法，以及今日這些觀點如何與我們對於教育研究認知和取徑（approach）有所相關，包含從教育研究者的角度，還有從使用或受研究結果所影響的人的角度來看。本書並非全然要設計或推薦特

---

reality 亦可理解爲現實、實際狀況時，譯者選擇貼近日常用語。

[28] 指的是西方哲學自希臘哲人以至啟蒙時代的理性主義與經驗主義等分歧對立的思想，在形上學（metaphysics）的觀點中將現實事物與人類的心靈、思想分開。至十九世紀實證主義等哲學又因強調科學方法與客觀眞理，企圖屛除人的主觀性，對於人的思考與感知抱持懷疑。此觀點作者會於探討杜威人文主義色彩的觀點中再提及。

定的「實用主義式」教育研究，儘管我們提供了一些關於這方面的建議，但本書更著重的是不同研究取徑的實踐者如何從實用主義觀點重新思考他們的方法和目的。

雖然我們關注「實用主義」這個更廣泛的哲學運動，但我們在本書中的主要焦點是約翰‧杜威（1859-1952）的思想。這不僅是因為杜威是世界知名的教育家和哲學家，也是因為杜威對（科學）探究的過程及其與人類行動的關係進行了詳盡的描述。最重要的是，我們相信杜威的許多想法至今仍具適切性——雖然在過去的二十年裡有很多關於杜威的書籍出版，但其思想尚未被充分的認識，至少在教育研究的脈絡中。

本章的主要目的是闡明實用主義是什麼，以及我們應該如何理解它在現代哲學史中的地位。本章的解釋將為後續章節內容中對於知識、行動和教育研究的詳細探討，提供背景知識。

什麼是實用主義？

我們將分兩步驟回答這個問題：首先，我們將探討實用主義這個普遍性運動的歷史，然後我們以一個更系統性的表述，來探究關於杜威學派（Deweyan）實用主義的關鍵思想和假設。

歷史層面的回答

實用主義的起始

實用主義可以被定義為一種思想流派，主要來自三位美國思想家的著作：自然科學家和哲學家查爾斯‧桑德斯‧珀爾斯[29]（1839-1914）、

4

---

[29] Charles Sanders Peirce，美國科學家與實用主義哲學家，1879 年受聘於瓊斯霍普金斯大學的邏輯講師。後世將之譽為「美國有史以來所產生的最有才華、最為淵博、最具創性的哲學家」（朱建民，1997：7）。他與其他美國實用主義者之關係將在下文說明。Peirce 實際讀音應為「purse」，雖然華人學者多參照普遍之翻譯譯為「皮爾斯」（高宣揚，1987；劉宏信，2007），然亦不乏

心理學家和哲學家威廉・詹姆斯[30]（1842-1910）和哲學家、心理學家與教育家約翰・杜威（1859-1952）。通常人們將珀爾斯、詹姆斯和杜威視爲是實用主義的創始人。社會心理學家和哲學家喬治・赫伯特・米德[31]（1863-1931）對實用主義的進一步發展做出了很大貢獻（Cook 1993; Biesta 1998）；而較爲年輕一代的哲學家克拉倫斯・厄文・路易斯[32]（1883-1964），有時並列爲另一個關鍵的實用主義者[33]（Thayer 1973）。

　　人們經常認爲，實用主義是第一個真正的美國哲學運動。雖然在某些方面，實用主義確實反映了美國對世界的獨特看法（Burbules 等人，即將出版[34]），但合適的評論必須提出。首先應該要強調的是，不是只

　　使用相近音譯者，如「珀爾斯」（朱建民，1997）、「裴爾士」（鄭喜恆，2009），因此本書最終採用相近之音譯。

[30] William James，美國科學心理學家及實用主義哲學家，1878 年受聘爲瓊斯霍普金斯大學的心理學客座講師。詹姆斯之思想受珀爾斯的啟發，企圖闡述沒有唯心論教條但具有物理科學嚴謹標準的哲學（朱建民，1997；劉宏信，2007）。

[31] George Herbert Mead，美國哲學家、社會學家與心理學家，被公認是社會心理學的創始者之一及著名的實用主義者。米德提出的「社會自我論」認爲所謂的「社會自我」發生於人與人的互動，因此人類個體終其一生都在不斷調整社會自我。米德曾受教於實用主義者詹姆斯。

[32] Clarence Irving Lewis，通常被稱爲 C. I. Lewis，是美國學術哲學家和概念實用主義的創始人，也是 William James 的學生。他最初是一位著名的邏輯學家，後又涉足了認識論。《紐約時報》稱他爲「符號邏輯與知識、價值的哲學概念之主要權威」。

[33] 這幾位實用主義哲學家有密切的互動關聯，例如珀爾斯與詹姆斯是哈佛的同學，一生交情深厚，但哲學立場上卻也針鋒相對。又如杜威及路易斯皆曾受教於珀爾斯；而實用主義者米德（George Herbert Mead）與杜威則是密西根大學的同事，杜威的思想深受米德的啟發，特別是社會心理學方面。

[34] 此文於 2004 年出版，作者、書名、篇章名稱如下：Burbules, N. C., B. Warnick, T. McDonough, and S. Johnston. Forthcoming. "The Educational Strand in American Philosophy." In *Blackwell Guide to American Philosophy*, A. Marsoobian and J. Ryder (Eds.). New York: Blackwell.。

有一種實用主義，而是許多種實用主義。實用主義者不僅涵蓋了廣泛的哲學主題——從邏輯、方法論、形上學到倫理、政治和教育——他們的思想之間也存在著重要的差異。舉一個最顯著的例子，珀爾斯對詹姆斯的個人主義方法表示不滿，甚至因此讓他重新命名了他的實用主義為「效驗主義」（pragmaticism）——珀爾斯認為這個名字「醜陋到不會遭到綁架」（Peirce 1955, 255）[35]。

其次，實用主義通常被描述為一種「典型的」美國心態的哲學表達，在諸如開拓精神、對擴張的敦促、商業的態度以及缺乏歷史意識等所謂的特徵中，得到了體現。但這種特徵不僅依賴於對北美文化以及文化與哲學間互動的膚淺理解，更重要的是，它完全無法為實用主義的哲學深度給予公平評價。對於伯特蘭·羅素[36]曾提出實用主義是美國商業主義的哲學之表達（Russell, 1922），杜威在對其回應中妙答：

> 認為實用主義的知識程度等同於商業主義的看法……具有
> 以下的詮釋層次：認為英國的新實在主義[37]反映了英國貴族
> 的勢利[38]；法國思想中二元論的傾向表達了一種所謂的高盧
> 人性格，除了妻子之外還可擁有情婦；而德國人的理想主義

---

[35] 原文之引用格式如此。下文有相似格式處將不再解釋。

[36] Bertrand Russell，1872-1970，為英國哲學家、數學家和邏輯學家。羅素在哲學上創立了邏輯分析哲學，同時也是新實在主義（Neo-realism）的倡導者，批判唯心論，認為哲學和數學一樣，能化約成分子或簡易關係，通過應用邏輯學的方法就可以獲得確定的答案，而哲學家的工作就是發現一種能夠解釋世界本質的一種理想的邏輯語言（曾漢塘、林季薇，2000）。

[37] Neo-realism，古典實在論與理性主義、觀念論（亦稱唯心論）（idealism）相對，主張外在事物獨立於意識之外而存在；而二十世紀初發展的新實在主義同樣主張概念與認識對象獨立於意識而存在，但認為認識對象的本質並非物質的，而是中性實體。新實在主義成員多提倡用科學方法（即邏輯分析）來檢驗常識與科學概念。

[38] 羅素為英國貴族第三代伯爵，3rd Earl Russell，也是新實在主義的倡導者。

體現了一種能力，就是能將啤酒與香腸的層次，提升至與
貝多芬及華格納的精神價值結合。（Dewey 1922a, 307）

5　　所有這一切並非要否認實用主義是北美出現的第一個哲學「學派」。實用主義可以看作是對知識傳統的第一個原創貢獻，而這傳統最初是由神學思想，以及之後的幾個英國經驗主義分支（特別是洛克[39]和伯克利[40]）和德國唯心主義[41]（特別是黑格爾[42]和謝林[43]）所主導（Kuk-

---

[39] John Locke，1632-1704，是十七世紀英國的哲學家。在知識論上，Locke 與 George Berkeley、David Hume 同列爲英國經驗主義的代表人物，他也在社會契約理論上做出重要貢獻，被視爲啟蒙時代最具影響力的思想家和自由主義者。他的著作也影響了法國哲學家盧梭（Rousseau）。洛克提出了心靈是一塊「白板」的假設；與笛卡爾（Descartes）不同的是，洛克認爲人生下來是不帶有任何記憶和思想的，唯有經驗能在人的心板上寫下知識（鄧曉芒、匡宏，2014）。

[40] George Berkeley，1685-1753，是英裔愛爾蘭 https://zh.wikipedia.org/wiki/%E4%B9%94%E6%B2%BB%C2%B7%E8%B4%9D%E5%85%8B%E8%8E%B1 - cite_note-1 哲學家，爲經驗主義哲學家中的三大代表人物。伯克利最爲人熟知的哲學命題是「存在就是被感知」（esse est percipi, to be is to be perceived），他認爲宇宙中所包含的一切物體，在人心以外都沒有獨立的存在，它們的存在就在於它們爲人心所知覺、所認識。因此如果它們不眞的爲人所知覺，不眞的存在於一切其他被造物的精神中，則它們就完全不存在（曾漢塘、林季薇，2000）。

[41] Idealism，又譯「觀念論」。十九世紀德國的唯心論思潮，緊隨於康德的批判哲學之後，以康德的哲學爲起點，認爲實在中不存在物質的東西，整個宇宙僅存在於人的心靈思想中。提倡人的經驗知識乃是心靈的產物，與古典經驗主義的理念相對。

[42] Georg Wilhelm Friedrich Hegel，1770-1831，德國哲學家，是德國十九世紀唯心論哲學的代表人物之一，對後世哲學流派，如存在主義和馬克思的歷史唯物主義都產生了深遠的影響（鄧曉芒、匡宏，2014）。

[43] Friedrich Wilhelm Joseph von Schelling，1775-1854，德國哲學家。謝林是德國唯心主義發展期的主要人物，處在費希特（J. G. Fichte）和黑格爾之間。雖

lick 1985; Schneider 1963）。重要的是，實用主義的出現恰逢北美大學
將哲學設爲獨立學科，因此賦予了實用主義在制度上的合法性和影響
力。

　　然而，在北美形成實用主義的事實並不意味著它是完全由北美的素
材組成；[事實上]實用主義者皆深受歐洲哲學家的影響。珀爾斯對伊
曼努爾·康德[44]的作品有著深刻的了解。在一篇自傳式短文中，他透露
他爲期三年多每天花兩個小時研究康德的《純粹理性批判》[45]（*Critique
of Pure Reason*），直到他「幾乎記下整本書」（Peirce 1955, 2）。至
於杜威，他的博士學位論文（已遺失）則是關於康德，開啟他作爲黑格
爾的虔誠追隨者的哲學生涯；儘管最終他發展了自己的一套實用主義，
但對黑格爾的認識在他的思想中留下了「永久存款」（final deposit）[46]
（Dewey 1930b, 154; Welchman 1989）。不同於珀爾斯和杜威，詹姆斯
和米德則在歐洲（德國）大學接受了相當長時間的學術教育，這在他們
的時代非常普遍。

　　儘管實用主義深深扎根於西方哲學傳統，但它有一個非常重要的
面向異於這一傳統，因爲所有的實用主義者都認爲哲學應該考慮現代科

然他的自然哲學常被實證科學家視爲缺乏邏輯推論和實踐證明，但仍受到了浪
漫派和大詩人歌德（J. W. von Goethe）的欣賞，也得到了德國自然科學的歡迎。

[44] Immanuel Kant，1724-1804，爲啟蒙時代德意志哲學家，其學說深深影響近代
西方哲學，並開啟了德國唯心主義和康德義務主義等流派。他調和了笛卡兒的
理性主義與法蘭西斯·培根的經驗主義，提出「先驗觀念論」（Transcendental
Idealism），被認爲是繼希臘三哲後，西方最具影響力的思想家之一。

[45] 康德有其自成一派的思想系統，並且有不少著作，其中核心的三大著作被合稱
爲「三大批判」，即《純粹理性批判》、《實踐理性批判》和《判斷力批判》，
這三部作品有系統地分別闡述他的知識論、倫理學和美學思想。在《純粹理性
批判》中，康德闡明他自稱爲「先驗觀念論」的論述，標誌著哲學研究的主要
方向由本體論轉向認識論，是西方哲學史上劃時代的巨著。

[46] final deposit，「永久存款」，亦可意譯爲「永久的影響」，用以譬喻黑格爾的
思想在杜威的思想中留下了不可磨滅的影響。

學的方法和見解[47]。例如，杜威強調現代科學實驗方法[48]對於人類解決問題和獲取知識模式的重要性；珀爾斯則聲稱他被「物理科學的精神徹底飽和」[49]（Peirce 1955, 1），甚至將他的哲學描述爲「一個物理學家借助於先前哲學家所做的一切，試圖對宇宙組成進行科學方法允許下的推測」[50]（Peirce 1955, 2）。

　　這種方法使得珀爾斯以嚴格的實驗主義[51]術語理解概念的涵義。在1878 年的一篇題爲「如何使我們的觀念變得清晰」[52]的開創性文章中，珀爾斯用以下方式闡述了他的理論的核心思想：

6　　　　[當我們這麼做時] 可能具有實用的結果，就是考慮我們認爲我們觀念中的物體會有些什麼效應。然後，我們對這些效應的概念就是我們對物體的整體概念[53]（1955, 31）。

　　根據這樣的理論，珀爾斯認爲當我們說一個物體是硬的，只是表

---

[47] 這裡的西方哲學傳統雖然在文藝復興時期、培根（F. Bacon）以降漸漸加入新的科學方法與見解，但十九世紀末、二十世紀初的實用主義受到現代科學方法影響的程度更深，以下作者會作說明。

[48] experimental method.

[49] "saturated, through and through, with the spirit of the physical sciences"

[50] "as the attempt of a physicist to make such conjecture as to the constitution of the universe as the methods of science may permit, with the aid of all that has been done by previous philosophers"

[51] experimentalism。實驗主義主張透過實驗與經驗可獲得知識眞理（鄧曉芒、匡宏，2014）。它亦與實用主義以及杜威的工具主義（instrumentalism）連結，被視爲實用主義的旁支（但昭偉，2000）。

[52] "How to make our ideas clear". C. S. Peirce (1878). How to make our ideas clear. *Popular Science Monthly*, *12*, 286-302.

[53] "Consider what effects, that might conceivably have practical bearings, we conceive the object of our conception to have. Then, our conception of these effects is the whole of our conception of the object"(1955, 31)

示它不會被許多物質劃破。他也聲稱既然這個特質的整體概念在於其果效，**只要不進行測試**，不對一個硬的與一個軟的物質做任何事情，那麼軟、硬物質就不會有任何區別。「不同信念的區別在於它們產生的不同行動方式。如果信念在這方面沒有不同……那麼，意識上的差異就不會使他們成爲不同的信念」（1955, 29）。

　　這種對於概念意義的實驗主義理論，主張知識與行動之間有著密切的關聯。珀爾斯認爲爲了將意義歸因於概念，吾人必須能夠將其應用於存在（existence）[54]。康德曾將知識和行動嚴格分開的情況稱爲「實際的」（practical）[55]，而將知識和行動密切連結的情況稱爲「實用的」（pragmatic）。這也是珀爾斯（最初）決定將其哲學命名爲**實用主義**（pragmatism）而不是實踐主義（practicism）或實際主義（practicalism）的原因（Peirce 1955, 252; Dewey 1925b, 3）。

近代的脈絡

　　在二十世紀的大部分時間裡，實用主義在西方哲學傳統中處於相

---

[54] 珀爾斯指出他的實用主義原則是依據實驗主義（experimentalism）的立場，成爲科學方法論的核心觀點，以實驗經驗作爲概念意義（例如什麼是「堅硬」）的檢證標準，凡無法經由實驗經驗驗證的概念，即是無意義的。亦即珀爾斯的實用主義原則，是個將觀念的意義建立於經驗基礎上的意義準則（朱建民，1997）。珀爾斯的檢證原則探討任何能產生直接效果的事物，比後來的邏輯實證論者只限於探討科學物理知識，要寬廣的多。

[55] 康德在其觀念論中區分出兩種形上學觀點，即 practical（德文爲 praktisch）與 pragmatic（pragmatisch）法則。前者爲先驗法則（a priori），指的是人的理性認知是獨立於經驗與行動；後者是經驗法則（pragmatic laws）（或譯爲實用法則），指的是人需透過經驗行動而認知知識。例如「時間」的概念是先驗法則而得的概念，可稱爲先驗知識；又如「某國的人民身高都很高」需要經觀察而得知，可稱爲「經驗知識」。也就是說，在康德哲學中這兩個字詞與原則是相反的。

當邊緣的地位。在歐洲大陸，哲學領域主要由現象學[56]（埃德蒙・胡塞爾[57]、馬丁・海德格爾[58]、莫里斯・梅洛—龐蒂[59]）、存在主義[60]（榮・保羅・沙特[61]）和新馬克思主義[62]（馬克思・霍克海默[63]、狄奧多・阿多

---

[56] Phenomenology，指二十世紀在歐洲大陸出現的哲學思想，由 E. Huserl 開創，代表人物還包括 Heidegger、Schutz。它代表一種將事物客觀性先放一邊，在人的經驗範圍內更主觀地探究現象的哲學，強調直接面對事物（事實）本質、存而不論，將歷史傳統、先見（prejudice）、先前判斷（pre-judgement）等去除，不帶任何預設地呈現事物自身的眞實意義。

[57] Edmund Husserl，1859-1938，是現象學的創始者，受到笛卡兒的理性主義以及威廉・詹姆斯的實用主義等的啟發，追求一種不帶任何預設立場、只關注事物本質的哲學，彌補自然科對於人文、精神領域的威脅。

[58] Martin Heidegger，1889-1976，德國哲學家，在現象學、存在主義、詮釋學（hermeneutics）方面有舉足輕重的影響。他繼承 Husserl 的現象學，並做另一種新的解釋。著有《存有與時間》（*Being and time*），透過探討「Dasein」（一種人特有的存在）來理解一般的存在，認爲我們的人生狀態就是我們的「在世存有」（being-in-the-world），其結構、類型使人們對世界進行有意義的思考。

[59] Maurice Merleau-Ponty，1908-1961，法國現象學哲學家，思想深受 Husserl 與 Heidegger 的影響。

[60] Existentialism，是當代歐陸思潮之一，傾向反對理性主義與經驗主義的教條，強調人的主動性與選擇，主張人／事物的存有先於本質（例如被造的目的）。齊克果（S. Kierkegaard, 1813-1855）可視爲其先驅，代表人物包括沙特以及海德格。

[61] Jean-Paul Sartre，1905-1980，法國存在主義哲學家以及文學家，於 1964 年獲諾貝爾文學獎，不過他回絕了該獎項。

[62] Neo-Marxism，以馬克思主義的反資本主義理念爲基礎，結合當代社會科學與人文科學理論，探究社會危機根源與出路，並持續對資本主義社會的不合理性提出批判。

[63] Max Horkheimer，1895-1973，德國哲學家以及法蘭克福學派的創始人之一，致力於社會哲學以及批判理論的研究，本章第 93 頁作者會再提及他對杜威的評論。

諾[64]、赫伯特・馬爾庫色[65]、尤爾根・哈伯馬斯[66]）主導。在盎格魯撒克遜人[67]的世界中則是分析哲學[68]盛行。分析哲學家，例如戈特洛布・弗雷格[69]、伯特蘭・羅素[70]、阿爾弗雷德・諾斯・懷海德[71]和路德維西・維根斯坦[72]，在邏輯和語言方面的著作成了**維納可埃斯**[73]（「維也納學圈」，包括莫里斯・石里克[74]、魯道夫・卡爾納普[75]、奧圖・紐拉特[76]等成員），也就是第二次世界大戰前聚集在維也納的一群科學哲學家的重

---

[64] Theodor W. Adorno，1903-1969，德國哲學家、社會學家以及音樂家，其思想關注社會批判的面向，屬於馬克思主義法蘭克福學派的成員。

[65] Herbert Marcuse，1898-1979，德國裔美國哲學家、社會學家與政治理論家。與 Adorno 同為法蘭克福學派。

[66] Jürgen Habermas，1929-，是德國當代最重要的哲學家之一，亦是法蘭克福學派第二代的中間人物。他提出溝通理性（communicative rationality）的理論，對後現代主義思潮提出深刻的批判。

[67] 指英語系國家。

[68] analytic philosophy，認為哲學的主要任務是透過語言分析來澄清概念與命題，校對科學的用詞。重視邏輯的運用，將問題納入工作模型（work model）內，對知識作嚴格的邏輯檢驗。此學派認為檢證真理的標準是事實與邏輯，故應揚棄無法藉由經驗予以實證或否證的形上學。

[69] Gottlob Frege，1848-1925，德國數學家、邏輯學家與哲學家。

[70] 見本章注 19。

[71] Alfred North Whitehead，1861-1947，英國數學家、邏輯學家與科學哲學家。

[72] Ludwig Wittgenstein，1889-1951，奧地利裔英國籍哲學家。前期的維根斯坦哲學屬於分析哲學，他受英國數學家羅素等人的啟發，但後期的維根斯坦推翻他早期的觀點（即語言只有陳述事實的功能，且只具有一個邏輯架構），強調語言具有豐富詮釋的可能性。

[73] 作者在此使用德語 Wiener Kreis，因此譯者以音譯呈現之，而其意譯為「維也納學圈」，指發源於 1920 年代奧地利首都維也納的一個學術團體，成員為邏輯實證主義（logical positivism）者。

[74] Moritz Schlick，1882-1936，德國哲學家，也是邏輯實證主義的創立者。

[75] Rudolf Carnap，1891-1970，德裔美籍哲學家。

[76] Otto Neurath，1882-1945，奧地利裔科學家與社會學家。二戰時因納粹逼迫而逃至英國。

要參考。戰爭爆發前不久，該小組的幾名成員逃往美國，因此分析哲學
迅速在北美引領風騷。透過漢斯・賴興巴赫[77]、卡爾・漢佩爾[78]、歐內斯
特・內格爾[79]和卡爾・波普爾[80]等哲學家的著作，分析哲學長期以來一
直主導著現代科學哲學。

7

實用主義的情況因著兩個發展而產生巨大變化[81]。首先，幾位從事
分析哲學傳統的美國哲學家，發現該傳統的基本假設不再成立。他們對
分析哲學的批判使他們重新發現了一些實用主義的關鍵思想。

威拉德・範・奧曼・奎因[82]在 1951 年發表了開創性的文章，即〈經
驗主義[83]的兩個教條〉[84]（Quine 1980, 20-46），其中他聲稱不可能在分

---

[77] Hans Reichenbach，1891-1953，原爲德國哲學家。

[78] Carl Hempel，1905-1997，原爲德國哲學家。

[79] Ernest Nagel，1901-1985，美國科學哲學家。

[80] Karl Popper，1902-1994，出生於奧地利，被譽爲二十世紀最偉大的哲學家之
一。

[81] 這裡指的實用主義，或可稱爲「新實用主義」，以奎因、羅蒂等人爲主（請見
下文）。文中指的巨大變化主要是在杜威晚期及去世以後開始發生的變化，當
時以杜威爲主的古典實用主義因受到批評而暫時沉寂，但因爲新實用主義者對
主流的分析哲學有所批判，而再度引發關注（陳波，2005）。

[82] Willard van Orman Quine，亦音譯爲「蒯因」。

[83] Empiricism 通常被翻譯爲經驗主義，除了十七世紀發起的古典經驗主義，還包
括邏輯經驗主義（logical empiricism），通常它與邏輯實證主義（logical posi-
tivism）被視爲相通的名詞，同指二十世紀由維也納學派（Vienna Circle）衍發
而來的哲學運動，相信現代科學方法與證據，著重理論建立於對於事物的觀
察，而不是直覺或迷信。意即通過實驗研究而後進行理論歸納優於單純的邏輯
推理。它最重要的科學方法包括：所有理論和假設都必須被實驗來檢驗，而不
是單純且唯一地依賴於先驗推理。

[84] The Two Dogmas of Empiricism. W. V. O. Quine(1951). Two Dogmas of Empiri-
cism. *Philosophical Review, 60*, 20-43. Reprinted in *From a Logical Point of View*,
pp. 20-46. 原爲分析哲學家的奎因，在這篇文章中抨擊了邏輯經驗主義（邏輯實
證論）的兩個核心理念：第一是將分析性眞理（analytic truths）與綜合性眞理
（synthetic truths）做區分，前者爲僅基於涵義且獨立於事實的眞理，後者爲基

析性真理（也就是奠基於與事實無關的涵義，例如「所有單身漢都未婚」）與綜合性事實或基於事實的事實（例如「地球圍繞太陽旋轉」）兩者間做徹底的二分。他認爲分析性真理，例如邏輯和數學真理，原則上可以根據經驗進行修改、甚至放棄，就如我們也會對事實陳述做修正。奎因因此駁斥分析哲學的奠基性假設之一，即某些命題[85]（例如邏輯和數學命題）確實獨立於人類經驗的想法。

　　奎因也批判了化約論[86]的思想，即一種認爲個人陳述可與個人經驗連結，並可以此方式證明其信念的真實性。他認爲，我們的陳述總是在一個「信念網絡」中彼此聯繫[87]。根據奎因的觀點，這不僅意味著我們對於外部世界的陳述，並非面對單一個體，而是面臨了一個陳述的共同體構成的感官經驗法庭（tribunal of sense experience）[88]，這也意味著如

於事實的真理。第二是化約論，指僅僅透過經驗的語詞邏輯結構來描述、獲取每個表象的意義（請見第 69 號注釋）。

[85] Proposition，指語句所表達的意義或內容。對哲學家而言，命題牽涉真假的問題，例如這個桌子是紅色的。有些句子並不表達命題，例如請把咖啡遞給我，這樣的句子就沒有表達命題，也就沒有涉及真假價值。作者在下文將對「命題知識」（p.11）（以及第 89 號注釋）有進一步的說明。

[86] Reductionism，亦翻譯爲「還原論」，主張任何現象都可由分析、拆解現象內的基本物理結構，透過簡化問題的複雜性，或將複雜的社會現象歸因於單一因素的方式解釋。但如此一來，有可能會低估或曲解事物真相。此學派反對形上學，強調運用科學語言的解析，以建立經驗性檢證的規準，達成科學的統一化（方永泉，2000）。

[87] 簡單來說，化約論中，個人陳述與個人經驗兩者是分開的，需透過連結來彼此證明或檢驗真實性。但奎因認爲兩者是不能分開的，是常常交織在一起如網絡的。

[88] 這邊牽涉到奎因提出的 "totality"「整體性」理念，他認爲無法以感官經驗的對比，對單一的陳述進行對錯的評斷，例如像是 this apple is blue 這樣的陳述；因爲要了解陳述本身的用詞（如 apple），就必須要先理解語言系統本身，才能以這系統，也就是共同陳述構成的主體，去檢驗陳述的真僞（陳波，1998）。所以作者在下文中指的「系統」可解釋爲類似語言體系的系統。

果我們願意做出足夠大的改變（在系統中其他地方），任何陳述就可以成立。奎因的觀點是，這樣的觀察永遠不會給我們知識；觀察唯有通過解釋才能變得有意義。而當我們解釋觀察結果時，整個假設和理論系統就會發揮作用。奎因對化約論的批判，等於是對**維納可埃斯**哲學的中心思想之一的直接攻擊，那個中心思想即：真正科學知識的「基石」應在個別的、原初的感覺經驗中找到（這是所有經驗主義的基本思想）。奎因形容他的立場為「徹底的實用主義」（1980, 46）。

8　　奎因的學生唐納德・戴維森[89]對於經驗主義「第三條教條」[90]的批判也使科學分析哲學衰落，此教條即經驗和我們用以詮釋與整合經驗的概念方案之間是有可能進行區分的假設（Davidson 1984, 183-98）。戴維森亦批評了知識的獲取是一種個人事業（individual enterprise）的想法，並且強調意義、知識和思想的社會的或互為主體的性質（Davidson 1980）。這一點在希拉里・普特南[91]（一位最明確地從分析哲學轉變為實用主義的哲學家）的著作中也受到強調（Putnam 1995; 1990）。

　　由於內部批判和對分析傳統的重建，實用主義重新獲得了地位，而另一方面也有其他哲學家從「外部」發展了實用主義對分析哲學的批判。毫無疑問，這裡最重要的人物是美國哲學家理查・羅蒂[92]。1979

---

[89] Donald Davidson，1917-2003，美國哲學家，著有《真理與解釋的探究》（*Inquiries into Truth and Interpretation*）（1984）、*"Subjective, Intersubjective, Objective: Philosophical Essays Volume 3"*（2001）等書。

[90] 戴維森繼承奎因對於邏輯實證主義的兩個核心理念的批評，但認為奎因的看法中仍有第三種教條存在：即是在人的知識或經驗中區分出概念成分與經驗成分，前者取材於語言，後者取材於經驗。而這將我們的知識來自於主觀意識與世界的客觀來源做出區別。但戴維森不認為這樣的區別是可能的，他認為來自自我的知識已隱含了來自世界的知識，兩者是相連結的，例如人能擁有態度並表達出來，表示他已能解釋他人或接受他人的解釋（Malpas, 2019）。

[91] Hilary Putnam，1926-2016，美國哲學家，在二十世紀的 60 年代為分析哲學的重要人物，後如作者所言，轉變其立場成為實用主義者。

[92] Richard Rorty，1931-2007，美國哲學家，因其哲學、人文與文學背景，他對分

年，羅蒂在出版的《哲學與自然之鏡》[93]一書中，批評現代哲學以人類的心靈思想爲「自然之鏡」、以知識爲對「外在」世界認知的表述（representation）等偏見。羅蒂強調了所有知識的實用性以及語言在知識和知識獲取中不可或缺的作用。在這個背景下，羅蒂主張從客觀性轉向團結一致（solidarity）[94]。羅蒂在他的書中稱杜威是二十世紀最重要的三位哲學家之一，另外兩位是維特根斯坦和海德格爾（Rorty 1980, 5）。在後來的《實用主義的結果》[95]（1982）一書中，羅蒂甚至指出杜威和詹姆斯「不僅等在分析哲學走過的辯證道路的盡頭，而且還等在像是傅柯[96]和德勒茲[97]等哲學家目前旅程的盡頭」（1982, xviii）。因此，對羅蒂而言，實用主義是幾種截然不同的哲學運動的頂點。

在二十一世紀初這個通常被稱爲「**後分析**」（*post-analytic*）時代[98]的年代（Rajchman and West 1985），實用主義再次成爲不容忽視的哲學傳統。這對羅蒂和理查·伯恩斯坦[99]這樣的「新實用主義者」而

析哲學有細緻的理解，但在後期拋棄了分析哲學的傳統。

[93] Philosophy and the Mirror of Nature (1979). US, N. J.: Princeton University Press.

[94] 羅蒂除了提倡「無鏡哲學」，他也關注後現代主義下社會上應有的道德方案，探討人們如何因暫時的共識提升團結感。

[95] Consequence of Pragmatism (1982). Brighton: Harvester Press.

[96] Michel Foucault，1926-1984，法國哲學家，同時也是思想史學家、社會理論家、語言學家、文學評論家、性學家。他對文學評論、批評理論、歷史學、科學史、批評教育學和知識社會學有很大的影響。他通常被歸類爲後現代主義者與後結構主義者，但他自己卻認爲自己繼承現代主義的傳統，不認同後現代主義這個名詞。

[97] Gilles Deleuze，1925-1995，法國後現代主義與後結構主義哲學家。

[98] post-analytic era。後現代主義可說是對現代概念的多樣批判的運動，因此涵蓋後結構主義、後殖民主義、後分析主義等。其中後分析哲學表達了與英語系國家主流的分析哲學的分離，主要源自美國哲學家羅蒂、戴維森、奎因等人的著作，因而與新實用主義思潮有密切關係，強調人類的思想、語言、慣例與社會進步的偶然性（contingency），也就是不相信世界存在永恆不變的眞理。

[99] Richard Bernstein，1932-，美國哲學家，著作多探討不同哲學派別或傳統的交

言是如此（Bernstein 1983; 1986）；對於奎因、戴維森和普特南等「分析實用主義者」而言，亦是如此；而對於「原創」實用主義者來說，更是如此。在所有這些方面，杜威的作品尤其引起了新的興趣（Boydston and Poulos, 1978; http://www.siu.edu/~deweyctr）。

9　　哲學上的回答

　　亞瑟・洛夫喬伊[100]，一位對實用主義的嚴厲批評者，在 1908 年發表了一篇文章，文中認為至少有十三種不同的實用主義。洛夫喬伊不僅聲稱這些實用主義是可區分的，還認為它們在邏輯上是相互獨立的，因此他說「你可以毫不矛盾地接受任何一個 [實用主義]，而拒絕所有其他的 [實用主義]」（1963, 2）。洛夫喬伊嘗試定義實用主義（當時他甚至還沒有將杜威的著作納入），指出實用主義在早期就已經很難有明確的定義了。一世紀後以及後來有許多書籍和文章之後，事情仍沒有變得更容易。因此，我們在本書中所述之杜威立場的特性，並不是最終的定案，而是理解他著作的可能方式之一。在本節中，我們介紹了一些杜威版本的實用主義的關鍵思想，我們將在後面的章節中再次討論。此時，我們要問的是：杜威的實用主義對教育研究有什麼貢獻？

　　杜威實用主義對教育研究的主要意義，在於它提供了對知識的不同解釋，以及對人類獲取知識的方式的不同理解。杜威的方法之所以有所不同，乃因他以行動哲學的架構來處理知識以及知識習得的問題，即一種以行動為**最基本**範疇的哲學。這種知識與行動之間的關聯，對於那些主要從實踐的角度處理有關知識問題的人（例如教育工作者和教育研究人員）尤其重要。

　　因此，杜威可以說為教育研究提供了一種新的**認識論**（epistemolo-

　　會點，包括實用主義、新實用主義、批判理論、政治哲學、詮釋學等。
[100] Arthur Lovejoy，1873-1962，德裔美國哲學家與思想史家，以「觀念史」（history of ideas）為主題，創立了思想史的學科。

gy）。但若將杜威關於知識的想法稱爲認識論，在某種程度上是有點兒誤導了，如果（這個「如果」在此至關重要）認識論被當作是哲學的分支，並用以回答我們（非物質的）心靈如何理解有關在我們腦海之外（物質）世界的知識的問題。杜威的重點是，只有假設人的心靈與物質之間的區別、以及「內在」與「外在」之間的區別是一種原始的、不可避免的區別，即所有哲學所賦予的區別，這個問題才有意義。自笛卡爾[101]以降的現代哲學中，這假定是成立的。笛卡爾認爲實在（reality）[102]是由兩類「東西」（stuff）組成：「**外延物**」（res extensa）（可擴展性），即占據空間的「東西」[103]，以及「**思維物**」（res cogitans），即人類思考（cogito）（能識知的心靈）的心理「東西」[104]。如果這個假設是所有哲學的出發點，那麼找到（非物質）的思想如何與（物質）世界聯繫的答案確實是至關重要的。直到現在，許多現代哲學家仍將其視爲哲學需要尋找答案的主要問題之一（例如，Dancy 1985）[105]，而這一哲學的特殊分支名稱是「認識論」。

　　如此說來，杜威的另類方法也許應被視爲是反認識論，因爲他並未將對知識的理解建立在這種思想與物質對立的二元論上。相對於「意

---

[101] René Descartes，1596-1650，啟蒙時期法國理性主義哲學家，他相信物理學「機械論模式」的世界觀，並把實在分爲兩種基本實體，即下文所說的 res extensa 與 res cogitans，這種身心二元論影響了接下來的哲學思想，也留給形上學一個問題：既然人的心靈與外在事物是分開的，那麼兩者是如何聯繫的？研究此問題的學問如下文所說，稱爲「認識論」（epistemology）。

[102] 本書對於 reality 的翻譯，若牽涉哲學上本體論或認知論的討論時，大多翻譯爲「實在」，但作者有時以生活化的例子與文字解釋杜威的哲學觀念時，本書也會將此字翻譯爲「現實」。

[103] 也就是物質實體。

[104] 也就是存在人類心靈的直覺、思想。這兩個對比的名詞（雖以類似的名詞出現）會不斷在本書討論到不同的哲學觀點時出現。

[105] Jonathan P. Dancy，1946-，現代英國哲學家，屬於分析哲學派，以理性的整體論（holism of reasons）關注道德理論。

識哲學」[106]所採取的路線，即出發點為認知思想，然後詢問這種思想如何掌握「外部」世界的哲學，杜威所採取的出發點是在自然界中的互動，自然本身被理解為「各部分相互作用的一個變動的整體」（Dewey 1929a, 232）。杜威在他的哲學中描述這種「哥白尼式的轉變」如下：「舊的中心是思想……新的中心是無定限的[107]互動」（1929a, 232）。對於杜威而言，互動特別重要，他強調的是活生生的人類有機體與其環境之間的互動。杜威認為，人類的行動始終是「人性要素與環境（包含自然與社會的環境）之間的互動」（1922b, 9）。這生物體與環境之間的互動（或他後來稱的「交互作用」[108]），是一個活躍、可改變和適應性[109]的過程，在此過程中，生物體尋求與不斷變化的環境保持一種動態平衡。

　　杜威的交互作用取向最重要的涵義之一是，它試圖解釋人類與世界之間的**接觸點**（point of contact）。對於杜威而言，人類有機體始終都已經是與實在「保持聯繫」，這與意識的二元哲學不同，後者將人非物

---

[106] philosophy of consciousness，主要是指十七世紀以降歐洲大陸發展的理性主義傳統，探究人的心智思考能力、知覺與實在、現象等的關係（Kriegel, 2020）。本書提到杜威因為屏棄意識哲學傳統的基本假設（也就是笛卡爾以降對實在的二元結構）而超越的問題，直至今日，仍困擾著這個傳統下的當代哲學家，他們仍舊討論著知覺意識、訊息意識（access consciousness）、注意力（attention）等等的差別（Cheng, 2019），以及這些不同的心靈意識如何使我們真實了解實在（或現象界）。有興趣的讀者可參考本章的相關文獻。

[107] 原文 indefinite 雖有不確定的意思，也有活絡、無限定的意味，與 definite（絕對、確定的）一詞相反。

[108] 原文 transaction，有交易、溝通與交互影響的意思。也因為 transaction 這個詞使得杜威遭到許多誤解，認為實用主義強調商業取向（朱建民，2000）。在李日章（2005）及單文經（2015）的《經驗與教育》一書中，則將 transaction 翻譯為「交道」。本書參酌不同翻譯後取交道過程及交互影響之意，譯為交互作用。

[109] 原文 adaptive, adjustive，是參考朱建民（2000）的翻譯。這個概念與杜威所發展的心理學理論有關，也可看出杜威受到達爾文進化論的影響。

質的心靈與物質世界分開了。但是，儘管杜威的交互作用取向暗示了生物總是與環境保持「聯繫」，並不意味著實在單單向生物揭示了自己。杜威實用主義的主要思想之一（與珀爾斯的意義理論一致）是，實在只有當它是活動的結果時，它才自我揭示，而那活動也就是人類有機體的「行動」[110]。

　　用哲學術語來說，我們可說杜威的交互作用取向顯然是基於實在主義者[111]的假設。他的哲學不是「唯心論」，因爲他不否認或懷疑「外部」世界的存在；然而，對杜威而言，實在只是有機體與環境之間交互作用的一種功能（我們將在第二章中回到杜威的**「經驗」**一詞的具體涵義）。從這個意義上來說，杜威的實在主義最好被稱爲**交互作用的實在論**[112]（Sleeper 1986）。

　　杜威的交互作用實在論解決了即使至今困擾哲學家的許多問題。這些問題之一涉及了知識的客觀性。一些哲學家認爲，真正的知識應該是客觀的，這基本上意味著它應該是對客體，也就是世界上的「事物」的準確描述。其他哲學家則認爲，知識是人類的建構，是人類思想的產物，因此，它最終是主觀的。有鑑於上述所說的，很明顯的客觀主義和主觀主義都是從思維—世界的二元架構中衍生出其涵義。客觀主義認爲知識應該完全屬於「世界」；主觀主義則認爲知識完全屬於人類思想。儘管杜威的交互作用實在論斷言知識是一種建構，但它所說的不是人類思維的建構，而是一種位於有機體與環境間交互作用中的建構。在有機體與環境之間一遍又一遍地被構建的，是一種動態平衡，它既體現在環境的特定變化中，也表現在有機體行動方式的特定變化中。換句話說，

11

---

[110] doing.

[111] Realist 又稱現實主義者，認爲人類對物體之理解與感知，與物體獨立於我們心靈之外的實際存在是一致的。與之相反的思想爲唯心論、觀念論（idealism）（見本章注 24）。

[112] transactional realism.

杜威的交互作用實在論也可稱爲「交互作用的建構主義」，因爲可以說我們的知識同時是一種建構，**並且**是基於現實（實在）的。從這個意義上來說，杜威的交互作用架構提供了一種超越客觀主義和相對主義之間傳統區別的方法（我們將在第四章中返回該主題）。

走筆至此，我們應該聲明在前面的言論中所使用的「**知識**」一詞，不一定是指命題知識[113]，也就是明確地用字詞來宣知關於世界的事物。根據杜威的交互作用取向，知識率先展現出來的方式會是經由有機體與環境變化進行交互作用，或對環境變化做出回應的過程。也就是說，杜威認爲知識首先「存在於肌肉中」，而非思想中。我們知道某事的事實，最初是在行動層面上揭示出來，然後才以符號形式（如語言）展現出來。通過與環境的持續互動，以及通過不斷嘗試與環境保持動態平衡，我們發展出可能採取的行動模式，杜威稱之爲**習慣**。養成習慣，即養成對我們的環境回應、產生互動的可能方式，基本上是一種反覆嘗試

12　錯誤（trial and error）的過程。我們所做的某件事（杜威強調我們總是在做某件事，且不能**不做**某事）會影響我們的環境，我們會承受自己所做事情的後果，並嘗試相應地進行自我調整——而這循環會不斷重複。在認知的行動中（也因而在研究中），認知者和所欲識知的事物兩者皆會因它們之間的交互作用而改變。

但是，嘗試錯誤並非人類獲得知識的唯一途徑。杜威認爲，我們可以通過使用符號來避免嘗試錯誤的直接性。通過執行象徵性的操作（杜威稱之爲「**思考**」的活動），我們可以嘗試不同的行動方案，而實際上不會受到這些行動方案後果的影響。這顯然只能幫助我們思考**可能的**行

---

[113] propositional knowledge，指的是可以用語言表達的知識，也被稱爲明確的外顯知識（explicit knowledge）。哲學上將知識分爲「命題知識」與「經驗知識」，前者是透過歸納演繹而得到的世界上的事實，例如數學命題的知識；後者則是透過經驗才能獲得的知識。作者聲明本節所說的知識，有時可能涉及命題知識以外的知識。

動方案，並以此方式幫助我們有更加精準或更加「明智」的回應，如杜威所說。但唯有當我們確實做出回應時，我們才能知道建議的行動方案是否適當。儘管使用符號可以使我們做更明智的決策，但最終的證明還是必須在行動的領域找到。我們必須採取行動，以便找出可能的對策是否眞適合我們所處的局勢。

我們還想進一步提及關於杜威的立場，在他最初的想法中曾提及另一方面的觀點。可能有人會說杜威交互作用的建構主義，最終暗示著我們每個人都構建著自己的個人世界。從某種意義上說確實如此；我們每個人都生活在自己的世界之中，而這個世界對我們的意義在某種程度對別人是沒有意義的。然而，杜威認爲，當人們爲了共同的目標而共同行動時，他們需要調整個人的方法、個人的觀點和行動模式，好使協調一致的回應成爲可能。在這個過程中，他們的個人世界發生了變化。杜威認爲，這些個人世界並不會完全變成一致，但會發生的是互動中的合作夥伴創造了一個共享的、**互爲主體的**[114]世界。換句話說，他們創造了「共同點」，且正是出於這個原因，杜威將這一過程稱爲**溝通**。溝通不是單純地將信息從一個人的腦袋轉移至另一個人的腦袋，而是個人行動模式的實際協調與重構，從而形成了一個共享的、互爲主體的世界。由於這個互爲主體的世界是透過行動所創造的，而非通過信息的轉移而創建的，因此我們建議將杜威這方面的寫作稱爲「實踐的互爲主體性」[115]（Biesta 1994）。

這足以作爲杜威實用主義知識理論的首要提綱，如上述所論證的，這**不是**傳統意義上的**認識論**。杜威立場的兩個最主要和最獨特的組成部

13

---

[114] Intersubjective，或譯爲互爲主觀性的，爲現象學家胡賽爾（見注 39）所創用。互爲主體性指人與人之間對彼此所具之主體性的認肯，並產生相互依存的關係。此外，它也意指日常人際互動間，對情境、事物建構共享意義與共通感（common-sense）。現象學關注互爲主體性，可說是從現代哲學主體中心的一元理性，到當代多元理性與對話的過渡。

[115] practical intersubjectivity.

分就是他的**交互作用的實在主義**以及他對於溝通作爲**實踐的互爲主體性**的觀點。在更一般的層面上，我們試圖弄清楚杜威的哲學爲何被視爲是對「意識哲學」傳統的批判，也就是假定所有哲學的第一個實在是由意識形成的一個傳統。這樣的出發點會帶來難解的問題（如果不是不可能的問題），例如，這種脫節的意識可如何與實在聯繫上。這個問題單純地在杜威的交互作用取向中消失，因爲這個取向假設我們一直與世界進行「交互作用」。這種出發點有意思的是，它使得杜威超越了傳統中客觀主義和主觀主義的對立，並容讓杜威將建構主義[116]與實在主義相結合。

有人會說杜威的知識理論是一種可謬論[117]，因爲從他的論述中可得知，我們永遠無法對我們的知識全然地確定。然而，這種根本上的不確定性，並不是所謂的心靈思想與物質、或者意識與實在之間的鴻溝的產物。對於杜威而言，知識的不確定性源於一個事實，即我們永遠無法確定過去所發展的行動模式是否合乎我們未來將遇到的問題。換句話說，杜威的可謬論是實用性的，而非結構性的[118]。這與我們生活在一個瞬息

---

[116] 在此建構主義所使用的字是 constructivism 而非 constructionism，前者較偏重個人認知思想上的建構歷程，後者側重人們於社會情境中的知識建構。

[117] Fallibilism，或翻譯成「可錯論」（鄭喜恆，2011）。可謬論是一個哲學學說，認爲沒有任何知識、信念是絕對肯定的，在成爲眞理的進程中總有錯誤與修正的可能。可謬論可說是實用主義者珀爾斯的哲學起點，用以批判傳統哲學的假設。與懷疑論者不同的是，珀爾斯並不放棄對知識的追尋，提倡透過觀察結果來修正現有知識概念，如作者在下文所提。

[118] 這裡作者所指「結構性的可謬論」，並非謬論的兩種分類：形式與非形式謬論。這裡所說的可追溯到康德（以及後來實證主義者的 Carl Popper）的觀點，認爲知識爲人類的心靈與感知所限制，在人的理智與感官經驗以外獨立存在著「物自體」（thing-in-itself），也就是未被人所知覺時的實在；康德認爲人對「物自體」的本質是永遠不可知的。但杜威認爲人與實在之間並不存在著結構性的鴻溝，因爲人生爲活物，始終都是與世界接觸著；所以知識的可錯與可修正，來源是世界環境的變化。作者在本章第 20 頁也有進一步的說明。

萬變的世界中有關，而在這個世界中，每種新的情況在某種程度上都是獨一無二的。這世界使我們驚訝的方式是：它總是在探究和行動的周期中提供訊息，迫使我們改變對世界的認知以及我們在其中的行動方式（反過來說，可以產生新的經驗來學習）。

　　儘管此概述對杜威哲學最核心的思想有初步的解釋，但重要的是要記住，杜威投入大量時間和精力在發展對知識的新理解，原因主要並非因為他想對哲學做出新的貢獻，而是因為他認為發展這種理論，對於解決現代生活中一些最深刻的問題至關重要。杜威堅信，哲學不應該僅僅侷限於哲學家的問題，而應該是哲學家們培養的一種解決「人的問題」的方法（Dewey 1917, 46）。以下我們將多談一些杜威更一般性的「研究」，好讓各位更能理解杜威對於知識和行動的思想意義。

14

實用主義探討

杜威是位實證主義者嗎？

　　杜威在他的《哲學之改造》[119]一書中指出「在道德和政治事務中，仍難以找到智慧的方法、邏輯」（1920, 159）。在這樣的背景下，他主張「對物理現象的判斷，應採取邏輯的道德反思，因為反思方法已證實具有安全性、說服力與豐富性」（1920, 174）。因此有些人藉由杜威「科學地闡述道德」的呼籲（1903a, 3-39），以及他對自然科學方法的認可，就認定杜威是一位實證主義者，也就是只相信「確實的」（positive）知識（是有事實根據的知識），而不能相信「思辨的」（speculative）知識（舉例而言，神學和哲學知識）。其他人則指責杜威為「科學主義者」，就是世界上所有的一切，不會超過以自然科學進行解釋的範疇。例如，德國的新馬克思主義哲學家馬克斯‧霍克海默辯稱，杜威的「對自然科學的崇拜」使他無法採取批判性的立場（Hork-

---

[119] *Reconstruction in Philosophy.*

heimer 1947, 46-49）。

　　杜威非常清楚他所謂的「科學方法」的價值和重要性，因為「作為一種知識形式，科學方法具有相對的成熟性，很明顯地說明了實驗必要的地位和功能」（1939b, 12）。但是他緊接著補充說，他對自然科學**方法**的讚賞「如果解釋成科學是唯一有效的知識種類，那會是一種曲解」（1929a, 200）。不過，科學方法已經透過實驗和解決問題方面的實際成功實例，證明了它的價值。杜威對科學方法的推崇僅此而已，並非認為科學是通向任何基本概念真理的特權途徑。此外，杜威不僅排斥將自然科學所提供的知識視為是唯一有效的知識，他甚至反對更普遍性的觀點，即**知識**是讓我們與實在保持聯繫的唯一途徑。如果說杜威的著作中有不斷反覆出現的一個主題，那就是他對於一個觀點的批評，即視知識能「度量 [所有] 其他經驗模式的實在」的觀點（1929a, 235）。

　　用真實事物（what is real）來識別已知事物（what is known）主要的問題在於人類生活的所有其他面向 —— 例如實用的、美學的、道德的或宗教方面 —— 將只能透過把這些面向化約，並藉由我們知識所揭示的加以驗證，方為真實。在這種觀點下，愛只能透過荷爾蒙的理論來解釋，方為真實；知識唯有在可以追溯到我們大腦中的事件時，方為真實；而同情心唯能在我們的基因中發現時，方為真實。在假設知識能為真實事物提供「準則」的前提下，人類生活在「世界上」的生活方式的其他面向，將歸類於主觀的領域，也就是個人品味、觀點、情感和個人期望。杜威對問題的描述如下：「當真實的客體……等同於知識客體……，那麼所有情感上的和意志上的對象，都不可避免地被排除在『真實』世界之外，並且被迫在經驗主體或思想的隱密處尋求庇護。」（1925a, 30）換句話說，用真實事物來識別已知事物，已對於人們及其所存在的世界之間各種互動的方式，產生不良的影響。那些使人類生活成為人性化的面向，都被排除於現實之外，並且也被排除於理性之外，因此用真實事物來識別已知事物，使人類這些行為人成為「世界上未歸化且無法歸化的異鄉人」（Dewey 1925a, 30）

所以杜威認為，用眞實事物來識別已知事物，是造成現代哲學最根本的錯誤之一，他把這樣的錯誤稱爲「主智論[120]者的謬誤」（1929a, 175; 1925a, 28-30）。因此，想要理解杜威研究的一個方法，就是將其研究視爲是要消除這種錯誤的嘗試，這樣存在人類世界中的那些無法歸類到（科學性的）知識的面向，就可以再次被視爲是眞實和理性的。

爲了做到這一點，杜威必須明確指出，知識領域和人類行爲領域不是對立相異的領域，而是緊密相關聯的：人類行爲產生知識，而知識又反饋到人類行爲，並且知識不單獨存在或有個別的功能。杜威之所以會針對現代科學提出這樣的說明，完全是因爲現代自然科學中的實驗方法已是一種知識與行爲密不可分、緊密連結的科學了。對於那些認爲將行爲理念引進知識領域，會對科學知識的純正性、眞實性和客觀性構成威脅的人來說，杜威的說明可能有些令人震驚。然而，杜威只是簡純的認爲這些關於（科學）知識的假設仰賴一種認識論，是早在現代科學實驗方法出現很久以前就發展出來的認識論，一種與科學如何眞正產出知識完全不同的認識論。

杜威把這樣的想法進一步發揮，他認爲這種自然科學的實驗方法，實際上更像是通常保留在價值領域的推理和判斷的風格，且他認爲這樣的實驗方法是會出錯的、專注個別案例、且與行爲密切連結。因此，他寫道：「我的理論的眞正意義也許可在……道德判斷所需的特質，轉變爲日常和科學知識的過程中發現。」[121]（1939b, 62）

在杜威 1903 年的文章〈道德的科學論述之邏輯條件〉[122]中所作的聲明，可以更明確地知道這絕不是實證主義的策略：

---

[120] Intellectualism，又譯爲「主知主義」、「知性主義」、「唯智主義」，認爲人的心智中有「知」、「情」、「意」三部分，其中以認知最爲重要；崇尚人的理性，認爲理性是人類知識的主要來源（徐宗林，2000）。

[121] 完整的原文翻譯如下：我的理論的眞正意義也許只有這樣才能被發現：從道德判斷所需的性質，轉變到日常和科學認識的過程上。

[122] The Logical Conditions of a Scientific Treatment of Morality.

> 「毫無疑問，藉由將道德判斷類化爲所謂的科學判斷中的
> 另一種邏輯類型，達到了消除道德判斷的獨特性；這正是因
> 爲公認的科學判斷中存在的邏輯類型，已充分考慮到個別
> 化和活動性。」（1903a, 8）

　　這一段引述清楚地說明了杜威既不是實證主義者，也不能被指控爲科學主義。當他主張將現代科學方法應用在生活中其他的領域時，他並不是在說這種方法可以提供絕對的確定性。對他而言，科學方法代表了一種實驗性、會犯錯誤的方法，其中知識和行爲是密不可分地連結在一起。杜威想要實現的部分目標，是發展與現代科學實際的實驗方法一致的知識理論。但重要的是，杜威不只是想發展出對知識和知識習得的新理解，在這個目標之外，存在著一個更令人關注的問題——也就是我們現在要討論的問題。

文化危機

　　杜威認爲他的著作是對現代文化「危機」的回應。杜威認爲，這場危機的核心要素是現代科學瓦解了日常生活（或者用杜威更喜歡的「常識」[123]一詞）的影響（1948, 265; 1929a, 32-33）。現代科學徹底改變了我們對自我所生活世界的理解。現代科學讓我們認爲自己所處的世界是一種機制、甚至是一幅「冷漠的物理粒子依據數學和機械定律來作用的景象」。現代科學「剝奪了對人類而言讓世界美麗且令人愉悅的性質 [原文如此]」（Dewey 1929a, 33）。杜威認爲，這種對「常識」發展的崩解作用，主要是由科學世界觀的**詮釋**方式所造成的，亦即對「實在」的「眞實」解釋。正如我們已經看到的，這種觀點已然導致對世界

---

[123] common sense 一詞中文常翻譯爲「普通常識」，但實際上這個詞是指大眾共同認知的道理、常理，其最初的用法可見注 97 所提到的現象學用語「共通感」。

日常體驗以及人類生活非認知層面的現實之減損：

> 「最終的實質影響是，人們相信科學只存在於人類最不關
> 注的事物中，因此當我們處理社會和道德問題與利益時，
> 我們或者必須放棄受眞實知識（genuine knowledge）引導的
> 希望，或者要以遠離人性爲代價，努力取得科學的頭銜和
> 權威。」（1939b, 51）

換句話說，問題在於，對機械論世界觀的現實解釋會使我們陷於兩種都不具吸引力的選項中：現代科學的**非人性的理性**，或日常常識的**人性非理性**。正是這種困境存在於文化危機的核心中——這表示這場危機是首要的**理性危機**。

杜威將文化危機與機械論世界觀的特定詮釋做連結，此事實不應解讀爲此危機只是一個理論上的問題，而與當代社會緊迫的現實問題無關。杜威寧可強調科學現實與科學理性的霸權地位——也就是認爲理性僅與科學的「硬事實」[124]有關，而與價值、道德、情感、情緒等無關的情況——幾乎不可能爲這些問題找到適當的解決方案，因爲我們所處的情況是，理性僅限於事實和方法上，而價值和目的，則顯然被排除在理性審議之外。這就是爲什麼我們稱文化危機爲理性危機。

杜威認爲，使這個問題更緊迫的事實是，現代生活在很大程度上是「常識世界中科學的體現」的結果（1938a, 81）。因此，我們不斷面對現代科學的產物和影響：汽車、電腦、醫院，也因此我們在日常生活的「常識」領域中，會特別深刻地感受到非人性的理性與人性非理性的兩難困境。這就是爲何杜威寫道：「人類文明懸而未決的問題」是基於以下事實，「常識在其內容、其『世界』與方法上，如同一個內訌分裂的家庭」（1938a, 84）。是否有可能克服這種分歧？杜威認爲，至少哲

18

---

[124] hard facts，指的是客觀、不容爭辯的事實。

學必須設法試圖做到一點：「恢復人們 [原文如此] 對其所處世界的信念，以及對於指導其行為之價值和目的之間的整合、協調，關於這問題，會是任何無法與生活切割的哲學，最深層的問題。」（1939b, 8-9）

為了實現整合，必須解決兩個哲學問題（Dewey 1939b, 8-9）。首先，我們需要找出是否有可能以一種不再對**價值**領域構成威脅的方式，接受現代科學的研究結果；而價值領域是指「任何人們當作能指導行為的合法權威」（Dewey 1929a, 315）。第二，我們需要去解決自然科學世界與日常生活世界是否能調和的問題。

杜威認為，哲學有助於找到擺脫文化危機的方法，因為基本上哲學在創造此問題上扮演了核心的角色。畢竟，文化危機導因於對現代科學研究結果的特定詮釋，也就是聲稱現代科學知識可展示出真實世界的詮釋。為了理解這種詮釋的來源，以及對現代哲學發展的影響，杜威回到了西方哲學的根源。

西方哲學（極）簡史

杜威認為，西方哲學發源自社會——希臘社會——在這個社會中，知比行更受到重視，並且理論比實踐擁有更高的地位[125]（Dewey 1916a, 271-85）。造成這種階級觀念的原因，是一種對絕對、不變的確定性的渴望，並且認同這樣的確定性是無法在行動的領域中找到的（Dewey 1929a, 5-6）。以永遠不變的事物識別什麼是絕對確定的事物，使得柏拉圖等哲學家進入了**形上學**（metaphysics），是一種研究存有的哲學，這個哲學理論堅信只有固定的、不變的、以及無法改變的事物才是真

---

[125]「實踐」一詞原文為 practice。希臘哲人亞里斯多德將人類知識劃分成三個領域：理論的、實踐的（也有譯為「實用的」）與生產性的。其中理性知識追求永恆不變的事物，實踐知識追求慎思與行善，生產性知識（也就是技藝知識）則創造具實際用途的事物。三者的區別是後兩者皆面對或創造會變動的事物，只有理論知識思考不可變的事物。

實的，且這些哲學家進入一種**認識論**，認爲某些知識「必須與先驗存在[126]或本質存在的知識有關」（Dewey 1929a, 18）。這些假設的一個涵義是，唯有當獲取知識的**過程**，不會對知識**客體**產生任何影響的情況下，才能取得眞正的知識（Dewey 1929a, 19）。因此，獲取知識的過程不但與行爲分開了，也被理解爲所謂視覺知覺[127]——一種杜威稱爲「旁觀者的知識理論」[128]（1929a, 19）：「從希臘時代以降一直統轄哲學的概念是，知識的作用在於揭露先驗的眞實，而不是像我們的實際判斷那樣，是爲了處理生活遇到的問題而必須獲得的理解。」（1929a, 14）這些想法加深了理論與實踐之間的鴻溝。根據這樣的觀點，理論必須找出現實**是什麼樣子**；雖然實際行動奠基於理論所提供的知識，但是實際行動與知識取得之間完全脫節。實踐「只不過是知識的外部追隨者，並不參與知識的決定……因此實踐應當要順應事物在先驗結構中固定既存的東西」（1929a, 58）。

希臘世界觀一個有趣的地方，是假設價值觀**是**世界的一部分。換言之，希臘人認爲實在是有目的的，一切事物都努力要發揮其潛能：橡實努力成長爲橡樹；人則要努力成爲有理性的個體。這意味有關實在的眞實、客觀知識會同時爲人類行爲的方向提供指導方針。

這就不難了解當哥白尼、伽利略和牛頓的世界觀出現時，也就是現代機械論式世界觀出現時所產生的那類問題；至此才能從現實知識中導出目標和價值。但是隨著科學世界觀的出現，「科學不再於知識客體中揭露任何這樣屬性的存在」（1929a, 34）。這就產生了一個問題，也就是新的科學成果如何被接納，以及如何維持價值領域（1929a, 33）。杜威認爲，在現有的哲學框架下，只有一種可能的解決方案——那就是價值觀必須歸類到另一個領域；杜威寫道：「自然界中的品質、卓越和

---

[126] antecedent existence，指在經驗之先的存有。

[127] visual perception.

[128] spectator theory of knowledge.

20　目的被新科學排除在外，而在精神領域中找到他們專屬的容身之處和保
證。」（1929a, 23）

　　因此，這就使自然領域和價值領域之間產生了根本的區隔（這樣
的區隔一直存在著，就像一句格言所說「**是**和**應該一定要區分**」[129]）。
為了維護價值領域，還必須證明價值領域比關於自然的事實知識領域更
優越。杜威認為這恰好是笛卡爾和康德試圖論證的——認為科學知識的
可能性在非物質的人類心靈思想中，具有其最終的基礎（Dewey 1929a,
33-34）。因此，杜威寫道「自然與精神之間，其對立與必要的聯繫」
（1929a, 43）成為了人類本質的一部分。這衍生出物質與精神的二元世
界觀，也產生了物質構成「外在的」自然領域、而精神構成「內在的」
心靈思想領域之假設。

　　杜威闡述西方哲學的發展，主要的目的是點出心靈與物質、主觀
與客觀、以及事實與價值之間的區分，並不是所有哲學無可避免或必然
的出發點。應該說這是一個特定的解決方案，是由現代哲學創立者所提
出，為要解決接受現代科學結論所產生的問題，同時又維護價值領域。
杜威的哲學改造也清楚地表明，從某種意義上而言，這個問題從一開始
就是人為的問題，因為是傳承自希臘哲學假設的產物：「如果人類 [原
文] 一開始將自己的價值觀與實務連結，而不是與認知或先驗存在相連
結」，杜威認為：「人類就**不會**受到科學研究結果的困擾」（Dewey
1929a, 34）。

　　在杜威讚賞現代科學的背景下，要強調的一點是，現代科學不僅讓
我們對於實在有了不同的觀點，而且這種觀點是藉由提出一種方法——

---

[129] 原文：The *is* must be separate from the *ought*.「是—應該」的問題，或譯為
「實然—應然」的問題，是由蘇格蘭哲學家大衛・休謨（David Hume，1711-
1776）提出，他是十八世紀英國蘇格蘭的經驗主義代表之一（見本章注釋第 22
號），認為理性所發現的真理是冷漠中立的，只指涉是與不是什麼，人無法
藉理性推理出應然（ought to）、應該做什麼，唯有人的情感才能將我們導向
道德與美善實踐。

實驗方法——藉此，讓知、行之間的鴻溝完全消失（Dewey 1938a, 80; Dewey 1920）。因此在實務上，現代科學從一開始就與旁觀者的知識論相矛盾。二十世紀的物理學則是希臘形上學的最後一擊。在十五和十六世紀出現的世界觀中，當時人類假設時間和空間是彼此獨立存在的，而事件是在時間和空間中發生的：「既然假定事物背後有固定不變性——例如，時間、空間和永恆不變的原子——主導著『自然』科學，那麼毫無疑問地，從更廣的形式來看，這就是哲學的假設基礎，理所當然地這假設也必樹立其結構體系。」（Dewey 1948, 260）但是近期自然科學的發展，顛覆了實在本身最終由不可變的實體或粒子組成的觀念：「最近，人們發現自然科學受其自身發展的驅使而屏棄了它對固定性（fixity）的假設，並承認那些『普遍性的』事物，其實是『過程』。」（Dewey 1948, 260）

21

對人類理性的追尋

從這個簡短的考察中可以獲致什麼結論呢？正如我們已探討的，杜威認為文化危機——也就是理性危機——是受到現代科學的機械論世界觀詮釋方式的影響，也就是將其說法理解為「真實」實在的代表。正是這種特定的詮釋導致了理性危機，出現了非人性的理性（inhuman rationality）及人類非理性（human irrationality）這兩種同樣缺乏吸引力的抉擇局面。而杜威對西方哲學發展的重建，顯示這個問題是由於以下事實造成的：現代科學的研究結果被錯誤地以哲學的範疇及其二元性來表徵，而這範疇及二元性是早在現代科學出現前便已發展出來的，而且是在完全不同的脈絡背景下、為了截然不同的目的而發展的。

當現代科學得到重視時，原則上有兩種哲學選擇。其一，已被選擇，就是將既有的哲學架構套用在現代科學的研究結果上。這產生了一個問題，就是如何在讓這些研究結果被接受的同時，仍保有價值的範疇。試圖要解決這個問題的努力，最終走到了以現代哲學為基礎的二元假設。不過杜威的哲學重建清楚顯示，這些假設只是現代科學興起所引

發問題的一個可能答案。杜威的哲學重建暗示了另一種選擇；除了使用希臘哲學的架構去解釋現代科學，哲學家們也可以問：如果我們可依據現代科學的方法和研究發現，去修正對知識和實在的理解（杜威相信這證明了知識與行為、事實與價值的**不可分割性**），那麼接下來將會發生什麼？但是，在結論中要再說明一次，杜威探索這條道路的原因，不是只為了要提出更適切的知識理論，還要克服非人性的理性與人類非理性的困境。換句話說，這是對**人類理性**全新且不同理解的探索，也是激勵杜威所有著作的主題。

結論

在本章，我們試圖為何謂實用主義的問題，提供初步的答案。我們主要聚焦於約翰·杜威，不僅是因為他是實用主義者中最關心「教育」的人，也因為我們相信他對知識和行動的理解，與當代教育研究的問題最適切、相關。我們認為，杜威對科學方法的正面評價，不應被解釋為杜威是一位實證主義者，或說他的哲學是科學主義。相反的，整個杜威哲學的重點是要克服一種觀念，那就是理性只與關注如何運用最有效的手段、達成預定目的之問題相關。杜威希望恢復人類對實在**以及**理性的廣泛關注；對杜威而言，理性是關於明智的人類行為與人類合作。我們之所以如此關注這麼大範圍的杜威哲學架構，是因為我們想清楚表達，杜威不僅為我們提供了一種思考知與行的新方法，且這個哲學論述最深層的動機是試圖將理性、能動性（agency）[130]和責任，重新加入人類行動的範疇中。我們認為，這種觀點對於當今的教育和教育研究至關重要，因為教育不只是一種純粹「應用」教育研究結果的技術事業。教育

---

[130] Agency 除了當作機構、局處的意思，也有行動的狀態或推動（能）力的意思。跟其同一字根的 agent，也有原動力、動因的意思。在教育（教學）理論中，agency 常常指學習者的自主性、主動探索等能力；由此也可見杜威的哲學對當代教育理論的影響。

是一種徹底的人類實踐，其中有關「如何」的問題與有關「爲什麼」和「爲何目的」的問題密不可分。

　　在接下來的章節中，我們將更詳細地探討杜威關於知識、行動與探究的想法。在第二章，我們檢視了杜威「交互作用論」的基本架構，以及隨之而來的行動哲學，這兩者共同成爲杜威知識理論的框架。在第三章，我們主要聚焦於杜威的探究理論，並特別關注杜威有關社會領域探究的想法，特別是教育領域的探索。而在第四章，我們以杜威的實在主義及客觀主義、相對主義和杜威的「第三條道路」，來處理理論與實踐之關係的問題。最後在第五章，我們提出了關於實用主義和教育研究的結論。

23

第一章譯注之參考文獻

方永泉（2000）。化約主義。**教育大辭書**。取自 http://terms.naer.edu.
  tw/detail/1302873/

朱建民（1997）。**實用主義：科學與宗教的融會**。臺北市：臺灣書店。

朱建民（譯）（2000）。S. Morris Eames 著。**實用自然主義導論**（*Prag-matic naturalism: An introduction*）。臺北市：時英。

何佳瑞（2018）。杜威「真理」概念探微：以「探究理論」為核心的論
  述。**哲學與文化**，45(6)，61-80。

李日章（譯）（2005）。George R. Geiger 著。**杜威：科學的人文主義
  哲學家**（*John Dewey：In perspective*）。新北市：康德。

余治平（2010）。「經驗」概念的哲學重建──以杜威《經驗與自然》
  一書為中心。**哲學與文化**，37(2)，69-84。

但昭偉（2000）。實驗主義。**教育大辭書**。取自 http://terms.naer.edu.
  tw/detail/1313055/

林永喜（2000）。先驗、後驗 A Priori, A Posteriori。**教育大辭書**。取自
  http://terms.naer.edu.tw/detail/1304377/

洪謙（1996）。**維也納學派哲學**。臺北市：唐山。

徐宗林（2000）。唯智主義。**教育大辭書**。取自 http://terms.naer.edu.
  tw/detail/1309214/

許誌庭（2011）。詩性道德：Richard Rorty 的道德想像及其德育啟示。
  教育學誌，26，1-32。

鄧曉芒、匡宏（譯）（2014）。S. E. Stumpf & J. Fieser 著。**西方哲學史：
  從蘇格拉底到沙特及其後**（*Socrates to Sartre and Beyond*）。臺北
  市：五南。

陳波譯（2005）。蘇珊‧哈克（Susan Haack）著。美國實用主義。**哲**

學與文化，32(7)，135-164。

陳波（1998）。**奎因哲學研究：從邏輯和語言的觀點來看**。北京：生活‧讀書‧新知三聯書店。

曾漢塘、林季薇（譯）（2000）。Nel Noddings 著。**教育哲學**（*Philosophy of Education*）。新北市：弘智。

郭博文（1990）。**經驗與理性：美國哲學析論**。新北市：聯經出版社。

單文經（譯）（2015）。John Dewey 著。**經驗與教育**（*Experience and Education*）。新北市：聯經出版社。

劉宏信（譯）（2007）。William James 著。**實用主義**（*Pragmatism*）。新北市：立緒文化（國立編譯館與立緒文化合作發行）。

鄭喜恒（2018）。古典實用主義論眞理與實在。王一奇（編），**華文哲學百科**。取自 http://mephilosophy.ccu.edu.tw/entry.php?entry_name=古典實用主義論眞理與實在

Cheng, T. (2019). Consciousness. In H. Salazar & C. Hendricks (Eds.), *Introduction to philosophy: Philosophy of mind*, pp. 44-51. Open educational resources: Rebus Community.

Crossley, D. N. (1996). *Intersubjectivity: The fabric of social becoming*. London: Sage.

Kriegel, U. (2020). Introduction: What is the Philosophy of Consciousness? In U. Kriegel (Ed.), *Oxford Handbook of the Philosophy of Consciousness*, pp.1-13. Oxford: Oxford University Press.

Malpas, J. (2019). "Donald Davidson", *The Stanford Encyclopedia of Philosophy* (Fall 2019 Edition), Edward N. Zalta (ed.), retrieved from https://plato.stanford.edu/entries/davidson/.

Ormerod, R. (2006). The history and ideas of pragmatism. *Journal of the Operational Research Society*, *57*, 892-909.

第二章
從經驗到知識

25

> 事物是用來處理、使用和作用，並能享受與保存的對象，
> 甚至還有更多未知的方式。它們早在被認知爲事物之前就
> 是事物了。
>
> —— 約翰・杜威（1925a, 28）

> 我們不需尋求知識以獲取對實在的唯一理解。我們所經驗
> 的這個世界就是真實的世界。
>
> —— 約翰・杜威（1929a, 235）

　　正如我們在第一章中所討論的，杜威認爲精神與世界的對立並非哲學無可避免的出發點，而是當哲學家們面臨現代科學所產生的機械論世界觀時的具體解決方案。這個結論開啟了探索不同方法的可能性，是一種不以心靈和世界的二元論爲起點，而是「將這兩者都含括在一個未經分析的整體」的方法（Dewey 1925a, 18）。杜威在 1925 年時將這種方法稱爲「經驗方法」[131]，但最終他把這種方法稱爲**交互作用方法**（transactional approach）（Dewey and Bentley 1949, 127-30）。

　　一方面，這種方法被描述爲一種**過程**或**方法**，「是有權利將那些傳統上認爲猶如由不可調和、各自分離的東西所組成的 [事物]，以整體的、延伸的、持續的方式看待。」（Dewey and Bentley 1949, 67）杜威強調，這種一元論的策略並不能解決知識的問題，但它可導向另一個**不同的**問題——一個比知識的二元論哲學家所問的、更有機會獲得有

26

---

[131] empirical method。這一詞在本章的脈絡下所代表的意義與本書第三章的「實證研究」（empirical research）不同，並會在第三章有更詳細的討論。在此要說明的是，empirical 一詞可譯爲「經驗的」或「實證的」，過往也有很多人以「實徵」稱之。本章選擇翻譯爲經驗的，除了因爲經驗爲杜威理論的核心之外，也考量古典的經驗主義原文即爲 Empiricism。至於有關 Empiricism 意涵的演變以及與「實證主義」之關係，請見第一章的注 66。

意義答案的問題。透過主客體[132]、心靈和物質的分離，以及假設認知是一種發生在自然界之外的過程，知識的二元論哲學家面臨如以下的問題：「外部世界如何能影響內在思想」、「心理行動（acts of mind）如何向外觸及、理解與其對立之客體」，以及是否「有可能知道一切」（Dewey 1925a, 19-20）。從交互作用的角度來看，問題主要**不在於**主體和客體如何在認知的行動中相遇，而是「如何與為何將整體區分為主體和客體、自然與心智運作」（Dewey 1925a, 19）。

　　然而，交互作用的概念不僅表示方法或過程，它還代表了一種更具實質意義的理論，部分是受到進化論、以及後牛頓力學[133]之影響。在此脈絡下，「交互作用」本質上代表自然界中最普遍的過程。杜威在他早期的著作中將自然描述為「由互動的各部分所組成的變動整體」（1929a, 232）。在他後來的作品中，他更喜歡談論「交互作用」，因為「互動」（interaction）[134]仍然暗示著獨立實體的存在與互動（指因果關係中事物彼此依存；Dewey and Bentley 1949, 101），而**交互作用**

---

[132] subject and object。也稱為「對象」，這裡因上下文的通順，採用「主體、客體」的翻譯。但是譯者較傾向於使用「對象」一詞，因為用詞中立，不牽涉主、客觀的暗示，因此在下文將採用「對象」。

[133] post-Newtonian physics，或譯為後牛頓物理學，發展於十七世紀的傳統牛頓力學，為研究物體運動的基礎力學理論，包含牛頓第一、第二、第三運動定律。到了十九世紀逐漸出現了古典力學無法預測與解釋的現象，經過後來的天文與物理學家將古典力學做修正後，發展出可運用於現代物理學工作範圍的數學方法（例如 post-Newtonian approximation method，後牛頓力學近似方法），從而預測像是雙星系統的重力波輻射波形等問題。此外，古典力學雖推翻了絕對空間的概念，卻仍認為時間是絕對不變的；這點在後牛頓力學亦經過修正，因此，後牛頓力學所建立的框架成為廣義相對論、量子場論等的基礎（Will, 2011）。

[134] 杜威在解釋 transaction（交互作用）觀念時，將 interaction（互動）與 transaction 做比較與區隔，而李日章（2005）將 interaction 譯為「相互作用」。但本書採用約定俗成之用法「互動」，是因此一譯詞較能表達杜威對其與「交互作用」的區別。

則聚焦於過程，並處理諸如主、客體之間或有機體與環境之間的區別，並視這些爲過程中產生的**功能性**區別——而非作爲起點或形上學的所予（metaphysical givens）[135]。

杜威將交互作用處理方法與其他兩種方法區別開來。第一是「自我行動」模式，它假設行動的動機是「內在的」（internal）；第二個是「互動」（inter-action）模式。杜威將後者的介紹歸功於伽利略，認爲它可成爲亞里斯多德的自我行動傳統的替代方法。牛頓的世界觀可以看作是互動式方法的最完美的例子，因爲它認爲實在是一種單一力量在不可變的粒子之間作用的過程（Dewey and Bentley 1949, 100-106）。

雖然牛頓物理是在時間和空間中運作，但要能走到交互作用取向還差一步：時間和空間**本身**要被理解爲過程的一部分。當然愛因斯坦[136]在這方面是最具影響力的，雖然這些想法已可在麥克斯韋[137]的「場」概念[138]中找到（Dewey and Bentley 1949, 106-9; Dewey 1929, 102, 115-17）。杜威注意到關於認識論，愛因斯坦實際上較承認自我行動取向；反而是波爾（Bohr）[139]採取與交互作用觀更一致的觀點，認爲認知過程不

27

---

[135] 「所予」可理解爲既定事物、既定的假設等等。

[136] Albert Einstein，1879-1955，美國國籍的猶太裔理論物理學家，他創立了現代物理學的兩大支柱之一的相對論（Relativity），也是質能等價公式的發現者。著有《狹義與廣義相對論》（*Relativity: The Special and General Theory*）（1920）等書。

[137] James Clerk Maxwell，1831-1879，爲英國蘇格蘭數學物理學家，曾於倫敦國王學院教授天文學、物理學。Maxwell 提出的麥克斯韋方程組（Maxwell's equations），將電、磁、光統歸爲電磁場現象，因此，他在電磁學領域的貢獻實現了物理學自牛頓後的再次統一。

[138] notion of field，杜威的交互作用取向與「場」的概念接近，因此，杜威在其早期的作品中即已使用「場」譯詞來解釋交互作用（李日章，2005）。

[139] Niels Henrik David Bohr（丹麥語），1885-1962，爲丹麥物理學家，發展了原子的波爾模型，並於 1922 年因其原子結構以及原子輻射的研究，獲得諾貝爾物理學獎。

再是從外部對自然的觀察，而是介入自然之中，因而成爲自然事件之一
（Dewey and Bentley 1949, 108-9）。這樣的關係最著名的表達爲所謂
的海森堡[140]的不確定性原理[141]，該原理認爲觀察和測量亞原子粒子[142]
的過程，對於被觀察粒子的特性有直接的影響。

　　雖然「交互作用」概念，在方法論上和實質上的解釋是可以區分
的，但在杜威的著作中它們卻是緊密連結的：

> 我們的觀點很簡單，既然人作爲有機體是在一個稱爲「自
> 然的」演化中從其他生物體中演化而來，在這樣的假設下，
> 我們樂意看待他的一切行爲，包括他最先進的知識，如同
> 生物與環境之間整體情境的應對過程，而非他自己單獨的
> 活動，也非他自己主要的活動。（Dewey and Bentley 1949,
> 97）

　　由於杜威使用「**交互作用**」來指稱最一般的自然界的過程，他的立
場可以說是一種**自然主義**[143]。杜威顯然更喜歡「**自然主義**」而非「**唯物**

---

[140] 維爾納・海森堡（Werner Heisenberg），1901-1976，德國物理學家，量子力
　　學創始人之一。1933 年因其創立量子力學及發現氫的同素異形體而獲得諾貝
　　爾物理學獎。

[141] Heisenberg uncertainty principle，亦稱爲「測不準原理」，是量子力學的矩陣
　　形式與理論，認爲粒子的位置與動量不可同時被確定。而粒子的位置不確定
　　性越小，動量的不確定性則越大。類似的不確定性關係式也存在於能量與時
　　間等物理量之間。

[142] subatomic particles，是指比原子還小的粒子。

[143] Naturalism，在此是指方法論上的自然主義（而非教育學的自然主義，見但
　　昭偉，2000），以唯物論（請見第一章注解）的觀點爲基礎，主張所有現象
　　皆可用自然的理性概念解釋，且所有現象與假設皆可用同樣的方法來研究；
　　不探究自然界中超自然的因素。由於是由支持科學方法和進化論的哲學家提
　　出，因此有將其等同於 scientific naturalism「科學自然主義」的看法。

論」[144]，這不僅是因為他反對實在最終由物質粒子或實體組成的觀點，也因為在某種意義上「**物質**」[145]一詞的意義衍生自物質與精神的區別。這樣的區別顯然在杜威的哲學中沒有位置（至少不是作為一個原始的或本體論的區別），因此，「**自然主義**」似乎是最好（至少不是最壞）的選擇（Dewey and Bentley 1949, 266-67; Dewey 1939b, 86-87）。

杜威的自然主義式的交互作用論（naturalistic transactionalism），成為他發展其知識理論的架構，我們在本章將討論這個理論的要素。首先我們從他哲學的中心概念開始，也就是**經驗**的概念。在此背景下，我們繼續探討杜威的行動哲學，而在第三節中，我們會聚焦在杜威的知識理論。雖然在本章我們不直接討論研究這部分，然而這三小節都將探討實用主義如何理解與研究歷程至關重要的議題。因此，本章的內容提供了以實用主義取徑來理解教育研究之理論架構。

28　經驗

「經驗」無疑是杜威哲學中最重要的概念，這一點可以從《經驗與自然》（Dewey 1925a）、《藝術即經驗》（Dewey 1934b）和《經驗與教育》（Dewey 1938b, 1-62）等書名中推斷得知。然而，經驗也是他哲學中最有問題、很容易被誤會與曲解的概念。而在杜威的職業生涯中，被誤會與曲解成為他非常熟悉的一件事。

---

[144] Materialism，與觀念論（或唯心論）相對，認為自然本質是由外部的、獨立於心靈之外的物質所構成的，並且只有物質存在才是真實的，所謂精神、靈魂、意識並不存在，或並不由物質所構成。因此，唯物論為近代自然科學之哲學基礎，肯定物質為唯一實體的觀點相契合，也將世界化約為物質或元素的組成。這點很可能是下文中作者提到杜威不希望自己的觀點與唯物論、化約論等畫上等號之因素。

[145] Material，與上述的唯物論同一字源。

經驗如交互作用

杜威用「經驗」一詞表示生活中各種生物體及其環境之間的交互作用。這些交互作用的特別之處在於這是一種雙重關係（Dewey 1917, 7）：

> 生物體無論自身是簡單或複雜的結構，是依循其周遭環境來行動回應。因此，環境中產生的變化也會依生物體及其活動而反應；生物會因其自身的行為經驗或承受後果。這種作為、承受或經歷後果之間的密切關係，形成我們所謂的經驗。（Dewey 1920, 129；粗體重點為作者加上）

這段引語的最後一句，指出了一個杜威哲學的重要關鍵，說明杜威的經驗**不是**如同傳統意識哲學的二元論，是「遮住人的面紗 [原文] 使人遠離自然」（Dewey 1925a, 5）。例如康德所提出的，他認為我們永遠不可能知道世界「本來」的樣子，我們只能知道由我們感官所「創造」出來的世界[146]。這也是大衛・休謨（David Hume）提出的觀點，他認為實在的存在是一個有趣且非常有用的假設，但是僅止於此，因為我們的大腦只對由感官獲得的「資料」有把握，而無法確定資料「以外」是否存在一個世界。

杜威以交互作用觀點重新定義經驗，想要強調的是：這正是生物體與實在之間聯繫的方式。正如他在《經驗與自然》一書中所說的，經驗「是一種持續不斷深入自然核心的手段」（1925a, 5）。

當經驗是指一切生物體與其所處環境之間的交互作用時，「牡蠣或正在生長的豆藤」（Dewey 1916b, 321）的經驗與人類經驗之間的差

---

[146] 請見第一章注 101。

29　異，在於後者的經驗總是有文化調節[147]。人類經驗就是這樣，杜威寫道，「因爲人類受文化影響，包括使用明確的交流方式，在人類學術語中被稱爲**涵化的**[148]生物體（acculturated organisms）。」（1939b, 15）杜威用**人類學觀點**理解文化，對他來說，文化就是一切人類行爲和人類互動的產物，而最重要的文化產物是語言，杜威將語言定義爲任何具有意義的事物。在此廣泛的定義中不僅包含口語和書寫的語言，也包含像是祭祀、儀式、紀念碑，以及藝術和技術的產物。這些事物和事件是從協調人類行動所扮演的角色中，獲得其**意義**，也就是這些事物或事件的構成意義是在於及經由其「功能性運用的集合體」（conjoint community of functional use）[149]（Dewey 1938a, 52）。從這個角度來看，服裝的風格之所以具有意義，是因爲它被用來識別一個人是否爲一個群體的一員（例如，喜愛的運動球隊的顏色），或者是否爲某一特定活動做的準備（制服），或者是否來自特定的社會背景（視衣服的正式或昂貴程度）。

經驗的模式

我們會在之後的章節回到杜威關於意義自人類合作中產生的方式，現在最值得注意的是，杜威對經驗的定義，使他得以將實在恢復到人類

---

[147] 此觀點有結構主義的影子，結構主義認爲人的思想、語言、習俗等背後都有更大的系統或文化結構在支配，因此要了解人的思想與語言等，也需要在其文化系統下來理解，方知其意義或作用。

[148] 涵化又稱爲「文化適應」、「文化移入」，是指因多種不同文化相互接觸，從而導致文化變動以及心理變化的過程。過程中有兩種或以上的文化持續地互相接觸著，而導致一種文化同化其他文化的元素。涵化可以是單向也可以是交互影響的（吳怡萱，2016）。

[149] 在此作者對杜威「集合的功能性運用」的詮釋是：廣義來說，人們所共同做的、參與的每一件事，例如，一起打獵、一起跳舞、唱歌，他認爲杜威要強調的是「一起」、「共同」這件事，事物／事件在其中因扮演一個角色、引發作用，而有其意義。見作者於下文以服裝舉例的解釋。

在「世界上」生活的所有層面。經驗涵蓋了人類所有的可能性，杜威把這些層面稱爲經驗的**模式**（modes）。知道是一種經驗模式，但它只是其中一種模式。正如我們在前一章已經看到的，其他的經驗模式包括實踐模式（practical mode）、倫理模式、審美模式和宗教模式。

　　將經驗（重新）定義爲生命體行爲與其經歷之間的密切連結，爲杜威提供了對於「主智論者謬誤」[150]（intellectualistic fallacy）看法的答案，此謬誤即假定「一切的經驗是一種知之（knowing）」（1925a, 28）。但杜威的觀點是「我們不必爲了獲得對實在的獨門理解而尋求知識」，因爲「**我們所經驗的世界**便是眞實的世界」（1929a，235，粗體重點爲作者加上）。

　　杜威的經驗交互概念，明確地解決了一些現代二元論哲學傳統的關鍵問題。這不是因爲杜威爲這個傳統的問題提供了答案，而是因爲他引入了一個新的架構和一套不同的假設。透過這種方式，一些現代傳統的問題就輕而易舉地消失了，但這並不意味杜威沒有遇到問題。杜威遇到的其中一個問題，是不同的經驗模式如何能更普遍地與經驗連結，或者經驗是如何以及在何種情況下「轉移」（move）成爲（舉例來說）認知或審美模式？另一個問題是關於不同的經驗模式之間的關係。例如，倫理模式和認知模式之間存在什麼關係？在我們對教育研究的討論中，最重要的模式是經驗的認知模式（雖然它和其他模式有明顯的關聯）。認知模式占據了杜威作品當中的中心位置，直到他職涯的相當晚期的時候，杜威才開始更廣泛地撰寫其他經驗模式（1934a, 1-58; 1934b; 1939a, 189-252）。

　　雖然杜威否認知識是實在的度量之觀點[151]，但這個否定並不是在貶

30

---

[150] 請見第一章注 103。

[151] 原文：the idea that knowledge is the measure of reality. Measure 一詞的意思如同 indicator（指標），能測度、指示，所以這句話的重點是 knowledge informs us about what reality is（知識可以使人明白實在）。這樣的觀點，泛指古希臘

低知識的重要性。杜威認為「知」是支持行動的經驗模式，並認為「知」與我們的行為及其後果之間的關係有關。正因為如此，知識才能幫助我們更有效地控制我們的行動，至少好過盲目摸索。杜威寫道，「只要有控制的可能，知識是實現它的唯一媒介。」（1925a, 29）這裡的「**控制**」並不是指完全精通（mastery），而是指明智地計畫與引導我們行動及其可能後果的能力。首先，這個能力在我們不確定如何行動的情況下是重要的，杜威在對「知」的描述中，表達知道與「不安又未解決的情況轉變成為更受控且更有意義的情況」有關（1929a, 236）。然而，在其他經驗的領域中，為了能進入更受控的情況、更明智的方法，知道也很重要；知道「有助於控制以非認知經驗為目的之客體」（Dewey 1929a, 79）。

　　儘管知識很重要，但杜威認為，控制不是人類與他們自然和社會環境相連結的唯一方式，也不認為其他經驗模式的價值取決於認知模式。以下的引句清楚表明了杜威的立場：

31　　　　不是所有的存有（existence）都要求被知道，當然亦不要求離開思想而存在。但是有些被人經驗到的存有，確實會要求思想在過程中引導它們，使它們能有秩序且公平，讓自己受到讚美、認同和欣賞。而知識是實現這個目標的唯一途徑。（1929a, 236）

　　我們可以在杜威行動理論中找到他談論經驗的認知模式的背景，我們接下來將討論這個理論。我們會深入杜威的心理學觀點和學習理論，不僅是因為在一本關於教育研究的書中，這可引起讀者興趣，更因為它們構成了杜威對知識的理解和知識習得方式的根基。可以說杜威的行動

以降，一直認為知識可以反映實在的觀點，是建立在二元論上主智傾向的哲學，也是杜威所拒絕的哲學出發點。

心理學爲他對探究與研究的理解，提供了一個架構。

行動

　　杜威在 1896 年發表的一篇名爲〈心理學中的反射弧[152]概念〉[153] 的文章中闡述了他的行動理論架構（EW5[154]: 96-109）。這篇文章已成 爲現代心理學史上的經典著作，並被認爲是心理學功能主義取向[155]的 開端（Titchener 1898; Langfeld 1943; Leahey 1987）。功能主義心理學 的關鍵思想是不將心理現象，諸如「**知覺**」（perception）[156]、「**意識**」

---

[152] 反射弧（Reflex Arc）概念是由英國醫生與生理學家 Marshall Hall（1790-1857） 提出的，他於 1832 年發表的 "On the Reflex function of the Medulla Oblongata and the Medulla Spinalis"（延髓的反射功能）一文中，描述了反射弧概念， 創建了反射動作的生理功能理論。簡言之，反射弧是控制反射動作的神經通 路，由五個部分組成：感受器、傳入神經、神經中樞、傳出神經、效果器（例 如肌肉、腺體）。Hall 藉實驗發現外在刺激經由感覺神經傳遞到效果器，引 發動物的反射動作，證實了感覺、運動神經等單元是相互連結的。這在十九 世紀看來是非常激進的言論，引發許多學者的駁斥與拒絕。雖然如此，Hall 的理論開創了神經領域的研究，也成爲聯結心理學（associationist psychol-ogy）的基礎。（「聯結」指的是 S-R association，刺激—反應的聯結）。

[153] Dewey, J. (1896). The Reflex Arc Concept in Psychology. *Psychological Review, 3,* 357-370. 此文如作者所言，成了現代心理學史上的經典著作，它開啟了功能主 義取向的心理學理論，也促使社會心理學家米德（G. H. Mead）形成行動的分 析理論、姿勢對話意義的解讀觀點，以及交互作用取向的社會學觀點。

[154] EW5 表示是杜威的早期著作集 The Early Works（1882-1898）第五卷。

[155] 杜威承襲自詹姆斯的觀點並加以發展的心理學理論，被歸類爲 Functionalist psychology，或翻譯爲「機能心理學」，雖然在現代心理學中已失去影響力， 但功能主義取向的心理學爲後來的社會行爲主義心理學開拓道路，也擴展當 時心理學的研究領域至兒童心理學、動力心理學、差異心理學等，爲美國的 心理學奠定了基礎。

[156] 知覺亦可譯爲「覺知」，指透過感官，察覺外在世界之物體。在心理學中有 時會將「感覺」與「知覺」做一區分，前者指單純透過感官所得的物體形象， 例如看見一朵花；後者則是進一步細看花朵，並加上認知解釋的活動。

（consciousness）或「心靈」（mind），視爲獨立的實體，而是通過闡明這些現象如何從一般過程產生以執行特定**功能**，來解釋這些現象。杜威認爲是達爾文使這種從「本質」到「功能」的觀點轉變，成爲可能（1909b, 7-8）。

杜威對反射弧模式的批判與再建構

杜威在對心理學二元論思想進行批判的背景下，發展他的功能主義。有趣的是，他並沒有把批評的重點放在舊的心理學理論上，而是關注了在他那個時代而言較新的事物，即在心理學理論中使用的「反射弧」的生物結構，也就是傳入神經（afferent nerves）系統、中樞神經系統和傳出神經（efferent nerves）系統。這個結構已經成功地用於解釋低等動物的基本運動模式。到十九世紀末，心理學家開始用此結構，從感覺刺激、中央處理和運動反應的角度來解釋人類行爲，此一發展最終產生出行爲主義的刺激—反應（stimulus-response）心理學。

杜威批評這一觀點的主要原因，並不在於它用生物學來理解人類行爲，而是反射弧思想所欲取代的解釋和分類原則，並沒有得到充分的取代。這個「新心理學」仍然是二元論。杜威認爲「當前周圍與中心的結構和功能間的二元論，重複了」感覺和觀念之間的舊二元論，而身體和心靈間較舊的二元論[157]，則是「在當前刺激和反應的二元論中找到了獨特的呼應」（1896, 96）。克服這些二元論觀點的唯一方法，**不是**從脫節的部分（如刺激、處理、反應）下手，然後問這些部分是如何結合在一起的，而是要「反過來」從整個過程開始（Coughlan 1975, 129）。以杜威的理論而言，這個過程就是生物體—環境的交互作用[158]。

---

[157] 如第一章所提到的，舊的二元論也就是繼承從笛卡爾的假設而來，對於思維與廣延的區分，也就是心靈與身體（廣延）的二元對立。

[158] 杜威在〈心理學中的反射弧概念〉一文中，開啟了他的功能主義取向心理學之發展。雖然沒有指名，但文中可看出他以批判兩方面的謬誤爲起點：聯結

刺激—反應理論的問題之一，是假設刺激促使生物體運動。然而，杜威認為，生物體只要還活著，就一**直在運動**。這不僅意味著「一個整體的、感官動作協調的行為」（1896, 100）會在刺激之前出現，這也意味著刺激可能只是「一種環境中的**變化**，並與活動中的變化有關」。就如同反應不僅是一種行為，「而是行為的改變」（Dewey 1930a, 224）。當我們開車時，有人無預警的穿越馬路，我們可以說穿越馬路的人是一種刺激，而我們踩剎車是做出對這種刺激的反應。然而，杜威想強調的是，我們不應將我們的反應解釋為一種採取行動的方式；我們已經在行動了——我們在開車——而且我們通過改變行動來適應形勢的變化。

雖然用詞相似，但這種動態模式產生了一個與行為主義完全不同的心理模式。杜威將生物體與環境的交互作用，描述成一個不斷調整的過程，而不只是外部刺激和生物體的反應。透過選擇（selection）和同化（assimilation），生物體與其環境建立了動態的協調關係；主要發展的過程之一便是協調範圍的擴大。個別的功能（例如，使用眼睛「作為運動器官來控制光的刺激」的能力）可以視為是幾個次要協調的運作結果（Dewey 1899, 181）。一旦這種協調——一般的語言稱為「看見」——達到一定程度的敏捷性，便可能將這種功能與其他功能進行協調（例

33

心理學的元素主義，以及行為主義對於「反射弧」過於簡化的解釋。對於聯結心理學將「刺激—反應」視為兩個分明的元素與事件，彼此有因果關係的聯結，杜威覺得值得懷疑；而行為主義將主體與環境的關係簡化為刺激與反應的關係，是將主體與環境做區隔，落入過去的知覺—意識，或是身—心二元對立的假設。如作者所言，杜威解決此二元論假設的做法是將反射弧視為一個回路式動作（circular act）、連續的整體活動（例如，一個反射與他前後的事件是相連的，不能單獨來解釋，而是在同一個協調過程中）。再者，杜威從自然主義觀點提出關係交互性，認為人與環境間的關係是交互作用的模式，這概念於第一章已解釋，在此不贅述。由此可見這篇文章不但開啟交互作用的社會心理學探究，也開啟杜威個人對交互作用典範的理論延伸，交互作用之後成了他哲學作品的重要主題之一。

如，手眼協調）。杜威認為，這些功能的協調是向前邁進的關鍵，因為它涉及到「難以描述的智力萌芽」（1899, 184）。

杜威將協調與智力的萌芽聯繫起來，因為協調的增加，意味著**意義**的改變與加添。當一項活動的說法轉換（translation）為另一項活動的說法時，例如，從看到某物，到觸及並處理它，那麼所見之物的意義改變了。因為所見之物現在（也）被**視為**可以觸及和處理的東西。杜威認為，正是這種「相互參照，這種激發和指引的相互性，構成了所有發現的智力之本質」（1899, 184）。

刺激和回應的交互定義

杜威批判反射弧模型的重點，在於他認為刺激不可能由來自「外部」的某種東西使生物體運動（也意味著反應不能被理解為是由刺激引起的運動）。生物體總是在活動；生物體一直與其環境保持著動態平衡。雖然這並不表示我們不能再使用「**刺激**」和「**反應**」的概念，但杜威認為，如果我們要使用，我們必須將他們視為是「在單一整體內的勞力分工、運作要素，而此一整體現在被稱為反射弧」（1896, 97），而不是將他們視為「區隔的個別存在」（1896, 104）。在重新定義刺激和回應時，杜威區分了兩種不同的情況：一種是刺激和反應之間的聯繫已經建立，另一種則是還沒有建立。後者情況尤其重要，因為它為杜威的知識論和他對探究與研究的理解，提供了行動理論框架。杜威把第一種情況稱為「完成適應」（accomplished adaptation）的一種，譬如本能或養成的良好習慣。如果在這種情況下，我們使用「**刺激**」和「**反應**」這兩個詞，這些用詞不是用於表示感覺和運動。它們更傾向用於表示完整的**行動**，且是有次序地使特定的目的達成。在這種情況下，我們有「一連串有秩序的**行動**，所有的行動按照他們的順序進行適應調整，以達成特定目標」（Dewey 1896, 104）。如果在此脈絡下，我們將一個行動視為刺激，將另一個行動視為反應，只不過是表示我們由特定的目的回頭來看，我們是按順序、採取一系列行動以達成此一目的。這表示「**刺**

激」和「**反應**」只能用在回溯，因爲當我們得知個別的行動是如何促成目的的達成時，我們僅能確認順序中，每一步驟的起因與結果之間的關聯。例如，我們可以說，唯有當一個駕駛汽車的人了解複雜的交通規則，看到紅燈（刺激）時會使他踩下刹車（反應），否則，我們只能說這是一個事件緊接著另一個事件發生，而非一定是因爲紅燈。既然刺激和反應之間的區別乃在於目的（希臘語：telos）之存在，這種區別可說是**目的論式**的區分。

但是若適應協調（coordination）尚未建立時，情況就大不相同了。在這種情況下，生物體不會「知道」如何回應。或可用行動的概念來說明：沒有一種行動或行動模式可以立即適當地表現出來。在這種情況下，我們可以說**反應**是缺席的；但是我們也可以說**刺激**（還）不明顯。這些是一體兩面的事：「可以說眞正的問題不是發現正確的刺激以構成刺激，就是發現反應以構成反應。」（Dewey 1896, 106）根據杜威的觀點，正是在這一時刻出現了將刺激當成感覺（sensation），並將反應當成運動（motion）的看法。但，刺激既**不是**一種被動的感覺，反應也不是因刺激而自動產生的。在人們意識到並反應**之前**，它不會成爲刺激，兩者是相互構成的。生物體必須主動尋找刺激，換句話說，生物體必須尋找「一種決定初始協調如何能完成的狀態」（Dewey 1896, 107）。且正是這個「動態反應（motor response）或構成反應的注意力最終成了另一個行動的刺激」（Dewey 1896, 101-2）。例如，當我們想過馬路時，並不是先看情況，然後閉上眼睛過馬路。我們通過眼睛、頭部和身體的運動不斷地「掃描」環境；即便我們開始穿越馬路，我們也會繼續這樣做。也許就在某個時刻，我們感覺到有什麼妨礙了我們活動，然後，我們會集中注意力——我是否聽到轉彎處有汽車的聲音？——再相對應地調整我們的行動。

杜威稱這種對刺激的找尋爲「知覺」（perception）。重要的是，知覺不是出現在行動**之前**，而應該被視爲是「生物行動的因素」（factor in organic action）（Dewey 1912, 8）。歸根究柢，生物體是無法停

35

止找出刺激究竟爲何的。生物體能夠找出進一步行動條件的唯一方法，是嘗試不同的行動。生物體的活動一開始是不協調且不確定的，但是，不明確的動作或回應[159]「可能具有一定的關注點，這將進一步定義其主題，從而使刺激進行更有效的後續回應，依此類推」（Dewey 1912, 23-24）。雖然此過程可以視爲是發現或構成刺激，但是要記住，僅在發現（適當）回應的那一刻才會發現刺激，這一點很重要。只有當生物體「突然想到」適當的反應時，協調才能實現，生物體才會「知道」受到什麼刺激。

既然我們在此找到了杜威理解知識的基礎，因此有必要詳細地引用他的話，以描述我們應該如何通過實驗行動，來準確理解刺激的構成或「建構」過程：

> 外部運動包含在生物體的活動中。如果這些活動是不確定的，那麼就沒有整體或適當的刺激……也沒有從生物體來的適當整體反應。適當的刺激和適當的反應都被延遲……然而，部分回應既不只是分散在環境中，也不只是可能如此。它們受到局部刺激的引導，以便將局部刺激轉換爲單一的協調刺激（coordinated stimulus），然後出現生物體的整體反應。在不確定的行動的條件下，這種環境的功能性轉變成爲決定適當回應的條件，構成了 [生物體的] 知覺。（1912, 19）

習慣與意義

覺知（perception）的**行動**（與感覺不同），如果成功的話，可形成協調的行動（coordinated action）。大致上我們可以說，在較早的「開

---

[159] 原文爲（re）action，所以翻譯爲動作或回應。

放」階段中，生物能量的各種元素張力，會分解成爲後期「封閉」階段　36
生物體與環境的相互作用（integrated interaction）。杜威強調，對高等
生物體來說，該過程的結果與出現失衡（disequilibration）和緊張狀態
的結果並不相同。相反的，「生物結構的變化，決定了接下來的行爲」
（1938a, 38）。生物體的行爲變得更具體或更集中。杜威稱這種改變
（modification）爲**習慣**。習慣是「生物體學習的基礎」（Dewey 1938a,
38），不是（或只在特定情況下是）行動的模式，應該理解爲行動的**傾
向**（predispositions）：「習慣的本質是針對某些反應**方式**或模式而後
天習得的傾向，而不是針對特定的行爲……習慣意味著對某些種類刺激
的特殊敏感度或感知度，意味著長期存在的偏好和厭惡，而非僅是特定
行爲的重現。」（Dewey 1922b, 32）

　　杜威的習慣觀念有三個重點。首先是習慣**不是**純粹重複所形成的，
原因很簡單，因爲重複的能力，只會是養成習慣的**結果**。這並不是要否
認重複的可能性，但是由於行動始終涉及生物體與環境的交互作用，因
此只要環境條件保持不變，重複就很可能發生。杜威強調，對於人類生
物體而言，純粹的重複「是條件一致下的產物，因爲它們產生的方式是
如此的機械化」（1938a, 39）。但是此種習慣受限於其表現形式，且無
法作爲杜威習慣養成與運作理論的模型。

　　第二，由於行動始終是種交互作用，因此，不同的生物體在相同
的環境條件中，不一定會引發相同的「回應」。一切都取決於先前的學
習，也就是每個個別生物體隨著時間推展而習得的獨特習慣。

　　第三（這個看法對於準確了解杜威的立場尤爲重要），習慣可以看
作是生物意義的基礎。要了解習慣與意義之間的關聯，首先要明白的是
杜威並不將意義視爲心理上的（mental）事物。對於杜威而言，意義主
要是「行爲的屬性」（a property of behavior）（1925a, 141），是個體
對環境做出反應的方式。只要尚未建立起協調關係，也就是說，只要生
物體還未找出產生協調的反應，我們就可以說，情境的**意義**不明確。因
此，能找到引發協調的反應，就表示**此**生物個體所處的情境意義已爲明

確。

37　　**習慣**和**意義**之間的關聯，不是用一個詞替代另一個詞而已，杜威的觀點是，生物體─環境間的實驗性交互作用不僅會產生更具體的習慣，也會產生更加「分化的」（differentiated）、更具意義的世界。我們的回應變得更加具體，使得我們回應的世界變得更具差異化。這就是杜威在撰寫以下這句話時所想的：習慣是「對某些種類刺激的特殊敏感度或感知度」（1922b, 32）。這個世界不再是「模糊、不具形狀等事物之巨大半影（penumbra）」，而是逐漸變成「事物的有形架構」（Dewey 1922b, 128）。不應忘記的是，這些事物是具有交互作用狀態的，且事物是「有意義的事件」（Dewey 1925a, 240）。

　　從某人開始彈鋼琴的例子，我們可以發現這些看法。一開始很難在鋼琴上找到 C 鍵，更何況是要對樂譜上小蝌蚪作出反應。但是，由於實驗的結果，也就是透過練習和嘗試，鋼琴初學者習得了更具體的傾向和更具體的習慣。最終，我們的鋼琴演奏者不僅能夠在看到樂譜上的音符後立即彈出對的鍵；演奏者會開始覺得鋼琴似乎不一樣，看鍵盤時將不再分不清，也不再看不懂，且會立即看到 C 鍵在哪裡、八度音在哪裡等等。這就是世界變得有意義的方式，也就是物體如何從交互作用中顯明意義。

實驗性學習的理論

　　總結杜威行動理論的一種說法是，它相當於一種**實驗性學習的理論**（a theory of experimental learning）。杜威將包括人類在內的生命個體，描述爲能夠與環境建立並保持活絡且協調的交互作用。通過這個過程，生物個體的傾向變得更集中且更具體，也就是說，通過試探性、實驗性方法去建立協調的交互作用，生物個體將能**學習**。但是，這種學習並不是獲取有關那個「存在在外面的」世界的資訊，而是在獲取去付諸行動的一系列複雜傾向。在這個過程中，世界會變得更具差異化，換句話說，變得充滿了意義。此學習理論也是杜威理解探究和研究的基礎。

我們可以這麼說，杜威認為我們應將探究和研究視為體驗式與實驗性的學習過程，這過程會引發出更多不同行動、反思和理解的方式。我們將在第三章中再談論這一點。

從行動到明智的行動

如我們所見，「習慣」的概念是杜威行動理論中的核心。杜威認為，人類是習慣的動物，「而非理性的、本能的」（1922b, 88）。杜威甚至認為，我們的習慣背後沒有「現成的自我」。因此，習慣不應被視為是可以隨意使用的工具。使用本身**就是**習慣，且「我們就是習慣」（Dewey 1922b, 21）。由於習慣不是與生俱來的，而是「習得的傾向」，因此與環境（自然和社會的環境）的交互作用，是將「衝動」轉變為習慣的關鍵。杜威傾向使用「衝動」，而不是「本能」一詞，因為本能一詞「充滿了一個舊觀念，即本能一定是已組織且已適應的；這在大多數情況下，並不存在人類裡」（Dewey 1922b, 75）。

有人會認為，如果習慣的養成取決於與環境的交互作用，那這意味著是對人類自由的限制。但是，這並不是杜威的看法：「將制度視為自由的敵人，將所有常規（conventions）視為奴隸，是在否定對積極的行動自由的保障……常規和習俗對於將衝動推向圓滿結論是不可或缺的。」（1922b, 155）問題不在於常規本身，而是在於「愚蠢而死板的常規」（Dewey 1922b, 115）。這表示有可能超越習以為常（habitual）的常規。為了達到我們的目的，我們談到了杜威行動理論中最關鍵的方面，也就是假設我們可以將習慣轉變為**明智的**（intelligent）習慣，以及將行動轉變為**明智的**行動。在某一方面，我們可以說，這就是所有探究和研究（包括教育研究）的目的。

思考的介入，將使習慣轉變成明智的習慣成為可能。思考不是人類生物體的原始「能力」（capacity），其本身是習得的事物。杜威承認，必有一種獨特的思考衝動，但只有在「有衝動地去飛行、去操作打字機或去為雜誌寫故事」的本意上（1922b, 130）。換句話說，思考是

人類無限可能性中的一種，一切都取決於條件和培養。杜威對「知識獲取」（knowledge-getting）起源的評論，清楚表明了他的立場：

39 　　無意中偶然發現知識、欣賞其產品並發現其重要性後，知識獲取有時便成爲一種確定的職業（occupation）。而教育肯定這種傾向，就像它肯定音樂家、木匠或網球運動員 [的傾向一樣]。但是這些就頂多是原始的、個別的衝動或動力。[160]（1922b, 130）

　　就「衝動」和「習慣」而言，第一步出現於杜威對於思考的言論與我們在「刺激」和「反應」方面所想並沒有不同。當在生物體內啟動衝動時，生物與環境之間的交互作用就會中斷，這往往會引發幾種不同的、不相容的行動，以及幾種不同的、不相容的和相互衝突的習慣。擺脫這種局面的方法，基本上是通過「將有組織的活動之要素，重新在那些原本分別是主要的和次要的活動之間進行分配」，這「結束於舊習慣與新衝動所達成的協議」[161]（Dewey 1922b, 125）。

---

[160] 這裡可以看到作者如何將杜威對於「知識獲得起源」的評論，也就是「無意中靈光乍現發現知識、欣賞其產品並發現其重要性」，與「思考」連結起來。因此如下文所解釋的，此處引文的重點是：思考是人類的眾多可能性之一，只要人類願意就可證明做得到，因爲背後有某種衝動或動力（Dewey, 1922b）。

[161] 這兩小段引文，是原本杜威同一段話的前與後，是杜威對於「人的認知干擾」、「衝動」與「調整」三者之間，所做的推測連結。原文翻譯如下：
一個個體的連續活動的中斷，是不可能的。……正常而言，環境與有組織的活動的總體，會充分保持和諧，以確保這些活動大多能發揮積極的作用。但環境中一個嶄新的因素釋放出某種衝動，這種衝動傾向於開始一種不同的、不相容的活動，將有組織的活動之要素，重新在那些原本分別是主要的和次要的活動之間進行分配。因此，被眼睛指引的手，就會向著表面移動，視覺是主導要素，手於是觸及對象（客體）。儘管眼睛並沒有停止轉動，但某種未預料的觸覺的性質，即一種肉感的光滑或令人煩躁的熱，會迫使人進行重新

　　在此過程中，思考尚未發揮作用。協調的重建與重構來自習慣、衝動和知覺的試驗性合作。然而，當系統性探索不同的可能行動路線時，此過程的質量確實會發生變化。這就是杜威所謂的**熟慮**（deliberation）：「是一項實驗，旨在找出各種將採取的行動之樣貌。這是一個將習慣和衝動的選定要素，進行各種組合的實驗，藉以查看會產生什麼樣的效果。」（1922b, 132-33）當然，此種實驗的主要問題是，它是不可逆轉的。解決此問題的方法，是透過想像嘗試不同的行動，而不是通過真正的外部行動。這正是思考；是一種「對各式可能採取的行動（在想像中）進行的戲劇性演練」（Dewey 1922b, 132）。

　　杜威認為，思維具有生物基礎。熟慮意味著活動被分解，而其各種要素相互支撐。當重新主導的活動中沒有任何要素有足夠的力量成為活動的中心或主導行動，每項要素卻都有足夠的能力來阻止其他要素主導一切。杜威認為，在這種情況下，「活動不會為了反思而中止；活動會從外部執行轉變為內部有機的管道，產生戲劇性演練」（1922b, 133）。選擇一個特定的行動方案，應該要被理解為「在想像中發想到一個目標，能為外部行動的還原提供適當的刺激」（Dewey 1922b, 134）。這個選擇是否會真正導致協調的行動，只有當個體實際行動時才會變得清晰。熟慮不能保證反應一定成功，但是它可以使選擇的過程，比起「盲目的」嘗試與犯錯，要更合理、更明智。

　　杜威強調，熟慮不能奠基於不同行動的實際後果，因為這些後果既不可知，亦不可預測。我們不是要斷言何種行動方案是最合意的，而是要找出何種方案是**可能的**：「有先見之明的目的，不是預測未來，而是要確定當前活動的意義，並盡可能確保當前活動具有統一涵義。」（Dewey 1922b, 134）在我們過馬路的例子中，這意味著當我們嘗試識

40

調整；而在這一重新調整中，這種用手觸摸的、用手去拿的活動就會努力去支配這一行動。……這種在有機體與環境之間受到干擾的調整，會結束於舊習慣與新衝動所達成的協議。（Dewey 1922b, 125）

別所聽到的聲音時，重點不是確定該聲音會帶來什麼；最重要的是識別該聲音是否可能是來自於轉角的汽車，以便我們可以根據聲音的意義來調整動作。

符號與象徵行動

前述內容已清楚說明，戲劇性演練的方式是如何介入刺激的形成過程，以及幫助思辨過程產生更加「明智」的思考內容，但這種戲劇性演練本身是如何實現的，並未闡明。杜威的解釋，帶我們進入他關於明智行動的第三部分、也是最後一部分的論述。

對以上問題的回答並不困難。要完成戲劇性演練，必然會使用到**符號**：「透過表徵的方式，我們行而不動……也就是以表徵的方式進行實驗，得到象徵性的結果，因而我們不會需要承擔實際的後果。」（Dewey 1929a, 121）當然，最重要的議題是我們該如何解釋使用符號的「能力」。杜威再次以自然主義和功能主義的觀點回答。杜威所主張的自然主義，說明使用符號的能力不是天生的，而是人類曾「意外地明白了，如同副產品般，然後有意識地運用」的一種可能性（Dewey 1929a, 121）。這種說法絕不是貶低符號的重要性。反之，「發現」符號並將其象徵化，無疑是「人類有史以來最重大的事件之一」（Dewey 1929a, 121），畢竟這是「跳脫淹沒於實存物的唯一途徑」（Dewey 1929a, 129）。

至於杜威的回答中，功能主義的詮釋是奠基於他對於人際溝通的想法之上。由於杜威將出發點是在行為而非意識，所以他提出的溝通並**不**是指訊息由一個人的腦袋傳送給另一個人的概念。杜威是將溝通視為行動相互協調的過程。溝通是「在與人互動中建立合作，並且透過夥伴關係修正和約束每個行為」（1925a, 66）。這不僅僅是 A 會對 B 的動作做出反應，而 B 會對 A 的反應做出回應的過程等等。杜威的觀點是，成功的協調需要 A 能回應 B 的意圖，就如同 B 對 A 的意圖做出反應一樣。成功的協調必須仰賴互動中雙方嘗試**預期**對方的行動。杜威說明，

理解需建立在「彼此一同預期，也就是相互參照。當這麼做時，就帶來共同的參與（partaking）、彼此接納、共同承擔」（1925a, 141）。換句話說，成功的協調需要互動中的雙方能回應彼此行為背後的**意義**。他們會視彼此的動作為不存在或尚未存在事物的象徵。

杜威強調，這不是一個僅要求參與者去遷就另一參與者的意圖的過程，而是更為複雜的過程，需要雙方持續的修正對齊。在以下例子中可以清楚看出這一點。這個例子裡，A 要求 B 帶一朵花給他：

> B 聽到 A 之後，以他的眼神、手和腿產生動作來回應 A 的整體行為；有鑑於 A 想擁有 [花] 的完成行動（consummatory act），他開始進行抓握、提取和遞送花束給 A 等行動。與此同時，A 對 B 的完成行動（即提取和遞送花束）做出預備的回應。因此，不論是 A 發出的聲音、他的手勢動作，或是看著她手所指的東西，都不是造成 B 行動的情境或刺激；真正的刺激是 B 在雙方互動中，所預期達到的。（Dewey 1925a, 179）

這裡的重點是，成功的合作，需要雙方在互動中「不以那麼個人的角度去看與詢問，而是以作為共同參與者或『團體』的共同立場提出」（Dewey 1938a, 52）。這種立場最初並不存在雙方互動中，也不算是客觀。它是透過溝通過程創造的。這樣來看，溝通就是一個創造的過程：「可以說從雙方不同的行為核心中建立了共同之處。」（Dewey 1925a, 141）

當杜威說符號是社會互動的產物時，首先是指合作成功之基礎在於進行預測的能力，或可說是互動中將對方的活動視為對方所欲實現什麼的符號表徵。此外，廣義來說，「**事物**」（things）使共同的行動成為可能、獲得意義，以及成為具有意義的事物（即符號）。因此整個過程：

42

> 首先，是 A 的行動（motion）與聲音帶有意義或具有符號
> 表徵。同樣，B 的動作，雖然對 A 來說是立即的，也意味
> 著 B 的合作或拒絕。第二，A 對 B 所指出的事物得到了意
> 義，它不再只是代表目前此刻的意思，且是照其潛在的可
> 能性被回應、成為指向更遠端結果的一種手段。（Dewey
> 1925a, 142）

　　不只是從花朵的例子中可以看出這個道理。這也是聲音或文字標記
成為字詞的方式，當字詞的「功用建立了真實的行動群」，它就獲得了
意義（Dewey 1925a, 145）。因此，意義是一種「行動方法」（method
of action），它是「一種運用事物達成共同完成行動（consummation）
的方法」（Dewey 1925a, 147）。在此背景下，杜威將語言與工具做了
比較，因為「工具是一種用來達成結果的手段，而非直接、實體地被使
用」（1925a, 146）。

知識

　　前面提到杜威對經驗和行動的理解，即為杜威的知識理論中所包含
的主要元素。杜威的知識觀建立於反思和行動之上，以及經驗（在交互
作用下）的反思性轉變。我們在本節中對杜威知識理論的描述，旨在以
較少的心理學術語但較多哲學術語，來闡述他的知識理論，因為哲學是
研究的表達語彙。

43　經驗的實在

　　我們已經討論過，杜威以交互作用（重新）定義經驗，使得**所有關**
於經驗的實在得以恢復。杜威終結了一個觀點：唯有透過知識，吾人才
能掌握、理解實在。所有經驗模式都是同樣真實，因為它們都是生命有
機體與環境交互作用的模式。但杜威同時認為，經驗在另一種意義上也
是真實的；這對於理解經驗與認知經驗之間的差異很重要：「少了這個

差異，將無法理解我的觀點。」（Dewey 1939b, 33）

　　杜威在 1905 年發表了一篇名為〈即時經驗論的假設〉[162]的文章中聲稱，「任何事物，無論是普通事物還是非技術性事物，都是**如人所經驗的那般**。[163]」（158，粗體為作者加上。）首先，這意味著每個人的經驗都是同樣真實的。例如，馬商、騎師、動物學家和古生物學者皆有自己對於馬的經驗。如果他們的說法不同，沒有理由假設只有其中一人的內容是真實的，而其他人的體驗就一定較不準確或不真實。它僅反映了一個事實，也就是馬商與動物學家對於馬會擁有不同的經驗，因為商人以不同的立場、不同的背景、不同的歷史、不同的目的和意圖來「進入」交互作用。因此，實在與它的各種近似值之間沒有反差；我們所擁有的是「不同的經驗真實」[164]（Dewey 1905, 159）。

　　杜威的假設進一步指出，所經驗的事物本身就是真實的。如果某人因為噪音感到緊張，那麼這種噪音就**確實是**令人恐懼。杜威強調說「它**確實**如此，不僅僅是現象上或主觀上如此」（Dewey 1905, 160）。當然，此主張必須以交互作用的觀點理解；如果有人被聲音嚇到，那麼恐懼就是個體的立即反應。聲音之所以令人恐懼，是因為個體將聲音以一種令人恐懼的事物來回應。但是，這表示受到驚嚇與知道某人受驚嚇是不同的。知道可怕噪音**來源**為何（例如，聽見防盜警鈴或聽見一陣風）是另一個不同的體驗。這個體驗可能比「恐懼」的原始經驗更**真實**，雖然它當然不會更真實：「真理的問題，不在於是否是存在或不存在、是本質或外表經驗；真理是在於具體經驗某項事物的價值。」（Dewey 1905, 163）

　　那些明顯為虛幻的經驗，也是如此。杜威討論了左納[165]的視錯覺

44

---

[162] The Postulate of Immediate Empiricism.

[163] as what they are experienced as. 也就是說事物被人們經驗到是什麼，就是什麼。

[164] different reals of experience.

[165] Karl Friedrich Zöllner，1834-1883，為德國的天體物理學家，研究四度空間的

（optical illusion）[166]，這些線被認爲是互相交會的，但實際上是平行的。如果觀看者的體驗就是眞相，那麼我們如何區分錯覺和眞實狀態呢？此問題的答案**不能**在這樣的經驗中找到。當我們經驗交會的直線，那麼「直線在**那個**經驗中**就是**交會的；不只是**看起來**如此」（Dewey 1905, 163）。如果兩者之間存在差異，會與此**經驗的價值或意義**有關：「自然存在的生物與周圍環境條件在互動中，皆會經驗到完全相同層級的物質。但這**並非**意味在**實證**（evidential）價值的部分，他們[167]的功能是互賴的表徵、他們處於相同層級。」（Dewey 1939b, 26）這種說法不僅表示經驗總是眞實的，因此我們不必去尋求知識就可以確知自己的體驗即爲眞相。這也意謂如此這般的經驗（而在這裡「如此這般」是很重要的），並不能提供我們任何知識。換句話說，杜威不認同經驗能提供丁點基礎的認知——而這些認知以系統或邏輯的方式組合在一起，就會產生知識（這是由維也納學派成員發展的「邏輯實證論」的觀點；見第一章）。

從經驗到知識

因此，經驗與知識之間的區別在於經驗的**發生**（happening）。杜威寫道，知識體系是「發掘事物發生時的條件與後果」（1929a, 84）。這意味著「尋找眞實品質與價值**發生時**（occurrence）所依賴的關係」（Dewey 1929a, 83）。在這方面，知識與行動就有密切且必要的相關

物理學，較爲人知的是提出視覺錯覺的發現（請見本章注36）。

[166] 國家教育研究院之雙語詞彙翻譯爲「光幻視」。本書採廣義翻譯「視錯覺」，指透過幾何排列、視覺成像規律等方式，造成視覺上的錯覺，以達到特殊藝術或趣味幻覺效果。Zöllner illusion 又稱左氏錯覺，指平行直線使用排列、分割等模式造成不平行的視覺錯覺現象。

[167] 指「自然存在的生物」與「周圍環境條件」兩者。以上述的例子來說，就是指平行直線以及造成平行直線交錯的環境，雖有相同層級之物質條件，但兩者在實證價值部分，功能不一定是是互賴的表徵或處於相同層級。

性，因為發現經驗的條件和後果「只能透過修正所予的品質而產生，如此**關係**才能顯明出來」（Dewey 1929a, 84）。

　　杜威知識理論的一個非常重要的元素，就是要將知識理解為關注「如其所是」（as it is）之世界的觀點，轉變至知識乃關注**條件與後果**的觀點。這對理解研究是至關緊要的意涵（見第五章）。它代表一種轉移，是從關注事物現狀到關注「已知事物所屬的歷史 [情境]」（Dewey 1925a, 243）。用另一種方式表達：它是從「知道，如同對神聖藝術般的自然世界的美感享受，轉變成知道，如同世俗掌控的方法 —— 也就是有目的地引入改變，使事件的發展方向有所轉變的方法」（Dewey 1929a, 81）。

　　這種轉變也代表知識與互動關係有關，而與現實現狀無關。最明顯的關聯在於（我們的）行動與（他者的）反應結果之間的關係。沿著這些思路，行動將**時間**的向度帶入我們對知識理解的核心。因此，我們可以說杜威有一個**時間性的知識概念**（a temporal concept of knowledge）[168]。這個時間性的理論第一涉及以下問題：經驗如何成為認知經驗；也就是經驗如何轉變為認知「模式」（mode）。

---

[168] temporal 的意思中，有兩個與本書杜威的觀點相關。第一個是「時間性的」，也就是涉及時間這個要素。縱貫第二章至第四章作者的觀點，這裡杜威對經驗的概念偏向涉及時間這個因素，因此在此譯為「時間性的」。而 temporal 的第二個意思：短暫的、暫時的、稍縱即逝的，其相反詞為 eternal（永恆的）。這個意思，會在第三章（尤其是第 62-66 頁）出現於杜威提及知識與想法是 provisional（暫時的），具有暫時的特性。關於這點，作者表示本書使用 temporal 一詞，只指涉「時間性」，因為不打算與後來的理性主義學者（例如 Karl Popper 等）對知識的暫時性看法有連結，雖然有許多人認為杜威與 Karl Popper 對知識的觀點基本上是相同的。由於翻譯工作涉及「信」（忠實呈現），因此在整本書中，譯者將 temporal 仍統一譯為「時間性的」。至於此語詞是否只單純指涉時間性，或表達著杜威同時認為知識具有時間性及暫時性，抑或是表達杜威的可謬論觀點（請見前章注 100），認為知識非永恆不變的真理，會因個體與環境的互動隨時修正改變，這點則交由讀者判斷了。

經驗的時間性發展

杜威假設不同的經驗模式不是同時發生的，而是交替發生的。也就是說，只有在特定的時刻和出於特定的目的，經驗才會轉變爲認知模式，而當工作完成時，經驗又回到了另一個非認知模式的狀態。從這個角度來看，知識問題不再是關於「如是之思想與如是之實在」[169]之關係的認識論問題（Dewey 1903b, 302）。它是一個經驗性的問題，關乎是什麼使我們能交替地生活在與知識無關的經驗世界中，以及與知識完全相關的經驗世界中。

> 杜威對這個問題的回答使我們回到了熟悉的領域，因爲他認爲知識的產生涉及經驗情境中出現了不相容的因子……然後挑起相反的回應，而這些回應無法同時在外在行動中採取，因此，只能在將其納入有組織的行動計畫後，才能同時或陸續地處理。（Dewey 1916b, 326）

46　　情境的**意義**也需釐清——杜威所說的「情境」既包括生物體，也包括環境。由於對杜威而言，意義是行爲的一種屬性（property），所以我們可以描述前述的情境爲，透過召集相反的行爲模式，**表示情境本身是不相容的事物**（1916b, 326-27）。唯一能解決問題的方法（是明智地解決，而非單純以嘗試錯誤的方法）是對整體情境進行系統性的檢視。一方面，我們需要辨識與陳述問題。另一方面，我們需要提出解決問題的建議，找到採取行動的方式——並**因此找出情境背後的實際意義**。

儘管思考或反思在此過程中發揮重要作用，但僅靠著思考不會產生知識。杜威強調說，思考就只是**思考**（thinking），「[所想的] 不會比……目前困難構成元素的陳述……以及解決這些問題之方的陳述更

---

[169] thought as such to reality as such.

遠。」（1916b, 327）也就是說，只有接下來採取行動，**使用**建議的解決方案作爲我們行動的指引時，才能建立問題分析以及建議解決方案的價值。我們需要採取行動，來確認我們反思的價值和有效性。否則，我們最多只能得到對於該問題的假設以及可能解決方案的假設。

　　這表示爲了獲取知識，我們需要行動。但是，儘管行動是獲取知識的必要條件，但不是充分條件。我們還需思考或反思。杜威的主張是，透過反思和行動**互相結合**，才能帶來知識：「經驗是一種互動，由做一經驗一做之間的連結組成……，而當兩者之間的聯繫**被覺察和構想時**，就會產生獨特的認知經驗。」（1939b, 17）或者舉一個更生動的例子：

> 撞到一顆又硬又痛的石頭，本身並不是……一個認知的行爲；但是，如果撞到又硬又痛的東西，是在經過檢驗資料並仔細假設後之預測的結果，那麼將那東西定義爲石頭的「堅硬特性」以及「疼痛瘀傷」，也強而有力的使它成爲知識的對象。（1916b, 329）

　　由此也可以得出結論，就是認知（knowing）──知識的習得──不是發生於人類心靈深處的東西。認知本身就是一種活動；它「實際上是我們做的事情」（Dewey 1916b, 367）：「認知包括賦予經驗對象某種形式的各種運思操作（operation），在這種形式中，事件發展所依賴的關係將被著實地經驗。」（Dewey 1929a, 235）

知識的意義

　　相反的，這表示從「不確定」情況到確定情況（協調交互作用），其反思轉化所產生的意義具有特定的性質。杜威寫道，從協調行動當中產生的意義是一種意義或經驗，它「同時意識到超越自身的意義」（Dewey 1906b, 113）。這種「超越」（beyond）不只存在於現在或只出現於未來。它只會透過「一項操作行動的介入」（Dewey 1906b,

113-14），即透過我們所作而存在。當經驗是屬於「認知上的」（cog-nitional）領域時，表示我們將事物看作「當我們以特定方式行動時我們將經驗的另一個事物」[170]。在以下段落中可找到對於此概念精確的描述：

> 經驗就是一種知識，如果就其感質（quale）而言，以下兩種元素之間，存在著經驗上的區別與連結：其中一種是表示或希望它者以它本身已呈現的方式同樣地呈現；而另一種則是當兩者不以同樣形式呈現時，如果它的同伴或同類者的意義或意圖需要透過它預設的操作方式來實現，它必須也要變為如此呈現。（Dewey 1906b, 114-15，粗體為原文標註）

　　以這個模式來想，知識與控制的可能性有關：「在知識中，」杜威寫道，「原因變成手段，成效變成後果，因而事物產生了意義。」（1929a, 236）換句話說，知識與**推論**（inference）有關。杜威將推論定義為對在時空上遙遠事物的反應：「受到鼓動而對時空遙遠之處採取作為，是推論行動的主要特徵；從描述上來講，推論就是對不存在的事物採取回應的態度，就好像它存在一樣。」（1915b, 70）

　　因為推理是邁向未知未來的一步，所以這是一段危險的旅程。推論，也就是未知的情況下表現得彷彿情況已知，總會帶來不確定性和風險。杜威認為，一顆石頭只能對當下的刺激作反應，而不能對未來的刺激回應，也因此不會犯錯。但是推論由於牽涉錯誤的可能，由推論而得的認知將夾雜真理與錯誤（Dewey 1915b, 70）。

48　　在此也需注意另一件事：推論性反應本身就與「初始」（original）反應一樣直接。一旦事物的意義被確立為另一件不同的事物，個體便會直接把它當成「有另一個意義的事物」作回應，因為事物的意義已

---

[170] 原文：meaning-something-else-that-we-experience-when-we-act-in-a-specific-way.

經改變了。事物就等同於其意義：「除了**全然接受或拒絕，沒有其他選擇**。」（Dewey 1915b, 75）這意味著控制所需要的是某種設計，使推論可以被人視為**推理的**事物，也就是**可能性**或**意義**。而所需要的是一個方法，可將「火」視為「煙」的可能意義之一的方法。為了使之成為可能，我們需要創造「新對象」。我們必須以某事物（「任何形式的實體物質」：Dewey 1916b, 351）來代表「火——如所推論的狀態」。此事物是「意義」或符號，且正如我們已經看到的，只有當我們有了符號時，才有可能進行熟慮、反思及採取明智的行動。

事件和對象

在對於杜威行動理論的討論當中，我們已經看到，個體與環境的實驗性互動，既導致了更特定的習慣，也導致了更加「分化」的世界。我們的應對方式，行動模式變得更加具體，也因此我們所回應的這個世界也變得更加差異化。這個世界逐漸變成「一個對象（objects）[171]的有形架構」（Dewey 1922b, 128）。這是杜威主張我們將對象視為「具有意義的事件」的背景（Dewey 1925a, 240）。因此，我們在四周圍所見所聞，不是獲取知識的**起點**，而是它的**結果**。也就是說，獲取知識的過程，不等同於我們試圖獲取世上萬物知識的過程。這些對象已由我們的知識——不一定是我們認知的知識——構成，但絕對是活在「肌肉中」的「知識」，即存在於我們的習慣中的知識。

杜威認為，透過聲音所獲得的意義，藉此成為字詞，這也許是「最明顯的例證來說明 [成為表徵的過程]，僅透過感官刺激可取得意義的明確性和穩定性，同時感官刺激自身也因識別的目的被定義與相互連結」（Dewey 1933, 231）：「語言是一個很好的例子，因為現在有成百上千個單詞，其意義已充分地融合了物理的特性，可以直接理解。」（Dewey 1933, 231）換句話說，言語是具有意義的事件。單詞是「聲 49

---

[171] 對象也常被稱為「客體」。

音事件」，透過實驗學習的過程，它們已成為「對象」，即具有意義的事件。

以語言為例，相對比較容易看到這種例子，一個單字或字音本身沒有自己的意義，但是隨著時間推移，它們已**成為**有意義的實體。而對於椅子、桌子、樹木、石頭、山丘和花朵之類的實物對象，要得到相同的結論其實要困難得多，「似乎在智力意義上與物理事實的結合是本來就存在的（aboriginal）」（Dewey 1933, 231）。然而，椅子和桌子如同字詞一樣，是有意義的事件，是有意義的交互作用。且它們的意義嚴格來說是屬交互作用的，也就是說，它是特定方式的結果；透過特定方式成功地建立了經驗的前因與後果之間的關係。

正是出於這個原因，杜威認為我們應該將對象[172]視為工具：「對象的特性其實就像是工具的特性……；它是一種秩序，決定著序列般的變化終止於某個可預見的後果。」（1925a, 121）透過交互作用的觀點來理解對象，杜威間接否定了知識是「屬於」或「關於」世界物體的這種想法。我們並不是透過學習的過程來發現椅子的可能意義是什麼；而是椅子框住某特定方式，在其中，它與環境的互動將變得有意義。

杜威舉了一個關於「存在」的例子，我們通常用「紙」的例子來稱之。有多種不同的方式可以與此「實存物」（成功地）進行交互作用：

> 它表示是個可以點火的東西；像雪一樣的東西；由木漿製成的物質；為營利而製造的產品；法律意義上的財產；一個可表徵某些化學原則的組合物；使人類歷史產生了巨大的變化的發明，等等不勝枚舉。（Dewey 1925a, 241）

此列舉是否能代表「紙」這個東西的可能涵義？杜威認為，用這個例子來看，我們應該說我們是在一個情境下，那一個相同的「存在事

---

[172] 也就是言語指涉對象。

件」（existential events）（Dewey 1925a, 241）能承載無限量的意義。
如果我們要說是「紙」具有所有這些不同意義，我們只是在說「**紙**」一　50
詞是能進入所有這些不同存在事件的交互作用過程中，最常用或最常指
涉的意義。但是，我們無法斷言「**紙**」一詞是此存在事件最普通、最基
本的或第一個意義。總之，我們所說的是：「儘管紙是人類交流時最普
通的意義，但紙的存在並不會因為紙作為紙張，就窮盡了。」（Dewey
1925a, 241）。

真理與符應一致

杜威時間性的知識理論涉及最後一個元素，與我們所認知（知
識的）（唯一）真理的問題有關。我們已經了解對於杜威而言，探究
我們即時經驗的真理是沒有意義的。即時的經驗只是單純的如其所
是；只有當我們對經驗的**意義**提出疑問時，才會需要注意真實和錯誤
（falsity）[173]的差異：

> 真實和錯誤，不論是在其本身或其首要意圖，都不是任何
> 經驗或事物的屬性；但是當有意識的情形下可靠性的問題出
> 現時，真實和錯誤會是事物的屬性。真實和錯誤只有在以
> 下情境，本身才會呈現為重要事實，即人們有意地將特定
> 意義，透過價值問題的參照，與意義的可靠性做比較與對
> 比。（Dewey 1906b, 118，粗體強調為原文加上）

因此，事實和錯誤與紙本身無關，而是與我們對事物（紙）的體
驗，以及我們可能採取的行動之間的**關聯**有關。我們對待紙，就像是可

---

[173] 真實和錯誤常被譯為「真」與「假」，大學裡哲學的初階考題也常常讓學生
　　們判斷某一敘述為「真」（true）或「假」（false）。但是譯者在此希望忠實
　　呈現這兩個詞原本的用法。

以在紙張上書寫一樣；這張紙的**意思是**「能夠在上面寫東西」。但是只有當我們採取行動時，我們才能知道這種推論是否可以變成現實，或者用更日常情況的用語來說，我們所期望的結果是否確實會如此。這不僅代表著「**眞相**」始終與情境、行動相關，也意味著眞理本身是有**時間性的**（temporal）。眞理不是指命題與實在之間人們稱爲符應（correspondence）的關係；重點在於**隱含**（suggested）意義和**實現**（realized）意義之間的符應關係，即「付諸實踐」的意義：「這種一致（agreement）、符應是介於目的、計畫及其自身執行和實現之間 [的一致]。」[174]（Dewey 1907a, 84）

　　這種說法並不意味著眞理與現實脫節。情況恰恰相反；不只因爲杜威知識理論背後的交互作用架構的關係，也因爲過程中採取行動，實際上行動在產生知識的過程是**不可或缺**的角色。這意味著知識不是「存在在外面的」實在之被動記錄。我們的涉入，也就是我們的行動，是知識關鍵且必要的構成要素。從這個意義上來說，我們可以說知識始終是由人類所建構出來的體系，正如知識的對象亦是如此（我們將在第四章中再次討論這個主題）。但這並不意味著一切皆有可能。我們總是涉入現存事件的發展，且我們的涉入會帶來改變，但不論如何現有事件的進行總會有所變化[175]。我們無法**無中生有**（ex nihilo）；我們無法自虛無之中建構什麼。唯一可能的建構只有**重建**（reconstruction）。

---

[174] 此段引文是杜威對於人的想法如何與環境達成一致的假設。原引文的後頭還接著一句話，在此呈現會使原意更清楚：「是爲了引領行動而架構出的過程地圖，以及按地圖指引的行動所達成的結果之間的一致。」（Dewey 1907a, 84）

[175] 意思是我們的行爲會對事件過程造成影響；但唯一無法影響的是變化本身——變化總是持續地進行著。

結論

在本章中，我們介紹了杜威知識理論的主要「基礎要素」，也多次指出了解杜威學理困難之處，主要是他以一種新的方式來詮釋許多哲學傳統的概念。如果人們使用本身習慣的那種哲學的傳統思維（也就是杜威所批評的方式）來閱讀杜威的學說，那麼將無可避免錯失杜威學說立場的獨創性和獨特性。

我們已從杜威使用「經驗」這個概念，注意到這個議題。對於杜威而言，「經驗」是指生物體與環境的互動；這不是什麼神祕的內在思想事件，也不是對於世界的被動「感受」（sensing）。正是因為如此，杜威將經驗表達為不斷深入自然本質的方式。不過這是杜威觀點另一個重要但容易被忽視的面向。雖然經驗可以確保我們與自然「保持聯繫」，但經驗本身並不是（還不是）知識。在經驗與知識之間所「缺少的環節」（missing link）乃是行動；只有透過行動，我們才能了解，經驗會在何種條件下**發生**。此外，只有在交互作用的轉變過程中加入反思時，知識才能形成**意識的**知識、「某件事的」知識（我們將在第三章中更詳細地討論）。綜合以上的論述便形成杜威知識理論的時間特性。

我們在本章中要說的最後一點是，對於杜威而言，不僅知識具有時間性，他也認為應該從時間性的角度來理解實在本身。這不僅僅是關於人類行動將改變這個因子，引入恆常不變且靜止的宇宙中。杜威認為，實在本身是「動態且自我演化中的（self-evolving）」（1903b, 296）。正如他所言，「本質的對比……對於實用主義來說，就是實在（reality）仍在製作中（making）。」（1908a, 99）據此，認知，不是來自「外部」之事物，而是「變化中的實在」的一部分。是「實在本身產生了特殊且特定的變化」（Dewey 1908b, 129）。

這個對於實在的觀點所產生最重要的涵義之一，就是「實踐」（practical）領域由其次要狀態（secondary status）被釋放出來：如同其他領域，它是一個潛在的探究與知識的領域。杜威在 1908 年寫道：

52

「就目前的哲學而言，一切實踐性質的東西，都僅僅是個人層面的，而這個僅僅，卻能否定宇宙管轄權的法庭中合法的地位。」（1908b, 126）而將「需求、壓力和應變、衝突與滿足」貶抑至僅爲個人層次，可說是「未經思考之遠古流傳偏見」（Dewey 1908b, 126-27）。杜威認爲，在西方哲學中，實踐的地位比理論地位更低，並**不是**因爲實在是恆常靜止的。該論點恰恰相反：因爲實踐的地位比理論地位更低，所以希臘哲學家認定「眞實」的實在，不可能是在實踐生活當中體驗到的現實，而必須是理論生活的靜態實在。從某種意義上說，杜威只是從等式的另一端開始，以變化取代恆常（immutability），來衡量實在。

重要的是要在這裡看到杜威**不是**在爭論應該將注意力從實在的基礎要素轉移到這些要素的互動上面。如果一個觀點假設「只有恆常存在的事物才能改變；而改變就是恆常的另一狀態」（Dewey 1908b, 141），那這個觀點仍沒有正視變化的重要。它仍然否定「實在本身的時間性特質」（Dewey 1925a, 119），並一直在不斷變化的世界「背後」尋找一個現實來解釋變化。這仍然意味著一個「**本質**的形上學」（metaphysics of essence）。但，杜威闡明的是「**存在**的形上學」（metaphysics of existence）（1929a, 163），其中每個存在僅僅是一個事件（而不是物質的「事物」）。這就是**交互作用**背後的概念，「交互作用中使用描述和命名系統來處理行動的各面向與階段，而不提及元素或其他分離或獨立的實體、本質或實在」[176]（Dewey & Bentley 1949, 101-2）。這與知即行、知即是在實在中／與實在的交互作用這樣的觀點息息相關。只要我們仍認爲現實本體是恆常不變，知即行的概念就只能得出一個結論：知識是不可能的。用杜威的話來說：

53

---

[176] 這裡可以看到杜威專注於交互作用，且對於交互作用裡的元素不做任何宣稱。因此若哲學家以探討宇宙中構成元素及其互動爲起始點，它們的哲學仍屬於「本質的形上學」（例如分析哲學、邏輯實證主義等）；而杜威只假設有交互作用且作描述，但並不關注互動中的個別實體、元素是什麼。

如果我們堅持傳統的見解，即認知之事物存在於認知行動
之先、或與認知行動截然分離，就會發現一個事實：對於
存在性認識 [過程] 不可或缺的觀察行動，會修正那既已
存在的事物。這就是認知行動妨礙了自己（get *in* its own
way），也阻斷自身意圖的證明了。[177]（Dewey 1929a, 164）

但是，如果實在經歷了改變，而**不會**改變其眞實的狀態，那麼「就
沒有**形式上的**阻礙使認知成爲事物中的一種特定變化，也無法阻礙在
成功實行的預期改變中，找到它 [對於知識] 的測試」[178]（Dewey 1908b,
129）。在這種情況下，我們必須離棄我們對知識的舊觀念，即知識是
（停滯不變的）實在的（停滯不變的）意象。「如果所有實體存在都是
過渡的狀態，那麼將它們當作如柯達相片[179]的固像般知識的知識，只
是一種折射和曲解它們的知識。」（Dewey 1908b, 129）

換句話說，存在的形上學，既顯示出爲何「將無方向的改變轉化爲
朝向預期結論的改變」的認知是**必須的**（Dewey 1929a, 163），也顯示
爲何這是**可能的**（Sleeper 1986, 61）。反過來說，我們清楚看到爲什麼

---

[177] 這裡提到的一個觀點是「觀察行動」會導致人對事物的原有認知，有所修正。
　　既有所修正，那麼認知的對象並不是與認知行動全然分離或早於觀察而存在。

[178] 這段引文是引自杜威於 1908 年所寫的論文〈實在具有實踐特徵嗎？〉（Does
　　Reality Possess Practical Character?）。在論文中，杜威提到傳統哲學將實踐知
　　識歸類於個人的，並且比理論（一種分析的理智）更爲低等，是一種文化偏
　　見；而在這段引文的前後，他則是提到認知與實的實踐特徵之關係。杜威
　　認爲這個變化的世界，唯有知識可使其導向改變；因爲認知是實在中的一個
　　變化，而認知既揭示這個變化，也參與這個變化，這是實在具實踐特徵的原
　　因。但 [當時的] 人們拒絕這一觀點，所以他們相信的是一種與他們的認識對
　　象的理論永遠不可能一致的知識理論。

[179] 原文爲 Kodak fixation。柯達是早期以底片攝影的時代的一間攝影器材公司，
　　此處柯達相片是指攝影後將底片沖洗出來的紙本照片，如同現今的攝影一
　　般，相片影像中的人、事、物皆停留在那一瞬間。

杜威不贊同我們應該先具有形上學觀念並且發展出我們對認知的理解，然後再開始進行認知。對於杜威而言，應該是認知 [的行動] 與探究的過程，形塑我們對存有的概念，而非由存有形塑我們的認知[180]（Sleeper 1986, 61）。

---

[180] 也就是說透過探究的過程，形成我們的認知與形上學觀念。

第二章譯注之參考文獻

朱建民（譯）（2000）。S. Morris Eames 著。**實用自然主義導論**（*Pragmatic naturalism: An introduction*）。臺北市：時英。

李日章（譯）（2005）。George R. Geiger 著。**杜威：科學的人文主義哲學家**（*John Dewey：In perspective*）。新北市：康德。

余治平（2010）。「經驗」概念的哲學重建——以杜威《經驗與自然》一書爲中心。**哲學與文化**，37(2)，69-84。

但昭偉（2000）。自然主義。**教育大辭書**。取自 http://terms.naer.edu.tw/detail/1305187/

吳怡萱（2016）。**涵化歷程：美國華裔學生的雙文化認同對心理幸福感的影響**（未出版之碩士論文）。國立臺灣師範大學教育心理與輔導學系，臺北市。

吳新文、邵強進等（譯）（2010）。**杜威全集**。上海市：華東師範大學出版社。

洪謙（1996）。**維也納學派哲學**。臺北市：唐山。

高耀中（1982）。實用主義與社會學之發展。載於陳昭南、江玉龍、陳寬政（主編），**社會科學整合論文集**（頁 21-38）。臺北市：中央研究院三民主義研究所。

郭志輝（2004）。反射弧 Reflex Arc。**舞蹈辭典**。取自 http://terms.naer.edu.tw/detail/1295494

楊龍立（2000）。唯物論。**教育大辭書**。取自 http://terms.naer.edu.tw/detail/1309211/

鄧曉芒、匡宏（譯）（2014）。S. E. Stumpf & J. Fieser 著。**西方哲學史：從蘇格拉底到沙特及其後**（*Socrates to Sartre and Beyond*）。臺北市：五南。

鄭喜恆（2011）。詹姆士的實用主義「實在」觀。**歐美研究**，41(4)，977-1021。

Backe, A. (1999). Dewey and the Reflex Arc: The Limits of James's Influence. *Transactions of the Charles S. Peirce Society, 35*(2), 312-326. Retrieved from http://www.jstor.org/stable/40320763

Biesta, G. J. J, Miedema, S. & van IJzendoorn M. (1990). John Dewey's Reconstruction of the Reflex-Arc Concept and its Relevance for Bowlby's Attachment Theory. In: Baker WJ, Hyland ME, van Hezewijk R & Terwee S. (Eds.), *Recent Trends in Theoretical Psychology: Proceedings of the Third Biennial Conference of the International Society for Theoretical Psychology April 17-21, 1989*. Recent Research in Psychology, 2. New York: Springer, pp.211-220. Retrieved from http://www.springer.com/psychology/book/978-0-387-97311-1

Will, C. M. (2011). On the unreasonable effectiveness of the post-Newtonian approximation in gravitational physics. *Proceedings of the National Academy of Sciences of the United State of America, 108*(15), 5938-5945. Retrieved from https://doi.org/10.1073/pnas.1103127108.

第三章
探究過程

> 科學成果爲觀察和探究提供了規則，而不是爲外在行動提
> 供規則。
>
> —— 約翰・杜威（1929b, 15）

　　在第二章中，我們介紹了杜威時間性[181]的知識理論，該理論與他時間的存在形上學密切相連。杜威拒絕了將主客體分開的傳統觀念，也拒絕將知識的相關概念視爲是永恆且靜止不變的實在鏡像[182]。取而代之的是，他以不斷變化的有機體—環境交互作用爲理論的出發點；認知並非獨立於這個過程，而是此過程的一部分。儘管經驗與交互作用是相關的，知識卻與經驗的價值或意義有關。杜威的主要見解是，我們找出即時經驗意義的唯一方法，就是採取行動。在這方面，我們可以說知識是經驗與行動合作的結果。而使嘗試錯誤行動轉變到明智行動的，是過程中的反思（reflection）；反思是需要通過語言才能發生的。至此，杜威的方法有個涵義，就是我們只能通過行動來了解世界。另一個主要涵義是，知識始終與經驗的前因和後果有關，而非只與經驗本身有關。就這方面，我們可以說知識本身總是具時間性的。

　　在本章中，我們會進一步探討獲得知識的過程，也就是杜威所說的
56　**探究**（inquiry）。杜威關於探究過程的理論，並不是關於探究應如何進

---

[181] 原文 temporal 一詞在整本書中譯者統一譯爲「時間性的」。

[182] 追求絕對的眞理一直是傳統西方哲學的核心；不論是理性主義，或是強調直觀經驗的經驗主義，都認爲知識具有永恆性、必然性與普遍性。而其中柏拉圖的觀念論、笛卡爾的思辨理性，或是康德的先驗哲學，都將人的感知與思想視爲實在與自然的鏡像（梁瑞明，2007）。這個觀點直到近代哲學發展依舊主導著哲學與科學研究，例如實證主義主張人要避免主觀性危機，就必須將感知或覺察變成外部秩序的鏡子，才能眞實客觀反映出眞理。但是實用主義包括詹姆斯、杜威都不認同對於絕對客觀眞理的追求，後來新實用主義的羅蒂在其《哲學與自然之鏡》（*Philosophy and the mirror of nature*）中，再次駁斥這樣的鏡式哲學，認爲此觀點阻礙了人對眞理的思考與詮釋（Mounce, 1997；許誌庭，2011；陳亞軍，1998）。

行或應如何獲得知識的先驗規範性理論。相反，它是一種**重構**（recon-structive）理論，是試圖闡明經驗的認知模式的**邏輯**，即認知模式實際運作的方式。杜威的重構觀點不僅意味探究「邏輯」的理解應該來自對探究實際過程的考察，他也採取了更為堅決的立場，即認為我們獲取知識時使用的邏輯形式、原理和方法，都是從探究的運作中**生成**的（Dewey 1938a, 11），因此他們的地位僅止於被證明能有效達成人們欲求的目的而已[183]。這些邏輯形式、方法等「被發現是對於有效結論，具決定性的處理方式，以至於它們被用來規範進一步的探究，直到找到質疑它們的明確依據為止」（Dewey 1938a, 21）。

　　杜威的立場隱含對於兩者區分的拒絕：一方面是規範性（norma-tive）或指定性的（prescriptive）探究**邏輯**，另一方面是經驗性（empiri-cal）或描述性（descriptive）探究**方法論**（methodology）[184]（Dewey 1938a, 13）。並不是說哲學可以先告訴我們什麼是有效知識，然後在此

---

[183] 杜威如此強調不應過分高舉特定的探究邏輯形式、原理、方法的地位，也就是如下文作者所解釋的，杜威拒絕對於不同的探究邏輯或方法論之間做地位的區分，其原因是他相信這些邏輯或方法如同人類發展出的其他技術，是經過選擇、因能達成人之欲求目的而留下的，可用來規範進一步的探究。因此，杜威的立場是將探究邏輯及方法與探究之目的連結，並傾向規範與評斷探究與知識的有效性，如同知識是從探究過程中獲取的，應從探究的過程去評斷，而非使用外來特定的標準（請參見下文 Dewey, 1938a 之引文）。這與第一章中杜威提及現代科學興起而產生的文化危機是相關的，即：來自於現代科學的世界觀與認識論，瓦解了日常生活的常識等領域對於人類的影響。此外，這或許也可延伸至現在教育研究方法論對於研究典範與特定研究取向的選邊議題，如同本書第一部分導論中所探討的 Biesta（2015）一文，文中呼籲研究者應考慮以實用主義者的觀點，將研究方法論與研究目的做連貫的思考，勿因過於強調處理研究任務的「工具」而忽略研究的任務、勿因迷失於派典的理論之中而忘記研究本身的目的（本書 p.31）。

[184] Methodology，方法論，是指研究背後的理論架構，包含一系列彼此邏輯一致的信念與價值觀，例如本體論與知識論，研究者並以此架構指引其研究方法的選擇與設計（Biesta, 2020）。

基礎上，我們設計相應的知識獲取方法。正如我們對知識（經驗的認知模式）的理解只能來自對知識獲取的實際過程的重構一樣，我們的探究方法也只能在探究過程中，以及透過整個過程，來進行批判、改進和驗證。

在這方面，「認識的藝術」（the art of knowing）與諸如冶金術等其他藝術並無不同：杜威問道，「有什麼理由假定冶金術的進步是由於應用了冶金術以外的標準？」據杜威所說，情況並非如此：「目前使用的『規範』是從以前處理金屬礦石的過程中發展出來的。……有一些流程有效；有一些成功達到了預期的目的；其他的則失敗了。後者被丟棄；前者得到保留和擴展。」（Dewey 1938a, 14）

在本章的第一部分中，我們討論了杜威的探究過程理論。我們概述了該過程的總體結構，並討論杜威對此過程的理解中，最主要的特徵。在此背景下，我們將關注自然領域與社會領域探究間的差異。最後，我們會進一步研究教育探究的本質。過程中，我們還將針對**探究**和**研究**（research）兩個詞之間的區別進行評論。簡而言之，探究是指所有問題解決的理智實驗過程，而研究則是特意引發的實驗性問題解決，目的是爲了產生知識與理解。

探究理論

杜威主張，「唯有考量時間（time）和時序（temporal position）」（1916b, 336），我們才能正確地理解知識。這段話絕非簡單地談及探究過程需要時間，實則探究的時間特性意味著「探究的客觀題材會歷經時間性修正（temporal modification）」（Dewey 1938a, 122）。因此，我們應該將探究理解爲一套連續性的**或**序列的過程。探究的連續性或序列性根源於生活本身的條件，探究並非藉由返回過去的穩定狀態來解決問題，而是以將當前的情境轉變爲**新**情境作爲解決之道，因此，探究本身是永無止境的。此外，這個過程並不會有一個時間點是我們能知曉所有可以知道的事情，即使有這個可能，每個情境的解決過程都將會產生

各種**新**條件，從而又會引發出**新**的問題（Dewey 1938a, 42），這是一個周而復始的循環。

杜威考量了探究的連續性或序列性，並將探究重構為一套包含數個步驟／階段的流程。在杜威的所有著作中，我們可以發現他對於這些步驟的描述略有差異（例如，請參見 1916a, 157-58；1922c, 61；1933, 190-209）。杜威最早的構想可追溯到 1909 年，其對過程的描述如下：「(1) 難題出現，(2) 難題的定位和定義，(3) 提出可能的解決方案，(4) 藉由對該建議方案的可能結果進行推論，(5) 進一步實施觀察和實驗進而決定接受或拒絕該建議方案。」（1909a, 246-37）探究過程的分析是一系列的步驟或階段，但並不表示實際的探究過程必然會精確無誤地遵循或應該遵循此模式。杜威的重構僅僅是為了確定探究行為的邏輯發展步驟而已，最先出現的元素是哪一個是無關緊要的，甚至問題的出現也不必然是第一條件（Dewey 1922c, 62；另請參見下文）。

不確定情境和問題情境

58

我們已經知道，探究的「自然」出發點是各種不同習慣間的衝突情境，這種情境讓我們「不知道」應該如何回應。在這種情境下，則存在「將發生**何種**經驗的不確定性，以及必然會出現這種經驗的確定性」[185]（Dewey 1903b, 330）。在杜威關於探究過程的論述中反覆探討的問題之一是，儘管衝突的習慣是引發探究的起點，但其本身是否應被視為探究過程的一部分？探究是否是在調和的交互作用被中斷**之後**才開始發生？抑或中斷本身才是整個探究過程的起點？這個問題看似學術意味

---

[185] 引文的出處是杜威論文集中的〈思想的前情與刺激〉（Conditions and cues of thought-function）一文，在本句引文前，杜威討論思想出現的條件與情境，以及理智的主觀階段與經驗的客觀性。而完整的引文為「將發生何種經驗的不確定性以及必然會出現這種經驗的確定性，兩者合起來，激發了思想的機能」。也就是說，人們會因著不確定會遇著什麼經驗，但又確定過去的經驗很可能會出現，而對當前的問題情境進行思考。

濃厚，但是當人們承認探究——也就是爲了恢復協調（coordination），反思與行動進行合作——只是恢復協調狀態的方法之一時，這個問題確實有其道理。嘗試錯誤摸索或環境條件出現幸運的變化則是可實現此目標的其他方法。

爲解決這個問題，杜威提出了**不確定情境**以及**問題情境**的差異。各習慣間的衝突構成**不確定的情境**，儘管這是將經驗轉化爲認知經驗的必要條件，但不確定的情境本身並非一種認知經驗。它純粹是自然發生的事件。只有當情境被認定爲**有問題的**情境時，探究才會開始，而經驗也才會轉變成認知模式。就如老師們可能會對課堂上發生的事情感到不自在，並因此可能導致其分心或難以集中注意力；從某種意義上來說，就是正常的教學「流動」（flow）被打亂了。對杜威而言，這種情形算爲**不確定的**情境。一旦老師認定他需要有所行動時，應找出讓他感到不自在的根源，不確定情境就會進入所謂的問題情境，而這就是探究過程的起點。正如杜威所言：「發現需要探究的情境是進行探究的第一步。」（1938a, 111）

杜威對不確定情境與問題情境之區別，雖在其著作中的表達略有不同，但主要體現在下列對探究過程各階段的描述：「(1) 問題發生；(2) 將問題具體化；(3) 發想出解決問題的建議或見解、假設；(4) 詳細闡述各項建議或推論[186]；(5) 進行實驗性測試。」（1922c, 61）

就杜威對不確定情境和問題情境的區別而言，他的探究理論並非僅依賴對於問題的「客觀主義式」[187]理解。應該是不僅僅有問題「擺在眼前」，而是由於辨識出不確定的情境，並將其轉變爲問題情境，從而出現了需要進行探究的問題。畢竟，這位老師還不知道問題何在，這一點正是需要去發掘的。而對於不確定情境，我們也可以得出類似的論述：

---

[186] 下文將會對於這幾個階段做說明，而針對「詳細闡述假設」階段，作者會再度於第四章 pp.202-204 有進一步說明。

[187] objectivistic.

不確定性並非是「自外於」且獨立於人類有機體的事態。所謂的不確定性涉及生物體與環境之間的**交互作用**。而所謂的**情境**，是杜威用來指涉這項交互作用的措詞，所以其意味著類似的外部條件並不一定會推導出類似的不確定情境。對於某人來說顯得不明確且令其困惑的狀況，對於另一個人卻未必不清楚且令其困惑。凡此種種皆取決於環境條件與相應習慣之間的**關係**。

概念運思和存在操作[188]

不確定情境的概念在杜威對探究的定義中扮演著核心角色，他寫道：**「探究係指在經控制或引導後，從而將不確定的情境轉換爲一種情境，其組成的各項特徵以及關係已臻於確定，且確定的程度已達到可將原始情境的元素轉化爲一致、統整的整體態樣。」**（1938a, 108；粗體爲原文強調部分）透過這個定義也再次強調了，探究並非一種心理過程，並非僅存於人類心靈中，而是一種情境的實際轉變——這情境必然意味著有機體與環境之間發生了交互作用。事實上，探究與嘗試錯誤之間的差別，乃在於探究係透過反省或思考而**控制**或**指導**的情境轉變。故而，探究過程是在兩種運作的合作下進行：**存在操作**（情境的實際轉變）以及**概念運思**（反省或思考）。就探究過程中的某些階段而言，重點在概念運思上，而在其他階段則更強調存在操作。但終歸必定是兩種運作的調和，絕不僅僅是其中之一的運作結果。如果我們的老師對情境僅止於思考層面而無所作爲（包括不改變自己的行爲），那麼情境的不確定性將持續存在。從另一方面來說，如果老師魯莽行事而不加以理

---

[188] 概念運思與存在操作的原文分別爲 "conceptual operations" 以及 "existential operations"。既然同爲 operations，譯者卻沒有將其共同翻譯爲操作，而是以「運思」及「操作」作區分，原因可參見本節作者對於這兩個運作的說明：作者將杜威的概念運思解釋爲有機體單純對於情境的思考與反省，而存在操作則偏向摸索與錯誤嘗試，兩者必須共同運作與調和才是完整的探究歷程。

解，那就只是不斷摸索的嘗試錯誤，運氣好的話，也許能成功，但對於情況的理解不會有幫助，也因此它不會被視爲探究的範例。

60 　　概念運思的目的之一在於爲可能的行動方向開發出建議方案。但概念運思也可幫助釐清不確定情境的可能構成因素和緣由。概念運思不僅引導不確定情境轉變爲確定情境，同時也爲如觀察等中介活動提供指導準則。

　　雖然不確定情境在某種意義上只單純地「發生」，但是當我們試著釐清實際上發生了什麼事的時候，探究便開始進行了。從某種意義上來說，這就是我們需要了解的全部，因爲一旦我們知悉了不確定情境的「歷史」，即其前情（antecedents）與構成要件（constituents），我們就掌握了解決問題的關鍵。不僅是因爲「明確定義的問題 [等於] 已解決了一半」（Dewey 1938a, 112），事實上，我們只會知道在我們有能力解決問題的當下所存在的問題是什麼：「因爲問題和解決方案會同時一起**全然地**浮現出來。」（Dewey 1933, 201）

事實與想法[189]

　　因此，找出不確定情境中實際存在的問題是探究過程中的關鍵，而識別問題的第一步則在於蒐集各項**事實**。這不僅是在當下蒐集所有可蒐集到的資料，我們還需找出不確定情境的構成成分，而這些成分本身是確定的。杜威稱這些成分爲**個案事實**，而所謂個案事實「就是問題的構

---

[189] 原文爲 idea。在哲學領域，idea 一詞常被譯爲「觀念」，例如 idealism 的翻譯爲「觀念論」，但本譯注選擇較一般性的用詞「想法」，是因爲整本書中 idea 一詞不一定是指形上學當中的觀念。其次，一般用語中，「觀念」與「想法」也可爲互通的語詞。第三，本書中提到杜威傾向將「想法」認定具有「暫時性」的發展特性（請見 p.61），與「設想」一詞較爲接近；而「觀念」一詞在字典中的解釋爲「因文化背景或生活經驗而形成對人事物的認知與看法」，較「想法」更加發展得具體些，而失去杜威所想表達之意。基於以上考量，本書統一將此詞譯爲「想法」。

成要件，因爲在任何相關問題解決提案中，它們是必須納入考量與記錄的條件」（Dewey 1938a, 113）。

　　爲了找出個案的事實，我們需要進行觀察。但不是所有我們觀察到的都可能是個案事實，這要取決於我們如何理解問題的可能本質。換言之，我們的想法指引我們觀察的方向，正如我們的想法會爲我們觀察到一切賦予意義一般：「例如，在光譜帶的特定軌跡所看到的一種顏色，其在化學和天體物理學領域中可謂極重要的智慧。但**僅僅**就視覺、感官性質而言，一個笨拙的人與科學家所見不會不同；它就只是眼睛正好瞄到的一種顏色而已。」（Dewey 1929a, 91）所以這意味著事實和想法不是個別獨立發展的，兩者之間存在著不斷相互「核對」的關係。當個案的事實越來越清晰時，我們也就越能精準的發展出如何改變情境的見解；而當我們對問題的可能解決方法有更精確的想法時，從而也將指導我們的觀察方向與關注點。以前例中的老師而言，老師可能假設教學環境之所以被干擾，與某學生的特定行爲有關。而這種假設會讓她將注意力集中在這位學生身上，我們可說正是對這個問題所作的假設從而引導她的觀察方向。然後她可能會試圖找出這位學生令她感到不自在（即教學的自然流動受到干擾）的原因，這種疑問將導致進一步的探究、進一步的觀察、進一步的提問等等，使得這位老師逐漸更加理解問題所在，並進而產生如何解決問題的想法。

　　在探究的過程中，通常想法會是解決方案建議的起點，而建議常是含糊不清的，因此需要進一步發展。爲了對觀察對象的可能意義形成想法，我們需要先發展建議的意義（即推論）。正是在這個時點上，先前所習得的知識會進入探究過程中，因爲此舉可提供概念運思的網絡，且這個網絡是已被證實能成功運作的網絡。雖然不能保證「舊」知識必能成功的解決當前的問題，但它至少可以提出各種不同的取徑，以理解目前的情境、解釋觀察結果以及建議可採取的行動。使用「舊」知識是一種讓我們的探究歷程（更普遍地說，是我們的行動）可以變得比較明智的方式。那位老師可能會得出這樣的結論：該學生對於她的教學心不

61

在焉,但通常這位學生上課都很專心的事實,使她感到不舒服。這個簡單的結論只是第一步,因為在這個之後要問的問題是為什麼學生心不在焉。造成學生心不在焉的原因可能有很多,而一位好老師心中會有一份各種成因的查核表:是教學內容不有趣嗎?那個學生累了嗎?是不是學生家裡出了什麼事?如果老師有意適切地解決問題,則她需要仰賴自己的知識(也許是更專業的知識)以指引她進行更深入的調查及採取行動。

只要不確定情境尚未轉變為確定情境,事實和想法這兩件事就仍只是停留在暫時的(provisional)狀態:

> 就問題的特徵、設計問題解決的方法而言,什麼是重要的呢?關於這一點的選擇,會是理論的、假設的、理智的。也就是說,它們是嘗試性看待問題的方式,目的在於指引、有效利用和釋放那些可能真正能解決問題的行動。
> (Dewey 1907b, 73)

62　　　如同想法一般,事實也必須使用符號作為**表徵**(represented),因為唯有如此,才能操控和試驗事實。而為了區分出個案的符號象徵的(可能的)事實與(實際的)事實,杜威將前者稱為**資料**(data)。

既然在情境尚未轉變為確定情境之前,事實和想法都還只是暫時狀態而已,那麼它們之間的區別也是暫時的——或更確切的說:事實和想法之間的差異僅是一種功能上的區別,其並不對應於「現實」中的任何差異。就此,杜威解釋道:

> 知覺與概念的材料[190]是設立在彼此功能上相互依存、影響

---

[190] 杜威認為知覺與概念本身不是知識,不過它們為知識和價值提供了材料(Dewey 1903b, 1938a)。此引文為杜威(1938a)《邏輯:探究理論》(*Logic: The Theory of Inquiry*)中第六章「探究的模式」的一段,這個章節主要說明不管

的關係上，在此方式之下，由前者定位並描述問題，並由
後者表徵可能的解決方法。兩者皆為探究原問題情境中的
決斷與被決斷 [因素]，也因為原問題情境遍布的特性，控
制著它們的建立與內容。最終，兩者會被檢視是否能合作從
而引進疑慮化解且一致、統整的情境。（Dewey 1938a, 115）

　　但是，事實與想法之間的差異，並不等於概念運思及存在操作之
間的差異。因為事實與想法之間的差異完全取決於探究過程的概念「層
面」。前例中的老師對「個案」（事實）有其想法，也對解決問題的方
法有見解（想法）──但是所謂的事實和想法 [在情境未轉變之前] 都
還只是想法、一種假定、一種設想而已。

功能的符應（Correspondence）

　　在第二章中，我們討論過推論（inference）在杜威對知識的理解中
扮演著何等重要的角色。而我們將推論定義為對於在時空上仍遙遠模糊
的事物所做的反應。用杜威自己的話來說，推論的行動可謂「對於不存
在的事物當作存在而採取回應的一種態度」（1915b, 70）。

　　杜威對探究過程的論述，強調推論是一種**存在**關係，就好比有雲
意味著會下雨、冒煙意味著火了。故而我們可以這麼說，現在天上有
雲就是將要但還未存在的雨的**徵象**（sign）。杜威將這種代表關係稱為
表意[191]。此等徵象（「自然界徵象」）存在於實際的「時空脈絡」下，

是常識或科學問題的探究，都有一個共同的模式，杜威強調此模式對於不確
　定情境，需要觀念與知覺的統一、相輔相成與分工來理解與轉變。這與康德
　所說綜合理解的統合，概念相似。

[191] 原文為 significance，意思是「意義」、「涵義」。唯本字在杜威哲學有其論
　述脈絡，包括當時的生物學、社會學等影響，在米德（G. Mead）的論述中也
　有類似用法，例如分析動物溝通的「表意姿勢」（significant gesture）。因此
　本書參考李日章（2005）將此用法翻譯為「表意」。

63　因而爲其他事物的存在提供了證據。儘管徵象具有代表能力，但這種能力會受到高度限制，因爲它僅能在有限的條件下存在。然而，當「煙」的**意義**（meaning）透過存在事物具體體現時，例如發出這個單詞的聲音或在紙上畫出來，情況就完全改觀了。在這種情境下，關於其代表性功能的重要性就被釋放出來了，然後還可與語言系統中的其他意思有所關聯，所以不僅僅與「火」本身的意思，而且可連結至其他明顯與火的涵義無關的字詞，諸如「摩擦、溫度變化、氧氣、分子組成，甚至通過插入涵義符號（meaning-symbols）的方式，涉及熱力學定律」（Dewey 1938a, 58）。杜威將符號之間的代表關係稱爲符號**蘊涵**（implication）。符號的優勢在於它們更有彈性且更能海納代表容量，但缺點是他們無法爲任何存在事物提供證據；而將符號與徵象連結起來的唯一方法是存在操作。根據杜威的看法，符號和現實存在的客體之間並沒有「**自動**」一對一符應的關係；唯有透過行動，我們方能在兩者間建立連結，因爲符號若欠缺特定形式的存在操作進行干預，則「無法指示或區分出它們所指涉的對象」（Dewey 1938a, 60）。簡言之：唯有當本文中的老師依據她對個案以及解決問題的想法有所作爲時，她的想法（關於事實和可能的解決方案）與實際情形之間才會建立起關係。

　　以上這些區別，將有助於我們詳細描述探究的過程。探究的起點是一個不確定的情境，也就是尚未達到協調的交互作用。接著我們需要了解這個情境的前因，以便做出適當的反應。換言之，我們需要知道的是不確定情境的**表意**；而恢復情境協調的唯一方法就是採取適當的行動。因此，爲了找到最合適的行動方案，我們需要就導致這情境發生的可能原因提出建議。首先會在概念層面（**蘊涵**）發展出這些建議（**意義**），並且在此基礎上，在情境中或對情境採取行動，然後再觀察我們付諸行動的結果。而這將爲我們提供可被採用爲象徵符號的（新）事實，並在符號化之後納入解決方案的概念發展中。在這個過程中，事實就是**資料**，透過資料與想法的整合將產生行動提案：即**假設**。除了基於假設性的詮釋提出不確定情境的可能問題，假設也闡明了行動與後果之間的關

係。至於建議的關係（蘊涵）是否符應實際上的連結，只能透過執行　64
建議的行動方案來加以確定。如果該行動本身確實引發預期的結果（意
即，這就是一個協調的行動），表示統整的情境已產生；但如果無法達
到預期結果，表示還有很多事情有待了解。

　　至關重要的是，我們必須了解，一方面是各符號（推論）間的關
係，以及另一方面，行動所衍生的各實際連結（表意）間的關係，是一
種嚴格的**功能性**符應關係。當我們採取的行動確實產生出統整情境時，
這並不意味概念層面的關係與現實層面的關係一般無二。唯一可以推斷
出的結論會是：為了產生統整情境，從而在概念上得出的結論只不過是
為所應為。可以這麼說，概念運思導出與存在操作相同的結果，但這個
觀點並不表示概念運思的所有要件及其關係，與現實情形的要件及要件
相互關聯的方式是完全相同的。儘管成功的探究可引發「符號」與「存
在」，或「語言」與「實在」之間的符應關係（更確切地說，是**概念運
思與存在操作**之間），此符應關係只是一種功能上的對應。就此，我們
應該如何理解呢？本文中所舉例的老師可能得出這樣的結論：造成她感
到不自在的原因，是她所教的課程對於她的學生而言不夠有挑戰性，因
為她嘗試教給學生的課程程度遠低於學生已經達到的學業成就。所以，
她找到的解決方案就是調整她的教學內容，更加符合該特定學生的期望
和背景知識。當她這樣做之後，該名學生確實開始專心上課，教學的流
動故而得以重建。現在，儘管老師進行的探究得到了成功的結果──將
不確定的交互作用轉變為確定的交互作用，但這並不意味著她在此過程
中發展出的假設和微型理論就能宣稱「那個」情境果真如此。這項探究
獲得的成功的結果只能證明在此一過程中所發展出的想法，能有效的將
局面從不確定的情境轉變為確定的情境。

　　如果我們將探究過程視為一套測試概念運思（我們的「理論化」和
「推論」）的有效性（validity）或是其價值的程序，那麼我們就不能問　65
我們的理論和基於理論所進行的概念操作，是否與存在操作和連結的真

實世界**完全相同**這樣的問題[192]。唯一可問的問題是我們的概念運思能否按照我們的預期進行。正是這個原因——這個原因也是理解實用主義，如何與一般對理論或語言與實在之關係的解釋方式不同的關鍵點——認爲成功的存在操作能證明概念運思（理論、命題、假設等）的**眞確性**（truth）[193]，會是一個錯誤的假定。我們使用的概念運思、命題和假設不過是過程中的手段罷了，目的在於恢復協調的行動。這就好比有人問錘子是眞實的（true）還是虛假的（false），這個問題是沒有意義的，因爲方法或工具本身無關眞假對錯，只關乎是否能適當的完成我們期望它們完成的事情——同樣的，問我們的理論、命題和假設是眞實還是虛假，一樣是沒意義的。正如杜威所言：「眞實與虛假（truth-falsity）**並非命題的屬性。**」（1938a, 287）

探究過程的結果

當建立出統整的情境後，探究過程也隨之結束。從某種意義上，我們可說統整情境的發生證明了推論是正確的或**有根據的**（warranted）[194]，換言之，我們更確定的是，確實有可能採取經驗 x 的行動而獲得意義 y。

在第二章中，我們已論述過在高度的慣常行爲上（透過嘗試錯誤的方法）可能恢復協同的交互作用。探究過程的特殊之處在於（慣常的）

---

[192] 指的是西方傳統哲學所關心的：觀念是否能反映、符合實在，也就是否符應眞理。而這個觀點與探究／研究中的研究問題形成很有關係，是否有許多教育研究問的研究問題，在於驗證理論與眞實世界的存在操作是一致的？這部分讀者可以在之後的章節隨著作者的討論或是對照經驗繼續思考。

[193] 雖然 truth 的意思之一是「眞理」，但在此是表示判斷哲學命題是否爲眞（true）或假（false）其中的「眞」之名詞，因此譯爲「眞確性」。

[194] 對於知識一詞，會在本書第 162 頁進一步說明杜威傾向使用 warranted assertion 來取代，復旦大學杜威與美國哲學研究中心組（2015）在杜威全集的翻譯爲「有擔保的斷言」，而本書則選擇將 warranted 意譯爲「有根據的」。

存在操作，其在某種意義上是「嵌入」在概念網絡中的。因此，探究過程會產生雙重結果：不僅有機體的習慣會有所改變，且各符號之間的關係也會發生變化，換言之，會產生新**意義**。畢竟，如果已經證明我們採取 x 行動能獲致意義 y，那麼從概念層面而言，這意味著 x 現在也將 y 作為其可能的意義之一。根據我們所舉的例子可知：一個不專心的學生，其可能意義之一也包括了「不覺得[上課內容]有挑戰性」的狀況。我們的概念網絡、我們的理論正是透過這種方式，隨著時間經過而浮現並發展成型，而這些網絡和理論可以被視為探究結果的儲藏室，在其中探究結果具體化符號之間的可能關係，且在過去也已證明這些關係的可能性。當這些網絡越來越完善時——實際探究過程中的概念運思可能也將越來越複雜精細，且更有望獲得成功的結果——那麼實際探究的過程中概念運思也隨著越加精煉。

66

　　杜威將探究過程視為存在操作和概念運思之間的合作，清楚地表明了由於這種合作關係，探究才會產出「實際的」與「概念的」結果。儘管概念運思並不一定導致統整情境（因為通過嘗試錯誤也可能引發），但是如果我們想從所遭遇問題的解決過程中**學習到**若干東西時，則概念運思仍為必要。若欠缺概念運思、欠缺推論或思考，我們在解決問題時會是雜亂無章且不明智的。而存在操作是必不可少的，不僅僅能引致統整情境，同時還能挖掘出我們想法的價值及珍貴之處。此外，若欠缺行動的蘊涵，則我們的想法——即我們對個案事實的見解和對必要行動方針的看法——將始終只是空想而已。

　　在杜威的若干著作中將探究的概念性結果稱為**知識**，這個用語可能確實較接近於我們在日常談話中常會使用該字詞的方式。然而，從較為技術或哲學的角度來看，該概念存在著一些問題。其一是，**知識**一詞會引發與認識論傳統的聯想，該傳統所肯認的知識是：唯有符合預先為知識這個概念所確立的規準者，始堪稱為知識。此外，人們認為任何對知識**普遍的**認識是將探究的結果排除在外的，但我們知道杜威已經否定了這個可能性。因此，杜威對**知識**一詞的使用，嚴格來說是同義反

覆語[195]：「就定義而言，順利圓滿結束的探究就是知識；它之所以是知識，是因爲它能適切地終結探究過程。」[196]（Dewey 1938a, 15）

另一個問題，使用知識一詞來描述探究的結果，這種說法似乎會使人以爲探究的結果就是最終結論，以及使人以爲知識之所以爲知識，是由於其在現在和未來都是確切且不變的狀態。然而，探究的概念性結果總是與獲致結果的特定情境有關，而在此概念下，知識始終保持在暫時的（provisional）狀態中，透過特定的探究來確立特定情境，並不能保證必然獲得確定的結論。杜威強調，沒有任何一種信念其確立的程度是不能受到進一步的探究的。在每一個新發生的個案中，我們都可以提出一個疑問：過去已得出的結論在本案中是否仍然成立。當然，這並不代表在每一個新案中都應對過去的每一個結論提出質疑，而且這是不可能的，問題也在於我們不能在同時對每一件事都有所懷疑，如果對某些事情有所質疑時，我們需要提出能支持質疑的理據。

由於這種種原因，杜威的表達較偏好使用**有根據的主張**（warranted assertion）來表示探究的**概念性**結果，而非使用知識這個詞，更遑論使用**眞知**（true knowledge）或**眞理**（truth）。（而存在性的結果，如我們已討論的，被稱爲統整或確定的情境。）更偏好使用**有根據主張**的另一個原因，是其能清楚地表達出與具體探究過程之間的關係。各項主張

---

195 原文 tautological。國家教育研究院的學術名詞將 tautology 譯爲「恆眞句」、「同義反覆語」或「套套邏輯」。在哲學上，恆眞句「之所以似恆爲眞，來自於其所具有的邏輯形式或邏輯連詞……保證其不可能爲假，因此對某一爲恆眞句的複合命題來說，即使其構成的原子語句如何改變，只要不改變其邏輯連詞或邏輯連詞所出現的位置，該複合命題將恆爲眞」（賈馥茗，2000）。

196 杜威在這句引文之前提到：「若探究始於疑問，則它終結於確立消除疑問需求的條件。後一情況可以由信念與知識這些詞來指示。」（LW12: 15）（LW 代表杜威全集 32 晚期著作（1925-1953）第 12 卷）在這篇文章中，杜威提到他看待知識的觀點並不同於傳統哲學，認爲知識本身具有某種意義，並符合實在與眞理；但在這個公認的意義之外，杜威認爲知識是探究的目標與結果，也是表徵探究終結的條件，使探究獲得滿足的條件（LW12: 9-29）。

唯有與具體探究有關係時，才能稱為有根據的。我們無法預知在其他探究中，它們是否仍能保留其探究結果的價值，但其價值必須在每一次新的探究中一再確立。

從探究到研究

將不確定情境轉變為確定情境，是探究過程中自然誘發的活動，而經驗轉化為認知模式的過程也因此是自然發生的。當然，這並不表示我們僅能藉由解決問題來獲得知識。從某種意義上講，杜威的唯一主張是，當我們以積極的、具實驗精神和反思的態度來解決所遇到的問題時，我們確實能獲得知識，也會從我們採取的行動與行動後果之間的關係中有所學習。但也不必非要等待不確定情境的發生，才能探究上述之關係。其實對於各項行動和後果進行系統性的探究，也可以是獨立於解決問題活動之外的。杜威認為，甚至有一些人就是以此為業，例如研究人員或科學家，「有一群人以探求知識為業，正如另一群人從事農業或工程業一樣。」（1915b, 65）

儘管探究旨在使不確定情境發生實際轉變，成為統整情境，但這並不表示當我們將探究從問題解決的脈絡中抽離時，存在的轉變（行動）就不再發揮作用。首先，可能有人會說，為了促進知識的發展，研究過程通常會涉及**創造**一個不確定情境，或是尋覓一個不確定情境。再者，就杜威的交互作用取徑而言，這正是我們為了確定探究過程中概念運思的意義，而採取行動的例子。但是，行動是將想法轉變為知識的過程，或照杜威的用詞來表達，是將假設轉變為有根據主張的過程。杜威強調的是，如果我們只有想法而排除行動，則「任何可想到的主智主義[197]的程序都無法確認或駁斥該想法，也無法證明其有效性」（1907a, 85）。因此，根據上述建議，行動是「唯一可行的理智因素驗證方式」（Dewey 1907b, 66）。

68

---

[197] Intellectualistic，請見第一章注 103。

意義、驗證（verification）與真理

杜威在此脈絡下完全是以字面意義來使用**驗證**一詞，也就是使某事物為真實的活動（Dewey 1907b, 66）。在驗證過程中確認 [事物] 為真的，是我們所作的推論，亦即，我們對交互作用中我們採取的行為與其後果之間的關係所產生的見解。當我們假設當前經驗可能因我們的行動（推論）導致某結果，而行動後也確實如此發生，我們可以說我們的推論已成真。在我們的示例中：我們的老師推論，如果她改變教學內容，從而使該特定學生感到更具挑戰性時，該學生就會專心上課。有鑑於老師改變教學內容之後確實改變了學生的態度，我們可以說，透過老師的探究，這個推論獲得證實。

正如在第二章所論述的，這可能會完全發生於習慣的層面。然而在探究過程中，我們首先會透過概念運思（推理）發展出推論，然後根據該運思結果來選擇我們所擬採取的行動。如果我們成功地達成統整的情境，那麼我們也可以說我們的想法成為真確的，儘管在特定（時間性）的意義上，真確性意味著「某想法……指涉之結果的實現」（Dewey 1911a, 56）。我們應該牢記這個時間性的重點，以免忘記「想法」和「實在」之間的符應性只是**功能**上的對應。如杜威所解釋的，所謂想法「是對於依據觀察到的條件所執行的操作，所預期的結果（預測）」（1938a, 113）。

因此，對杜威而言，真確性（truth）並非對實在的描述以及實在本身之間的符應關係。換句話說，符應關係不是靜態或描述性的。對於杜威來說，這種聯繫是活躍且具時間性的（temporal）；它包含在行動—反思—行動的循環中。因此，對於杜威而言，「驗證」並不意味著去確認一個關於實在「是」如何的說法，是否真如實在「是」如何；而是意味著該想法中的行動與後果之關聯，已實際發生。換句話說，理解杜威的關鍵，是擺脫知識如實在之鏡像的想法。對於杜威來說，知識是我們用來在世界上生活、工作和行動的工具。

69

綜上所述，前文暗示著在解決問題的情境以外的脈絡下獲取知識，可以被理解為獲取意義的過程。不管是不是在解決問題的脈絡中獲取意義，基本上都是一樣的。在這兩種情況下，為了確立我們推論的價值而採取的行動都是非常重要的。獲取意義（即尋找行動和後果之間可能的關係）是合理的，主要原因是當這些關係成為表徵時（例如，作為理論），可當作將來問題解決之探究時的參考。畢竟，探究過程的概念成分不僅僅意味著將探究從嘗試錯誤的層次提升，也使先前探究的結果能引用到當前的問題解決過程。正如我們已討論的，這就構成了（僅僅）採取行動與明智行動之間的關鍵差異。杜威的描述如下：

> 獲得的知識產生意義……且這些意義可以與它們最初出現的特殊知識情境分開，並能夠整合成習慣，從而構成……實際應用於新經驗時的理智（intelligence）。（1939b, 48；粗體為原文強調部分）

此想法其中之一的啟示是，個人能獲得多少「舊」知識或意義，與其有多少機會能對問題情境採取明智的處理方法，兩者之間有直接的關係。首先，這在個人內在層面來說是正確的。我們過往的經驗、知識和學習的種類越多，我們的概念運思就會越複雜，我們就越有機會找到適當的方法來處理遇到的問題。正如杜威所說的，這是明智與不明智的行動者之間的關鍵差異。而相同的邏輯可適用於個體之間的層面。我們可以與他人分享的經驗越多，我們就有更多的資源來處理所遇到的問題，因此共同問題解決的過程就會（或至少可能會）越明智。正是按照這些思路，杜威看到了他的知識理論與政治哲學之間強烈而緊密的關聯。他寫道：「既然民主原則上代表自由交流，為了實現社會的連續性（continuity），它必須發展出一種知識理論，是重視知識的方法，藉此使經驗可以為另一種經驗提供方向和意義。」（1916a, 354-55）

這種思路對研究有個重要的啟示：許多人認為研究只是一種系統性

70

的探究方式，而杜威並不反對這樣的定義；從某種意義上而言，他認為研究只不過是有些人靠進行調查來謀生而已。然而對於研究而言，重要的是要公開進行且完全透明，以便其他人（不論是不是研究人員）可以對於特定探究所得到的結論進行批判、評斷。如勞倫斯・史坦豪斯[198]所言，研究是**公開透明的系統性探究**（1983, 185）。

　　在此背景之下，我們必須注意先前探究結果的使用，並沒有或不全然被視為現有知識的**應用**（application）。既然特定探究過程的結果是自然發生的，我們基於此過程所做之有根據的主張，會逐漸與它們最初出現的情境脫離，並且（幾乎）開始展開它們自己的新生命。一個探究過程的錯誤結果，應用在另一種情況時，很可能會成為近乎可靠的事實。杜威指出，這是研究中經常發生的情況：研究計畫奠基於之前的研究結果上，如此便使這些結果比最初的狀態更具地位與確定性。如果說這樣的情形不是那麼普遍，但在我們發展對世界的知識與理解上，這是可以想像的。不過杜威警告我們，不應將其視為單純或專門應用確定的知識於新情境中：「當把最古老的真理應用於新案件，從而解決新的困難時，它在某種程度上得到了重塑。的確，唯有透過這樣的應用和重塑，真理才能保持與時俱進與有效性。」（1907b, 74）就此，我們可說知識的應用，是連續驗證過程的一部分。儘管研究人員可以試著製造出「事實」以及使事實穩定的環境，但是真正的驗證，是一次又一次地發生在應用這些「事實」的新情境中。因此，杜威的結論是：「盡可能擴大應用的範圍，是最能深入驗證的手段。」（1915b, 82）所以，我們最終可將驗證視為一個**社會**過程（Dewey 1911b, 77）。當我們在新

71

---

[198] Lawrence Stenhouse，1926-1982，英國的教育思想家，他是東英吉利大學（University of East Anglia）教育應用研究中心的創始成員。他曾透過英國政府委託的「人文課程方案」（The humanities curriculum project）致力發展學校課程的創新改革，也提倡教師應在教育研究和課程開發中發揮主動積極作用（Elliott & Norris, 2012）。著有《課程研究與發展導論》（*An Introduction to Curriculum Research and Development*）（1975）等書。

情況下應用現有知識時，成功與否不僅可檢視該知識在這種情況下的適用性，也可檢驗知識在新情況下是否成立。在利用現有知識處理新問題時，這兩個問題都是十分關鍵的。

探究與實證研究[199]的週期

杜威對探究過程的描述非常接近我們對日常生活問題解決的理解。當我們不知道該怎麼辦、該如何應對的時候，我們試著找出問題，制定應對策略，然後嘗試該策略。如果成功了，我們不僅可以聲稱已經找到了解決該問題的方法，這也代表我們對問題的理解是「正確的」，或者至少是足夠的（adequate）。當我們從解決問題的實際環境中抽離出來，並將該探究過程視為獲取知識的過程時，亦不難發現實驗性實證研究的主要成分。我們的出發點是假設可能的情況，然後制定實驗策略來調查情況，再進行實驗並觀察結果，最後我們依此基礎得出結論。

儘管杜威對探究過程的描述可能看來很熟悉，但不管是從日常問題解決或實驗性實證研究的週期來看，我們要記住這背後都有一套非常具體的假設論點。杜威關於探究過程的討論，我們不僅要從他的交互作用觀點來理解，也要從他的時間的存在形上學以及時間性知識理論來理解。換句話說，我們要記得當探究過程產生有根據的論述時，這個論述不會是對外部世界的描述，而永遠是對我們的行動與其後果之關係的描述。正因如此，杜威關於探究過程和知識的實驗獲取的想法，與實證主義者和後實證主義者[200]的解釋有根本上的差異。儘管杜威作品經常被收錄在後實證主義的「經典」中（見 Phillips and Burbules 2000），但

72

---

[199] Empirical Research，可指奠基於經驗的觀察研究、實驗性或臨床研究等，從而與單純透過文獻探討、比較的「理論性研究」（theoretical/conceptual research）做區隔（Lin, 2021）。因此，empirical research 或可翻譯為「經驗性研究」，然而常見的翻譯為「實證研究」，因此本書從善如流。此外關於 Empiricism 的意涵、指涉的演變，以及與實證主義之關係，請見第一章注66。

[200] postpositivist.

我們認為要這樣做之前應該更謹慎、甚至根本不應這樣做。畢竟，杜威的思想奠基於完全不同的形上學及知識理論，正如我們所說的，甚至不同於傳統字面意義上的**知識論**。

在第四章時，我們將回頭來討論杜威所採取的特殊立場之涵義。在此之前，我們想談一談有關社會領域的探究，尤其是教育探究。

自然領域探究與社會領域探究

到目前為止，我們幾乎沒有討論到自然領域探究與社會領域探究之間的區別。至少有兩個原因使這種區別沒有在杜威的實用主義中特別凸顯。

第一個原因是本體論的性質，與杜威不相信宇宙是由兩種完全不同的「材質」（即思想和物質）組成的觀點有關[201]。根據杜威的自然主義觀點，在物質世界以及意識、意義、互動和溝通的世界之間，存在著連續性。因此，當杜威爭論「社會問題的主題是存在的（existential）」，以及以廣義的「自然」而言，社會科學是「自然科學的分支」（1938a, 481）時，他並非提倡一種唯物主義[202]的化約論、認為只有用物理學語言表達的東西才能被認為是真實的[203]。他只想提醒我們自然與社會世界之間的**連續性**。杜威解釋說，在「社會」中，「物質被帶進更廣泛、更複雜和微妙的互動系統中，從而透過釋放先前因缺乏充分互動而被限制的潛能，而具備新的特性。」（1928a, 47-48）而且廣義而言，最重要的改變是**事物**變得有意義，並且此意義是一個**有共識的**[204]涵義。因此，杜威並非說物質世界是最基本的世界（也就是可以在，舉例來說，

---

[201] 這裡是指杜威不同意觀念論與唯物論的二元對立。

[202] Materialism，請見第二章注 14。

[203] 這裡作者的意思是杜威雖然認為社會科學是自然科學的一支，但他不是化約論者（或譯為「還原論」，請見第一章注 69 和注 70），而且杜威認為社會科學所研究的場域是相對複雜的系統。

[204] Shared，指共享的、有共識的、人們彼此認同的。

某些形式的行爲主義中所發現的唯物主義的化約論），相反的，杜威認爲**社會**世界是「我們所能觀察到的世界，最廣泛和最豐富的體現」（1928a, 53）。換句話說，社會是最複雜和最概括的自然交互作用層次，並非是一個全然不同的本體論、不同的實在領域。因此，沒有必要將社會領域的探究當作是完全不同的一件事。如果有什麼特別值得一提的，就是社會領域探究必須是所有探究原則的延伸。

73

奠基於此觀點上，我們理解社會領域知識的方式，也不會有根本上的差異。也就是說，沒有必要爲社會探究去發展另一套知識論。杜威的立場很簡單：「我們知道對於任何主題，我們都能在某程度上將可疑的境況轉變爲疑慮化解的境況。」（1929a, 200）這種知識的實驗性方法有個重要涵義，就是成功的行動不是「眞確的」（true）知識的**結果**，而是其**前提**（precondition）。杜威提醒我們，現代物理科學之發展，不是因爲研究者積累了大量觀察現象的事實，而是因爲他們刻意根據想法和假設，對觀察到的現象進行了實驗，再進行修正，然後公布新的觀察結果：「人們 [原文如此] 試圖透過控制操作條件，獲得了有關自然能量的知識，這結果就是知識。繼而應用所學到的知識，進行更大範圍的控制。」（1931, 66）出於這個原因，杜威主張如果我們希望擁有某種可以被賦予**社會科學**名稱的東西，只有一種方法，就是「進入社會計畫和控制的道路」（1931, 67-68）。

不過，必須立刻補充一點，當杜威提及社會計畫和社會控制時，他所指的並不是由上至下的強迫，由一個人決定另一個人應該或不應該做什麼。對杜威而言，社會計畫和社會控制只不過是（或即是）在社會領域中採取明智的行動（回想一下我們之前提到杜威對「控制」的定義）。換句話說，社會計畫和社會控制與社會理智（intelligence）的發展有關。杜威提醒我們的是，我們在社會領域中的所有行動，在根本上都是實驗性質的。我們常會有機會以自身最佳的知識去行動和回應，但是我們永遠無法絕對確定會得到什麼結果。此外，當我們刻意著手改變情況時，例如透過教育政策的實施，在邏輯上這始終是種實驗。這不僅

74 是因爲「它表示從許多替代構想中採用一種，作爲可能的行動計畫」，
而且也因爲「其執行後會產生結果，可驗證所採取的構想是否有效」
（Dewey 1938a, 502）。

綜上所述，自然與社會探究之間的差異——或者用杜威比較喜歡的
說法是「人的研究」、「對人類關係（human relationships）的探究」
或「對相關生活文化的探究」之間的差異，因爲這些說法並不會對研究
主題有預設立場（1947, 224）——只是**漸進**的性質。當然，這並不表
示在探討人類關係時，**不應**考慮任何相關差異。有兩個差異在此特別重
要。

人類關係的探究

首先，可以證明社會領域比自然領域**更爲複雜**。這種複雜性有部
分與以下事實有關：在社會領域較難建立「相對封閉的系統」（Dewey
1938a, 481）。但是，這是程度上的差異，而非種類上的不同，因爲能
「成功」探究物理現象，表示探究者已經成功地將對實體的探究從其社
會脈絡中抽離出來，並置諸物理脈絡。這是理解「物理事實」與「社
會事實」之間區別的一種方式，「當其構成要素及它們的關係維持不
變時，無論人類對其態度爲何」（Dewey 1931, 64），皆可稱爲物理事
實。但是杜威趕緊補充道，這並非意味物理事實完全和人類無關而獨立
存在。在現代社會中，物理探究的組織對文化環境反而具有**間接的**影響
力（Dewey 1938a, 481-82）。社會的趨勢和隨之而來的問題，仍然會引
起人們對某些物理問題的關注，甚至大過於其他議題。在這種情境下，
杜威警告說，完全將科學與社會脈絡分離的觀念「是一種謬論，在科學
家看來，這種謬論鼓勵了他們對其工作的社會後果不負責任」（1938a,
483）。換句話說，社會領域似乎比物理領域更爲複雜的事實，並不是
因爲兩種探究主題之間存在著根本的差異，而是因爲物理探究從更廣泛
細緻的社會政治環境影響中獨立出來，從而降低物理探究主題的複雜
75 性。這差別是建構出的，而非預先形成的。當然，這並不表示我們應該

期望在社會探究領域會發生類似的事情；畢竟，從更廣泛的社會政治脈絡影響抽離出來，物理領域探究才能擁有相對的獨立性。但社會探究不太可能依樣畫葫蘆，因爲社會探究本身就與社會問題連結，如果與社會政治的大環境影響分開，社會問題即不復存在。

　　社會領域不僅看起來比物理探究領域更爲複雜，實際上也**確實**如此，這還有一個原因：儘管杜威堅持認爲社會世界與自然世界是連續的，但如我們所見，他也指出在社會互動的層面上，物理現象被帶進了一個「更廣泛、更複雜、細膩的互動系統」中，以呈現出新的性質。正如我們在第二章所討論的，粒子的交流與人際間交互作用，兩者之間的關鍵差異在於人類不會以一個粒子觸發另一個粒子移動的方式，對其他人類的行爲做出反應。反之，人類在互動中，是針對對方行動的**涵義**作出回應。換句話說，人類行動的協調取決於持續預測[205]合作夥伴行爲的意義，以及持續預測合作夥伴可能希望與我們一起實現的目標。協調需要持續的預期調整，而這使得社交互動產生更高的複雜性。簡單來說：儘管自然界不會「思考」它可能會如何回應我們的行爲，但人卻不僅做出回應，還會根據對他人行爲的解釋來做出反應。正是如此，我們會發現社交互動特殊又複雜的本質。

　　第二個在社會探究中要考量的自然世界與社會世界的差異，與杜威所說的社會事實的主觀性質有關。先前已經提過，但在這裡我們需要以稍微不同的角度再次檢視這一點。我們已經了解到，當一個事件組成分子及它們之間的關係維持不變，亦不受人類對它們態度的影響時，杜威將其稱爲物理事實。他寫道，從物理的角度來說，事實「是系統性地排除了人類目的、欲求、情感、思想和理念之後的最終殘留物」（1931,64）。這意味著，某種事物可以因爲納入在人類溝通和有目的性的互動網絡之中，而**成爲**社會事實。或者更好的說法是，某種事物由於「與

76

---

[205] 這裡作者使用的詞是 continuous flow of predictions，亦即作者將連續預測的行動形容爲一種持續的「流動」。

任何一種人類目的與結果的系統之間具有聯繫」而成爲一種社會事實（Dewey 1931, 65）。正如我們所說的，儘管物理事實和社會事實之間的差異僅是程度的區別，但是對於適當地了解社會探究的特殊性而言還是很重要的。

社會科學的適切任務

可能有人會爭辯說，將社會事實與人類的慾望、情感和理想連結，會使它們具有一定的主觀性，因而無法建立任何「客觀的」或「科學的」結論。然而杜威認爲，當我們一方面看不到社會事實和社會探究主題之間的關聯，另一方面也看不到人類目的和後果的關聯時，會產生更大的問題。這將導致一種後果，即社會領域探究只能處理關於**手段**的問題，即如何實現某些成果和目的的問題，而**不能**處理人類（互動）行動本身目的與結果的問題。這種情況將使社會科學家成爲**技術人員**（technicians），只處理被指派的問題，並且將探究侷限在所提出的社會問題的情境框架內（見 Dewey 1947, 225）。這種風險的確存在，且是政治家、政策制定者等衆人對社會和教育研究所希望、期望、甚至要求的。杜威提供了有力的論證來抵制這種簡化的期待與要求。

在一篇名爲〈解放社會科學家〉的論文中（Dewey 1947, 224-38），杜威強力地反對一種觀點，就是社會科學家（那些研究人類關係和相關生活文化的人）應該完全專注於技術性的問題，即如何達到預定目標的問題。但是，他提出的替代方案，不是在社會科學的「適切」工作中增加關於目的和宗旨的（道德性）討論。杜威反而認爲，在**眞正的**科學探究中，參照架構（the frame of reference）不過是一種本身需要受到質疑和檢驗的假設。正是在此，杜威找到了物理探究在二十世紀發展的意義。雖然自十六世紀以來，物理探究顯示出「對改變更加重視」，但這種重視改變的精神長久以來受限於「牛頓學派的框架，亦即，改變發生在不變的空間和時間中」（Dewey 1947, 235）。杜威認爲，是相對論才使得這個故事更加完整，因爲它使空間和時間變成了事件本身的順

77

序，而這些事件本身是很容易發生變化的（1951, 340）。

　　首先在進行社會探究時，我們絕不應該只看問題的表面。如果那樣做，我們會忘記一個事實：即某些事件成為社會**問題**的原因，正與某些目標、結果、目的、理想和期望緊密連結。這不是說所有社會問題都可以單純靠著改變問題所在的人類情境來解決。這只是在提醒我們自己，當我們單純地接受問題表象時，我們就不會使自己有機會做「分析性區別」（analytic discrimination），而這是其中一種將不確定情境轉換成問題情境時的關鍵作為。這將導致社會探究被侷限為找尋解決表面問題的最佳方法，而非先試著確立（社會）問題的**本質**。

　　這也意味著我們不應該假定社會事實就只是「存在著」，且只需「觀察、組合和排列以提出適切的普遍定理（generalizations）」（Dewey 1938a, 489）。再次重申，社會事實並非獨立於人類目的而存在，亦即，至少應在充分理解**作為**社會事實的元素[206]之基礎上，對它們進行調查。

　　最後，我們得要探討杜威的社會探究取向更實際的意義為何。儘管杜威希望將社會科學家從技術員的角色解放——亦即，科學探究不侷限在只為實現某些目的，而使用最有效的方法的情境下——我們也了解他不想給社會科學家添額外的任務。但他主張我們應該將社會領域的科學探究任務視為涵蓋所有事實和價值的探究任務。因此，這不只是對於探究過程的結果進行評斷，而是將（社會）探究的評斷轉移到關注「方法—目的」（means-ends）之間的關係。我們不僅需要就其「作為解決問題之手段」的功能來評斷「現有材料」[207]（Dewey 1938a, 490）；同時，我們需要以同樣的流程，根據「能達到這些結果的可行方法」

---

[206] 例如作者於上一段提到的：社會事件隱含的某些目標、結果、目的、理想和期望。

[207] 如前所述，杜威所謂的探究的材料（material），即包括探究所蒐集到的資料（data）。

78

[的標準] 來評估結果（Dewey 1938a, 490）。在將不確定情境轉變爲確定情境的過程中，正如我們所了解，是杜威形容的明智的問題解決方式——固定和預定的目標是無用的（或至少是無濟於事的）。探究過程的重點（基本上所有探究都是如此）在於建立「方法—結果（目的）彼此之間**嚴謹的共軛關係**[208]」（Dewey 1938a, 490）。換句話說，在探究過程中，我們需要的是杜威所說「可預見的結果」（ends-in-view）。可預見的結果也就是假設，對於適切地執行探究至關重要。杜威寫道：「只有將可預見的結果視爲**假設**（通過對現有材料進行有效的區分和排序），邏輯上才有可能將現有材料確立爲手段。」（1938a, 490）

　　杜威有些諷刺地寫道，「除了社會領域以外的所有領域」都已存在正確解決方法的觀念，剩下要做的只是找到證明它的事實，這種觀念是「完全不可信的」。而把這種觀念當作行動準則的人，會被視爲虛假或古怪之人（cranks）（見 Dewey 1938a, 490）。唯有當我們認識到在理論和實踐中，要達到的目的（可預見的結果）本質上都是**假設**，而我們必須以「存在條件爲手段」來測試與形成這些假設的「嚴謹相互關聯性」（strict correlativity），如此，「當前處理社會問題的習慣」之變革才有可能發生（見 Dewey 1938a, 490）。換句話說，要在社會探究方面成爲徹底的實用主義者，我們不僅要以實驗的取向來面對手段，同時也要以手段與目的彼此具有嚴謹共軛關係的心態，用實驗的取向來面對目的。唯有沿著這樣的思路，社會探究才能幫助我們釐清我們所欲的是否可達成，以及所達成的是否是我們想要的（我們將在第五章中回到此議題）。

　　這些論述顯示，對於杜威而言，在社會領域中明智行動與狹隘概念下的社會工程或社會控制無關。唯有充分考慮到社會現實的主觀性質，

---

[208] 原文爲 strict conjugate relation。以往農業社會使用軛來使兩頭牛共同規律行走，因此，共軛關係可以指兩事物以共同的規律關係彼此密切相互搭配、同工、承擔相同結果等。

也就是完全將主觀性與人類目的、後果的固有關係納入考量，社會領域的行動才會是明智的行動。至此，我們只有向那社會探究形式中稱爲「教育探究」的，跨了一小步。

教育探究

從某種意義上說，教育探究只是諸多人類關係探究的其中一種形式。在這方面，它並未就探究提出任何特殊的問題，因爲一般的探究模式適用於教育領域的探究，就如更具體的議題與人際關係探究相關一樣。

教育實踐

杜威關於教育探究的討論中值得注意的一件事，是教育實踐的中心地位。教育實踐是所有教育探究的「起點和終點」。一方面，這是所需探究問題的唯一來源；它提供構成探究問題的資料和主題。另一方面，教育實踐也是「對所有研究結論的最終**價值檢驗**」（Dewey 1929b, 16）。杜威解釋說，

> 認爲科學發現決定了教育事業的價值，是本末倒置的。實際的教育活動才能驗證科學成果的價值。它們可能在其他領域具科學價值，但在教育領域裡，它們要教育達到目的，才具科學價值。而且，唯有在實踐中才能發現它們是否符合教育目的。（1929b, 26-27）

這符合杜威的觀點，即教育是一門**藝術**，而不是一門科學——或更確切地說：**確認**教育是一門藝術的，是科學，即教育探究的結果[209]。

---

[209] 原文如下：to be more precise: that it is an art that can be *informed* by science, that is, by the outcomes of educational inquiry. 這句話當中的第一個主詞為 "it is an

有鑑於杜威對教育探究的觀點中，教育實踐占據著中心位置，教育工作者則是教育實踐裡的中心人物。杜威一再強調，教育探究的唯一目的便是使教育者有更明智的行動。杜威寫道：「教育科學的源頭是深入教育工作者的心中、腦中和他們的手中的實證知識，藉此使教育功能上的表現比以前更加有見識、更加人道、更具有眞正教育意義。」（1929b, 39）杜威甚至說，教育科學的「最終的實在」不是在書籍、實驗室或教室中，「而是在那些從事指導教育活動的人的心中」（1929b, 16）。這意味著唯有「以教育者的思想爲媒介」，讓教育探究「使教育功能更加明智」時，教育探究的結果才能成爲「教育科學」（Dewey 1929b, 16）。探究的結果是教育科學的源泉，但杜威的重點是，唯有將實際教育過程的探究結果應用於教育中，才是「教育科學」。

在此背景下，杜威強調教育探究的結論不能轉化爲直接的教育行動規則，這和我們到目前爲止所理解的一樣（1929b, 9）。這顯然不是說教育探究對於教育實踐而言沒有意義；相反的，杜威強調先前的研究結果，並不指定未來的成功行動方案；他們不替未來的做法提供簡單的處方。教育探究提供了「理智的手段」（intellectual instrumentality）（Dewey 1929b, 14），可以爲新的研究提供「來源」，也就是作爲幫助每位教育工作者解決所面臨獨特問題的資源。先前探究的結果，可以使教育行動更明智，因爲它們提供的資源使教育工作者可以看見新問題，或以新的觀點檢視問題、指引他們的觀察，以及幫助他們詮釋遇到的問題情境。杜威寫道：

80

---

art"，正是第二個 that 所代表的主詞。因此這句話的翻譯應這樣理解：「教育是一件藝術」這件事，是由科學所告知、確認的（*informed* by science），也就是說，教育是一門藝術這件事，是受惠於科學，而杜威說的科學，也就是教育探究的結果。翻譯者謹呈原文及理解方式，盼以此回應審查者意見。

> 如果我們完全保留世界「規則」，那麼我們必須說，科學結
> 果是爲進行觀察與探究提供規則，而非爲公開的外在行動
> 提供規則。它們不是直接針對實踐及其結果發揮作用，而
> 是間接透過不同的心態而發揮作用。（1929b, 15）

　　教育研究的結果爲教育者在處理個別不同情況時，提供了更多選擇性。那是教育研究所能做的。它們豐富了教育者的判斷能力（參見Dewey 1929b, 10）。杜威認爲，這是教育探究結果唯一能影響教育實踐的方法。

教育者如研究者

　　這種觀點的另一個涵義是，教師自己應是「探究者」（investigators）（Dewey 1929b, 23）。畢竟唯有不單單把教育實踐當作教育法規與準則適用的場所，而是以實驗性和探究性的方式看待自己的教育實踐時，才有可能採取明智的教育行動。以杜威的話來說：「除非有直接參與教學的人員積極參與，否則不可能有足夠的主題內容去設立和控制研究者所要解決的問題。」（1929b, 24）因此，杜威認爲，教育研究不該僅僅針對教育和教育者做研究，而應該以有意義的方式讓教育者自己參與進來。

　　綜上所述，教育探究是永遠不會結束的，因爲在教育中，我們將不斷面臨新的、獨特的情況以及新的、獨特的問題。從一方面來說，由於教育探究的結果將反饋到教育過程本身，以使教育實踐更加明智，我們將不斷發現更多有待研究的問題，「然後對教育過程作出反應以進一步改變它，也因此需要以持續不斷的循環來進行更多的思考、更多的科學等等。」（Dewey 1929b, 40）這不僅意味著我們不應該期望教育探究會產出可靠的解決方案，而且我們只能希望在無止境的教育問題解決過程中，有「工具」可提供幫助。從某種意義上來說，這也意味著應該捨棄透過教育研究以任何直接方式「改善」教育實踐的想法。這至少，

81

只要我們仍然認為改善是使教育變得更加完美的過程。教育問題始終是獨特的，因此總是需要獨特的應對措施，並儘量針對實際、獨特情況的特質而量身定制。這，才是我們應該期望從教育探究中所得到的，除此無他。

第三章譯注之參考文獻

李日章（譯）（2005）。George R. Geiger 著。**杜威：科學的人文主義哲學家**（*John Dewey：In perspective*）。新北市：康德。

陳波（1998）。**奎因哲學研究：從邏輯和語言的觀點來看**。北京：生活・讀書・新知三聯書店。

陳亞軍（1999）。**實用主義：從皮爾士到普特南**。長沙市：湖南教育出版社。

梁瑞明（2007）。**康德的知識論與形上學《純粹理性批判》導讀**。香港九龍：志蓮淨苑。

賈馥茗（2000）。**恆真句**。http://terms.naer.edu.tw/detail/1307425。

鄧曉芒、匡宏（譯）（2014）。S. E. Stumpf & J. Fieser 著。**西方哲學史：從蘇格拉底到沙特及其後**（*Socrates to Sartre and Beyond*）。臺北市：五南。

郭博文（1990）。**經驗與理性：美國哲學析論**。新北市：聯經出版社。

復旦大學杜威與美國哲學研究中心組（譯）（2015）。杜威全集 32 晚期著作（1925-1953）第 12 卷：1938《邏輯：探究的理論》。上海：華東師範大學出版社。

Biesta, G. J. J. (2020). *Educational research: An unorthodox introduction*. London: Bloomsbury Academic.

Elliott, J., & Norris, N. (Eds.) (2012). *Curriculum, Pedagogy and Educational Research: The Work of Lawrence Stenhouse.* London, Routledge.

Lin, Y.-s. (2021). Possibility Thinking. The Palgrave Encyclopedia of the Possible. https://meteor.springer.com/container/contribute.jsf?id=166650. Doi:https//doi.org/10.1007/978-3-319-98390-5_156-1

第四章
實用主義的結果

認識（to know）是一種典型的人類行為——是人類的專屬，
神靈或野獸不會這樣做。

——John Dewey（1911a, 68）

目前為止，我們重新詮釋了杜威關於認知和行動的觀點，以澄清杜威對教育探究與研究的看法。在第一章中，我們以較宏觀的角度介紹了杜威之哲學研究的背景，好闡明杜威想要實現的目標；而本章的主要目的則是探討杜威思想的涵義。畢竟，如果杜威的觀點在其結果（consequences）上與其他關於知識的理論沒有什麼不同，那麼他們將無法符合實用主義哲學核心的原則。因此，在本章中，我們將討論杜威實用主義的結果，以釐清杜威的思想事實上有哪些不同點。我們主要將討論三個問題，這些問題不僅是許多世紀以來討論關於知識的哲學所關注的焦點，也對於有關教育研究與教育目的的討論至關重要。首先，我們將了解杜威的觀點如何影響我們理解理論與實踐之關係。接著，我們將討論知識與實在之間的關聯。最後，我們將以杜威學派的觀點為基礎，探討關於客觀主義和相對主義的問題。實用主義的這三種結果（consequences）揭示了杜威關於知識和行動的觀點。在第一章中，我們主張杜威哲學的綜觀目標是恢復人類行動的理性、能動性（agency）與責任。而在本章中，我們將闡明這是一個能統整這三個關注面向的主題。

理論與實踐

杜威認為，知識及行動之間有密切關聯的想法，並不代表他想在知識領域和人類行動領域之間建立聯繫。他並不是要恢復物質世界與思想世界之間的連結，或是依笛卡爾的說法，**外延物**與**思維物**之間的關係[210]。相反的，他的目的是「在實在與自然界過程的普遍架構下，重新

---

[210] 請見第一章注 86 和注 87。

整合人類的知識及行動」（Dewey 1939b, 80）。兩種方法取徑之間的差異可能微妙，但對於充分了解杜威的立場相當重要。**關鍵是杜威並沒有尋找一種連結或一統分離之物的方法**。畢竟，他拒絕了現代哲學所根據的預設論點，即知識領域和行動領域之間存在著差距，而且這種差距不僅具有方法論或認識論的性質，且同時也深深嵌入宇宙的細部架構。

認識論的終結

如我們在第一章中簡要討論的，現代哲學的二元對立架構有幾個涵義是有問題的。首先，它對我們的知識產生了不信任。由於現代哲學假定心靈與物質之間存在不可逾越的鴻溝，並主張我們永遠不能確定我們的思維能與實在「聯繫」。因此，現代哲學本質上具有懷疑論[211]傾向。自從現代二元對立的世界觀出現之後，哲學家就試圖解釋如何可能產生知識。但這個問題——以及幾個世紀來受到這個問題所困擾的認識論哲學分支——都僅僅是二元對立架構的產物。當該架構受到質疑時——這也是杜威重建該架構的意義所在，為要顯明此架構僅為現代哲學發展的偶然結果，而非所有哲學概念化（philosophizing）的必然起點——我們大可超越現代哲學的懷疑論，從而也超越認識論。

杜威確實宣告了「認識論產業」的終點（1917, 23; 1941, 179）。他還認為，他的哲學並不「特別傾向懷疑論」（1906a, 97）。然而，杜威拒絕現代哲學的懷疑論，並不代表他認為我們能在觀察到事物的同時

85

---

[211] Skepticism，是一種對於存在可靠知識的懷疑或否定的主張。例如笛卡兒（理性主義）對於外部世界的懷疑，或是經驗主義的休謨（D. Hume）對於歸納因果的懷疑，都會引導到知識不可信或不可知的結論。而十九世紀實證主義等哲學因強調科學方法與客觀真理，屏除人的主觀性，同樣也對於人的思考感知抱持懷疑。因此作者說現代哲學本質上具有懷疑論傾向。不過杜威並非懷疑論或不可知論者（見下文），他承襲珀爾斯的可謬論（見第一章注 100），雖批判傳統哲學的假設，卻不放棄對知識的追尋，提倡透過實驗等方式來修正現有知識概念。

即了解它[212]。杜威堅信我們所知的事情都可能有謬誤，「透過明智地採取行動，我們的任何一種信念都有可能透過發展 [信念] 自身的涵義與應用，而受到批評、修正，甚至是全面消除。」（1906a, 98）但是杜威並沒有說，因著心靈與實在之間的鴻溝，我們永遠無法確定我們能觸及實在，因此我們的所有知識都是有謬誤的。[杜威] 純粹認為 [知識的謬誤] 是因為我們永遠無法確定未來會如何發展：

> 不可知論[213]承認對特殊事物的一無所知狀態……是一種明智的誠實行為。但是這種懷疑論和不可知論是基於特殊的條件；他們不是全面適用的；他們並不對認知主體的恰當性發出普遍的彈劾，以阻止其執行認知的職務。（Dewey 1929a, 154）

現代哲學的二元架構不僅導致我們問一個問題：要如何了解自己所處的世界，也提醒著我們區分一個人的所知與所做。換句話說，那個問題問的是：知識（根據現代哲學的定義屬於心靈層面）如何影響我們的行動（在定義上屬於物質層面）。正如我們已討論的，杜威的交互作用論將知識視為有機行動**中**的一項因素，而非將其置於行動領域之外。認知的過程是一種活動，它是一種「行動模式」（a mode of doing）（請見 1916b, 367; 1929a, 184）。它是整合概念性操作和存在性操作的產物。杜威認為，認識者（knower）是「在存有（existence）的世界中；他的知道，如同實驗性的，標注著一個存有與另一個存有的互動」（1929a, 236）：「然而，它與其他存在性的交互作用，有著重要的差

---

[212] 這句話也意味杜威不認為我們的所見所聞就是正確的知識。

[213] Agnosticism，是一種對於鬼神等超自然問題，抱持人無法得知的主張。與無神論不同的是，它並不否定神鬼等的存在，只是承認人無法確定或得知其存在與否。不可知論包含了宗教上的懷疑論，將宗教當成是社會的傳統。

別：此差別不是它所處的自然界與自然界之外的某物之間的區別，而是規則的改變過程與不受控制的改變過程之間的那種差別。」（Dewey 1929a, 236）知識，依照杜威的看法，不僅僅是整合概念性操作和存在性操作的**結果**。他對探究過程的描述，同時闡述了知識（以有根據的主張之形式，以及行動與後果之間的可能關聯之形式）如何回饋於實驗性的問題解決過程。奠基於這些論述可知，知識能影響我們的行動。

86

　　當然可以有人反對，聲稱杜威這兩種說法讓認知過程（knowing）變成一件不可能發生的事。畢竟，如果知識是我們實際的作為，也就是說，如果它是對事態的干預，那麼實在將在形成知識的過程中產生轉化，那麼我們將永遠無法掌握事物真正樣貌。杜威對這個說法的回應是，唯有當實在對我們來說，是終極不變之實體的集合，才會有這種問題。杜威於存在的形上學，闡明實在本身是具有實用性的。這意味著知識不是實在的複本（reduplication），而是把實在轉為「代表結果的紀實（account）」（Dewey 1911a, 68）。如果認為知識只是在重述那些已經存在世界上的觀念，可能會給我們「拍一張照片的滿足感」，但僅此而已：「如果觀念的價值是以獨立存在於觀念之外的東西來判斷的（即使可以進行測試，但這看來是不可能的），那麼形成這樣一種觀念，既無法在自然界中有功能，也不能對自然界發揮任何影響。」[214]（Dewey 1929a, 110-11）

---

[214] 此引文出於杜威（1929a）的《確定性的追求：對知識與行動之關係的研究》（*The quest for certainty: A Study of the Relation of Knowledge and Action*）一書中的第五章「有功效的思想」（Ideas at work）。杜威在此引言的前後文提到，觀念不應是世上既存事物、知識的再現，而是用來指導人們行動與操作過程的預測、控制等，以達到預期的目標。因此觀念若不化為行動，例如以其改善我們所生活的世界，是沒有價值的。也就是說，杜威持續以珀爾斯的原則來論述知識，以知識產生的結果來判斷其價值。

理論的實踐

如果說**必須**將理解和行動連結在一起（我們已經證明這是杜威實用主義的核心思想），那麼，接下來我們需了解一個重要主張，即（所謂）理論（也就是我們在行動以外獲取知識的領域）與實踐（我們運用知識的領域）之間的區隔，已不復站得住腳。換句話說，根據杜威的論述，在理論領域和實踐領域之間沒有認識論上的區別或隔閡。這並不是說無法在理論和實踐之間進行任何區分，但是重要的是要弄清楚這種區分意義為何。例如，我們經常傾向於將教育研究或教育科學稱為（教育）理論領域，而將學校或其他教育環境中的實際工作稱為（教育）實踐領域。若我們稍微審視一下教育的發展歷史，就會發現教育研究與教育實踐之關係的問題，一直是教育長年存在的疑問。

然而，如果我們以杜威觀點來看，就能清楚看出理論與實踐之間的區別，只是功能上和漸進的區別。實際上，我們通常所說的理論和實踐是兩種不同的實踐。並不是說被稱為「理論」的實踐只與知識有關，而被稱為「實踐」的實踐僅是關於行動。兩種實踐都包含知識和行動的結合，唯一可能的區別是在於強調的面向。

這一結論也同樣適用於現代西方世界中理論與實踐之間最顯著的區別之一，即科學與常識（common sense）[215]之間的區別。我們已經了解，杜威不贊成所謂科學具有通往了解實在的特殊方法，且這種方法不同於我們在日常生活中獲取知識方式的這種說法。杜威強調，科學探究需「遵循與常識探究相同的模式」（1938a, 245）。換句話說，杜威認為科學與常識之間存在**方法上的連續性**。這個方法上連續性之原則的重要涵義是，任何探討科學與常識之關係或起因於此關係的問題，都不應

---

[215] 如第一章注 97 和注 106 中所解釋的，常識（common sense）實際上應翻譯為「常理」或「共通感」。惟此翻譯名詞已成為約定成俗的用法，因此在本書中仍使用「常識」一詞，請讀者閱讀時紀念其真正的意涵為常理、共通感。

被理解為**認識論的**問題——它們是源於社會上科學與常識之間工作分工的問題，是徹底的社會問題。

　　有幾位作者斷言，杜威在此論點上切中要點，準確說出理論與實踐之間的傳統關係（Hickman 1990, 107）。在某種程度上，這是正確的。杜威不贊同這種說法：理論是人類所能達到的最高目標，因為理論使人直接通往永恆不變、真確的事物的途徑；而實踐則是次等的，因為實踐僅涉及行動與偶然事件的世界。但杜威看重實踐，強調理論是行動的功能。在這方面，杜威的主張似乎完全顛覆傳統觀念中，理論與實踐之間的關係。然而，如果我們細看杜威的主張，即**理論**和**實踐**是兩種不同的**實踐**，會發現更精準的說法是杜威駁斥兩者之間存在著**垂直**關係（任一方向的垂直關係）[216]，但主張兩者應互為**水平**關係[217]。

科學與常識

　　前述概念，對於我們如何看待科學在社會中的作用與地位，更準確的說，對於我們看待教育研究與教育實踐之間關係的方式，具有重要的意義。概括地說，方法上的連續性原則消除了我們對科學知識（也就是由社會實踐產生、被稱作「科學」的知識）的一個觀念，即科學知識應自動擁有認知權威，它應該被視為本質上比日常知識更高一等。科學研究結果被稱為可信的，可能有各種不同的原因，但是這些原因既不是認識論性質的，也不是絕對適用於所有科學研究的。它們與特定探究在特定環境與條件下進行有關。但是，稱科學研究結果為可信的原因，**不能是**因為科學家採取了特殊或更可靠的方法來獲取知識，所以稱它們更接近「真實的」實在。

　　杜威對探究過程的詮釋，其中一點強調我們不應將知識理解為對事實的陳述，而是看到知識永遠表達著**可能性**——是原則上能被實現或變

---

[216] 即上下位的關係。

[217] 即對等的關係。

成眞實的可能性。當我們將這一點與方法的連續性原則串連起來時，一定會得出以下結論：所有關於具體的問題情境的知識都是假設性的。進一步來看，科學研究結果和日常生活實踐之間的關係，並不是一個簡單將科學眞理從科學領域傳遞下達到實踐領域的過程，而實踐僅能遵循科學的發現而已。這種杜威式的取徑暗示科學會產生可能性，而實踐者可以在日常行動中使用這些可能性——更具體地說，可以用於他們自己的探究，解決自己所面臨問題。

順著這個思考，可說杜威對於思考理論與實踐之間、科學與常識之間、以及教育研究與教育實踐之間的關係，開闢了一種新的思維方式。杜威提出的知識——科學的知識，即由教育研究（人員）產出的知識——是一種工具，可幫助我們找出當下（問題的）經驗的（可能）意義，以至於使我們更有機會找到恢復協調行動的方法，簡言之，也就是解決我們所面臨問題的方法。以第三章中的例子來說，老師面對干擾上課的學生，可能會發現研究有助於理解並處理眼前的問題情境，但並非如同食譜般直接告訴她該怎麼做。

對杜威而言，知識和理論普遍來說是非常實用的工具。他寫道：「理論與實踐的悖論在於，理論相對於所有其他實踐模式而言，是最有實用價值的，它越是公正和客觀（impersonal），它就越具有實用性。這正是此悖論弔詭之處[218]。」（1915b, 82）杜威對科學與常識之關係的詮釋，或者具體來說，教育研究與教育實踐之關係的觀點，可以幫助我們恢復兩個領域之間的平衡，這種平衡已被扭曲爲科學能提供一種特殊知識的假定。從常識的角度來看，杜威學說可能有助於形成一種論述，不再假定科學主張在本質上自動地具有更好的或更大的價值。從科學的角度來看，杜威學說對於科學可實現或無法實現什麼，有助於持更加謙

---

[218] 原文 And this is the sole paradox. 根據上下文的意思，杜威以反諷的語氣形容自己的悖論，是打破科學與常識（常理）的對立，指出越公正客觀的理論應越具實踐性，而非只是抽象且高高在上、不具實踐性的觀點。

遜——以及更務實——的態度。儘管在許多情況下，這個理想還有很長一段路，但杜威的取徑至少爲理論與實踐、科學與社會、教育研究與教育實踐之間的關係開展了抱持不同態度的可能性，這態度會是更開明（less authoritarian）、更民主的態度。

　　然而，會有人認爲，即使我們所有人都採用杜威的觀點去理解與發掘知識，情況可以改善、問題也可能被解決，但仍有一個更深層的問題需要探究。在許多情況下——不只有那些涉及自然科學的情況——這個問題不全然是關於調合不同的可能性，好[完整地]述說一個經驗，而是調合對於實在之**眞實**樣貌的不同述說觀點。即使我們選擇改變對知識的觀點，仍然存在更棘手的問題，就是科學世界觀與我們日常經驗的世界觀，存在著對於實在的不同主張。換句話說，唯一可能的調和是在心理層面上。杜威明確拒絕了對於他的「工具主義」知識觀的一種心理解讀，他寫道：「許多評論者採用一種『工具性』的知識理論來表示認知的價值對認知者是有幫助的……但是在認知過程中，『工具主義』並不是一個關於個人性格與滿足感的理論。」（1925a, 121）爲能了解杜威工具主義的意義，並且爲了能以更深入的方式探討科學研究所呈現的世界，與我們日常經驗世界之間的緊張關係，我們需要轉向本章的第二個主題：杜威實用主義的實在論（realism）[219]。

90

實用主義的實在論

　　在討論杜威對於知識與實在之關係的觀點時，有兩個問題需要考慮。首先是常見的有關知識的「實在」的問題。第二個是更具體的問題，也就是我們應該如何理解日常經驗世界與科學研究世界之間的關係。

---

[219] Realism 又譯爲「唯實論」。Realism 與觀念論（idealism）相對，主張外在事物獨立於意識之外而存在，其哲學主張又分爲古典與新實在主義，請見第一章注 20。

知識的實在

杜威多次強調，他所主張的實用主義，其前提和傾向顯然都是實在論的（realistic）[220]。這樣的實用主義不是一切都只存在於「頭腦中」，或者把知識當成心靈建構之物的觀念論（idealism）。我們與眞實世界保持著聯繫，我們的知識也與此實在相關。儘管我們可以說杜威的哲學表達著一種實在論而**非**觀念論，但杜威的實在論至少在兩方面與其他的實在論有所不同。首先，杜威不認爲將實在視爲是宏觀或微觀物質實體的集合，是唯一認識實在的方法。杜威的存在形上學將實在定義爲一種過程，而非在過程中出現的物質實體。其次，杜威不贊同要以完全脫離人類的角度才能闡明實在是什麼。杜威一次又一次地強調，我們並不是觀眾，靜靜地看著已演化完成的宇宙，而是一個在不斷演化的宇宙中的參與者。如果我們想說說什麼是「實在」，那麼我們必須永遠記得自己在其中的存在。這就是爲什麼繼斯里佩[221]（1986, 92）之後，我們把杜威的實在論描述爲**交互作用的實在論**（transactional realism）。

在前面的章節中，我們討論了在杜威的交互作用實在論中，知識如何與實在產生連結。知識與實在之間的關係並不是一種靜態的符應關係。如果我們要套用符應的概念，它必須具有時間性和交互作用的概念，亦即是一個在時間與「目的、計畫及其執行和實現」之間的符應（Dewey 1907a, 84）。換句話說，這個符應是一種**功能的**符應關係，

91

---

[220] 此字爲雙關語，既是指傾向實在論的，也有務實的意味。

[221] R. W. Sleeper，1927-1986，曾任紐約市立大學皇后學院（Queens College of the City University of New York）的哲學教授。作者此處引用的是 Sleeper 於 1986 年所出版的一本書《實用主義的必要性：杜威的哲學概念》（*The Necessity of Pragmatism: John Dewey's Conception of Philosophy*）。此書重新探討杜威一些冷門且較難理解的哲學觀點、邏輯等，透過闡明杜威行動導向的哲學、探究的目的及其如何在社會改變發揮功用，Sleeper 企圖在這些論述中尋找杜威觀點的一致性。Sidney Ratner 也稱這本書爲近幾十年間對杜威重新評價的最重要的作品（www.press.uillinois.edu）。

當我們的概念運思能對於預期的變化產生建議的行動，即可達成該符應關係。這是因為有採取行動（或更具體地說是有機體與環境的交互作用），所以探究的過程中有根據的主張可以與實在連結。

杜威對認知過程的時間性與交互性（temporal-transactional）的理解意味著，知識並不是我們對實在的想法與實在的「真實樣貌」之間達成的共識，而是始終都是**關係的知識**（knowledge-of-relations）。這在現代自然科學的方法中尤為明顯——它，正如我們在上一節所了解的，不是一種特殊方法，而只是「一種強化的認識的形式，其中大量記載了所有認知的必要特質」（Dewey 1929a, 200）。根據杜威的說法，實際探究的方法「是引入一些變因，以便觀察還會引發什麼變化」（1929a, 68）。這種方法的重點是找到「變化之間的恆常關聯」（Dewey 1929a, 82）或「變化之間的相互關係（correlation）」（Dewey 1929a, 68）。這清楚地顯示存在操作在認知過程中，無論是對研究對象的操縱、干預，或是改變受觀察、檢驗對象的條件，皆是重要的。

在這裡有一點需注意，杜威並未將科學方法的本質，描述成一種為了觀察研究對象或情境產生的轉變而引入變化的方法。畢竟，那將使我們再次處於觀眾的角度，而這是杜威想克服的情境。為了了解杜威想要做出的改變，我們需要進一步來看他職業生涯的其中一個階段所提出的論述，這項論述他稱為「激進經驗主義」（radical empiricism）（1905, 158）。

根據杜威激進經驗主義的中心主張，我們的知覺（perception）「是推論所有自然物體和過程的唯一最終數據資料、唯一媒介」（1911c, 109）。儘管在任何可理解或可驗證的情況之下，我們並不**知道**自己的看法，只是單純地**擁有**它們，但杜威認為「透過或藉由它們」，我們是了解我們所知的一切的（1911c, 109）。這裡的主角是「有所作為」，即採取行動。畢竟，我們的知覺需融入在進行的活動順序中，才可能建立我們知覺的可能涵義。因此，當杜威用變化之間的相互關係來定義知識時，他所指的並不是外部世界發生的變化，而是我們在時刻 1 的知

92

覺、時刻 2 的活動和時刻 3 的知覺之間的相互關係。

　　儘管杜威清楚地明白哪種說法代表自己的立場、而哪種說法不是，但看來他的激進經驗主義與我們日常生活的實在論、以及（自然）科學的實在論都很不同。我們日常經驗的世界，很大程度上是有具體指涉對象的世界，並且在我們與這些對象的日常互動中，我們非常清楚這些對象是什麼。儘管規模不同，科學家工作的世界也是如此。再次，一切似乎都告訴我們，科學家活動的重點是盡可能了解構成自然世界的所有（微觀）物體，因此似乎很有理由說，我們在一個實體世界中過我們的日常生活與科學生活。但很可能這個天真的實在論，從哲學的角度來看，使我們走錯了路。這正是杜威所說的，如果任何事物需要哲學上的解釋，那不是我們對物體的**知覺**，而是我們對**物體**的知覺；亦即，他認為我們對物體的知覺並不會模糊不清，而是看見清晰且充滿意義的對象（Dewey 1930c, 253）。我們看得見桌子、椅子、汽車、樹木、其他人類；就像是訓練有素的醫生，眼睛可以立即看到疾病；訓練有素的音樂家，耳朵可以立即聽到和弦，依此類推。那麼，我們知覺的對象和我們的知識的對象又會是何種狀態？根據杜威的實用主義，他們有多真實呢？

知識的對象

　　杜威的交互作用論意味著日常經驗的對象，應該要理解為人類與環境之間的交互作用的產物。這些對象可以視為是交互作用隨時間推移所採用的結構或形式。這並非人類無法理解的某種神祕過程；它其實是交互作用隨時間發展的結果。從這方面來看，交互作用產生的轉變是真實的。正如我們在第二章中的簡短討論，人類有機體和其環境的交互作用結構會受習慣影響。以視覺感官這方面來說，杜威解釋道，我們應將對物體的知覺理解為「使用單一集中的方式來排列和組織反應，使原來模糊的東西變得明確而有意義」（1929a, 190）。習慣在這個過程中相當重要，因為如果沒有以「為了持久的目的而不斷經常、持續使用事物」

93

的習慣來處理，立即的知覺「本身將永遠不會具有豐富的意義，也無清晰的涵義」[222]（Dewey 1929a, 190）。因此，知覺的對象（object）需存在於有機體與環境的交互作用中；它們是這個**交互作用**所採取的形式，而不是實在「眞實樣貌」的形式。

　　既然認知過程（knowing）只是一種經驗模式，杜威強調，日常體驗的對象、常識的對象，涵蓋了人類所有特質（qualities）的範圍。常識經驗知覺的事物包括「有色彩的、響亮的、可觸感的、味覺的、可愛的、可憎的、令人享受的、令人喜愛的、有吸引力或令人反感的、令人興奮的、無感的和令人沮喪的」對象（Dewey 1925a, 114）。知識的問題，與我們的立即知覺對象作爲認知指標，如何透過我們的行動以引發其他經驗有關。正如我們之前所討論的，這意味著知識與經驗到的對象之間的關係有關，而與對象本身無關。這也表示關於認知過程，我們必須在一定程度上與日常經驗對象保持距離。知識以我們日常經驗的對象爲基礎，而如我們稍後將提到的，最終會返回到這些對象，但知識並不等同於這些指涉對象。

　　這也就是說，不能將日常經驗的對象理解爲知識的對象，換句話說，不應將其理解爲應該獲取知識的對象。彷彿認知的過程是要越來越了解我們日常經驗的對象，但杜威認爲，這是本末倒置的看法。知識的對象並非優先於或獨立於認知過程的操作。正如杜威所言，它是**最終的**，亦即「它是有方向的實驗操作的結果，而不是在認知行動之前就已存在的東西」（1929a, 136-37）。接著，知識的對象會從我們與環境的實驗性交互作用中產生。理解這一點相當重要，才能了解像是**這**

---

[222] 杜威的原文在這段文字主要探討抽象感知，例如美感的知覺，是經驗的結果，而這當中是我們的習慣（例如以長久、單一的方式來利用一張桌子）使我們經驗到事物的獨特特性。我們對事物的感知標示著我們以組織排列反應的方式來賦予事物意義，同時理解事物本身的意義。雖然這是杜威對美感知覺的解釋，但杜威接著也說明我們感知科學或物理學的對象，會是同一種手續的擴大（Dewey 1929a, 189-190）。

張被立即經驗到的桌子（this table）、與作為知識對象的**這種**桌子（the table）之間的區別。人們可以有各種 [對桌子] 不同的經驗，例如一張漂亮的桌子、一張醜陋的桌子、一張因為在某家庭中待了很長一段時間而 [家人對它] 產生依附的桌子、一張紅色的桌子、一張擋路的桌子等等。這些都是不同的立即經驗；它們都是屬於**這張** [桌子] 的不同經驗。杜威寫道：「這[223]，一直都在經歷變化」，而從交互作用的角度來說，原因並不是因為**我們**一直在變化[224]（1929a, 189）。

　　儘管有無數範圍的不同即時經驗存在，但這些經驗是可能連結起來的，例如，一個紅色桌子或一個某人已與之建立依附的桌子的**經驗**（某種意義上是個人的或特殊的經驗），可透過進行一項**活動**，像是放個東西在那桌子上，然後因著那東西留在桌子上的**經驗**（一種可以與他人共享的經驗）而被連結。因此，儘管我們有不同的即時經驗、不同的「事物」及不同的質性經驗（qualitative experience），經過我們行動的介入，我們最終可以得到相似的立即經驗。換句話說，我們可以在眾多關係中發現一個恆常性[225]。杜威認為，這個恆常便是**知識的對象**。他解釋說：「**這種**桌子正是作為達到單純目的的手段的一系列『**這張**』 [桌子] 之間的恆常性。」（1929a, 189）

　　因此，作為一個知識的對象，我們應該將**這種**桌子理解為一種**手段**（instrument）或**工具**（tool）。畢竟，我們因著能辨別**這張**桌子是一**種**桌子，我們才能將我們對這張桌子的質性經驗連結至接下來幾種可能的後果，而這些後果不是單純的存在於我們經驗到的「這個」（thisness），也就是**這張**桌子的質性經驗裡。這樣的連結可以幫助我們找到對

---

[223] This，指「這一張」桌子的「這」，而非這種桌子的「這種」（the）；也就是指獨特經驗，而非一般概括知識（這種桌子）。

[224] 不是因為我們在變化，而是因為我們一直有對於事物不同的獨特經驗，這個觀點作者於下一段會進一步解釋。

[225] a constant，或下文的 constancy，可譯為持續性、恆常性，國教院的雙語詞彙資訊網則譯為恆定性、持久性（請參見 http://terms.naer.edu.tw/detail/655953）。

這張桌子的適當反應。或者，從另一個角度來看：透過觀察無數個的桌子後，我們在建構了一**種**桌子 [的意義]，而我們與環境間的交互作用變得更加結構化；我們不再只由獨特的即時經驗轉換到另一個經驗，而是開始辨別出模式（pattern）、結構和形式。

杜威的工具主義（instrumentalism）

前述內容清楚定義了知識的對象是——與我們即時的質性經驗對象不同——無法單純被經驗的；他們是**建構出來的**。杜威明確指出，我們應該將認知的對象視爲一種建構（1929a, 168）。但是，我們還是必須從交互作用的角度來理解杜威的建構主義（constructivism）。知識的對象是交互作用的結果、是從交互作用過程中建構出的、或是交互作用的功能之一：「任何在現有條件下有效運作的工具，都必須考慮到現有的東西……但是『考慮到』……並不是指與已經存在的事物全然相同。」（Dewey 1929a, 165）這也表示我們不會憑空建構知識的對象；它們不是幻想的事物，僅在我們的腦海中形成。如同我們只能使用具體材料製造出有效的工具一樣，知識對象也必須從可用的「材料」（materials）中建構。

杜威認爲，正如同我們日常知識的對象是建構而來的，科學探究的對象也是建構而來。畢竟，科學的探究與日常探究之間並沒有根本的差別。如果這兩者中間有所差異，一定是**實踐上的**（practical）差異。杜威提出，我們在日常生活中建構的知識對象與科學探究中建構的知識對象之間，主要實踐上的區別在於個別知識對象可能使用的範圍。[例如日常生活中] 桌子僅對應於少數的可能用途。但是，如果我們認爲桌子是由分子所組成的，那麼它可能的用途或可能的回應範圍會急劇增加：「物理對象……可區分事物的不同性質，也使個別物體被視爲全面的、同質或非質性系統的成員之一，因而增加了掌控個別物理對象**發生**的可能性。」（Dewey 1929a, 192）杜威認爲，這是我們日常生活的知識對象與科學建構的知識對象之間唯一的區別。科學的客體（對象）既不會

95

比我們日常經驗的對象更爲眞實（或說更爲「基礎的」或「眞確的」），也不會較不眞實（即較不「理論」或「抽象」）。它們都是在我們與環境進行交互作用時產生的，只是因爲它們用於不同目的而有所不同。但是兩種對象之間沒有邏輯上或認識論上的差異；唯一可能的區別在於經驗與行動之間可能存在關係的範圍，而與我們日常知識的對象相比，科學的對象通常允許涵蓋更大範圍的關係連結。但是在兩種情況下，立即的質性經驗都是 [探究的] 出發點和終點。杜威寫道：「最終目標是能夠欣賞和應用事物的即時直接經驗。」（1929a, 177）這意味著，除了科學和常識之間方法上的連續性之外，內容上也具有連續性。科學並沒有理解實在的途徑，它同樣必須回歸到即時的質性經驗上。

96　　理論與實踐、科學與常識

杜威的交互作用實在論及其對我們理解知識對象和我們立即、質性經驗的對象的啟示，是提出一個可以解決上個章節結尾所說問題的方法。上個章節說明如何使我們日常經驗的實在與現代科學的實在相互調和。杜威的工具主義不僅表明，科學建構的知識對象與我們日常交互作用中建構的知識對象並無基本上的區別；它還揭示了知識對象與我們即時質性經驗之間的聯繫。由此可知，科學領域並不是與常識領域處在競爭關係。正如杜威所述，科學知識和常識的對象，皆爲「確保和避免即時對象（immediate objects）」的手段（Dewey 1925a, 114）。因此，結論是，在形上學方面，自然科學的對象並不對立於我們即時質性經驗的對象；它們是「指導後者的手段」（Dewey 1925a, 119）。杜威如此說：

> 科學的作用其實是在於闡明，對於任何自然界對象，我們都可按照其發生所依賴的關係、或作爲一個事件來對待，並且通過這樣的對待方式，我們就能在一定程度上看透我們直接經驗（direct experience）的對象所呈現的立即特質，並規範它們的發生，而不是等到情況已超出我們控制範

圍，再使其發生。（1929a, 84）

　　這再一次表明，杜威所謂的探究，其核心主題是知識在行動中的作用，而不是行動應該僅僅遵循知識的指示。我們可以說關於科學研究與人類實踐之間的關係是，研究的目的應該是幫助和支持人類實踐中發生的事情，而不是指導什麼事情應該發生或不應該發生；研究應該是使從事人類實踐（包括教育實踐）的人們能夠實現他們想要或認為應該實現的目標。

　　杜威的工具主義建立在他的交互作用的實在論之上，因此可以解決所謂的科學實在與日常生活實在彼此對立的問題。與其將它視為兩種實在之間的對立，且在這對立中必須最終判決何者為「更真實的」實在，杜威表明科學的實在和日常生活的實在，兩者只要都是由知識的對象構成的，它們就只是兩種工具的集合。杜威指出，詢問實在（或者說詢問真理）的工具性程度是毫無意義的。唯一有意義的問題是，我們可以如何運用這些工具。如果我們以各種不同脈絡下（無論是科學的或其他情況）所產生的所有知識對象作為我們日常行動的可能工具[226]，這樣一來，問題就不會是哪一種工具（因為它可能是更真實的）而應具有優先性，而是如何以最有幫助的方式整合不同的工具、不同的知識對象，以解決我們在日常生活中面臨的問題。我們探討的重點不再是如何取得科學領域與常識領域之間平衡的理論問題，而是轉向統整、整合和協調不同工具的**實踐**問題。因此這種觀點的啟示是，專業教育研究者所產出的知識並不會凌駕於教師對自己的經驗進行反思和學習所產出的知識之上——同樣的道理，後者也不會自動凌駕於前者。這兩種錯誤在教育思想中很是猖獗，而杜威為我們提供了避免這些錯誤的方法。

97

---

[226] 英文 instruments 除了有工具的意思，也包含手段、方法。因此建議在這章中，許多時候讀者可以以這些同意詞替換，以便明瞭作者所表達的意義。

超越客觀主義和相對主義

杜威實用主義的第三個、也是最後一個啟示來自於以下問題：杜威對知識和認識過程（coming to know）的看法是否容許我們去區分有效知識與無效知識、有效信念與無效信念，還是如許多批評家所言，杜威的觀點帶有主觀主義（subjectivism）和相對主義（relativism）的色彩。

知識的主觀性

杜威對知識以及認識的論述，關注其能否達到可欲的（desirable）情況。如上所述，這不僅是關於什麼可以啟動探究過程；知識的目的，更廣泛來說，不僅只於為了解而知，而是為了能夠對我們所處的問題情境，有更好的掌握。因此，理解知識的目的似乎與個人滿足感有密切關係。正是此緣由，杜威經常被指控為主觀主義。

例如，伯特蘭·羅素[227]（1940，第 23 章）等的批評家認為，杜威的實用主義以個人滿足感定義真理，也因此將真理降低為個人滿足感。這個論點似乎是在指責實用主義，認為任何取悅我們或使我們感到滿意的東西都是真確的。儘管杜威經常提到「疑惑」或「不確定性」是引發探究過程的因素，且消除疑惑或不確定是成功探究的結果，但他並不是說懷疑和不確定僅存在於質疑的一方——相反的，它們是交互作用的特徵。因此，單單使個人滿意是不可能解決問題或恢復協調（coordination）的。這當中所需要的是交互作用中所有構成要素的轉變。儘管對情況的不確定性而言確實是由個人的**知覺**來決定，因此在這方面可稱為心理的或主觀的，但並不代表情況的不確定性本身是心理的或主觀的。杜威表示：「不管感到滿足是否為有意識的，感到滿足與否都是有客觀條件的客觀事物。它代表滿足客觀因素的要求。」（1925a, 59）只要牢

98

---

[227] Bertrand Russell，英國分析哲學家以及新實在主義（Neo-realism）之倡導者，詳細注釋請見第一章注 19。

記杜威哲學的交互作用架構，就沒有任何理由指責杜威是主觀主義——然而不幸的是，許多杜威批評家忘了這麼做。

　　但是，有另一個不同的批評似乎更切中要點，也需要稍微更複雜的討論。如我們所了解，杜威認為知識的對象是探究過程的**結果**。他認為「真正的知識對象存在於直接行動的結果」（1929a, 157）。然而，這個觀點也暗示著，有多少的有效探究活動成功達成預期的結果，就會有多少的已知的知識對象。這更表示，有多少因探究操作而得到的結論（這探究是解決先前所經驗的情況引發的問題），就有多少有效的知識（Dewey 1929a, 157）。這些觀點似乎是說，每個人建構了自己的世界並從而創造各自的真理。既然這表示會有許多不同的主觀世界與真理，且沒有一個是客觀的，這似乎暗示著一個全然的主觀主義，而且是全然的相對主義的情況；因此最終每個人都擁有各自的真理。

　　我們可能會同意，杜威的實用主義在這方面的確會導致主觀主義，但這不一定是有害的。杜威承認，在每個人與他／她的環境間以其過去獨特的經驗，進行獨特的交互作用時，的確會創造屬於他／她自己的個別、各殊的世界。從某種意義上說，這是正確的。但是杜威趕緊補充說這不是問題；畢竟，這些完全是私人的事，「這和其他人無關，要去判定這些觀點是真實（true）還是錯誤（false），其實很荒謬。」（Dewey 1911a, 19）有關真實和錯誤的問題，以及有關如何表示我們個人的知識對象和我們的立即體驗的問題，僅在我們與他人一同行動的社會環境中才有意義。杜威解釋說：「依事物的樣貌來表示事物，是一種傾向於保持共同理解的方式來表示……理解是社會的必需品，因為它是所有行動共同體 [運作] 的先決條件。」（1911a, 16）只有在社會互動中或考量到社會互動的結果，才有必要協調我們每個人的獨特世界，以達到足夠程度的共同理解——在杜威的行為理論架構中，這個共同理解不是單單在心智上，而是首先在「態度上的相似性」或「對如何產生適當且多元的態度的共識」（Dewey 1911a, 17）。通過這種方式，我們創造了一個共同的、「互為主體的」（intersubjective）世界。對於杜威來說，真

99

理和眞確的表示，不會是我們與環境的個別交互作用中出現的議題。因此，不是「單單由對象本身決定什麼是對它的正確、權威的解釋；而是使對象作爲既定社會實踐中的術語和因素」（1911a, 19-20）。杜威甚至進一步說明，眞理首先是一種**社會**美德，滿足了因社交來往而產生的需求，而不是一種邏輯上的關係，更不是一種認識論上的關係。因此，他認爲與眞理相對立的不是**錯誤**，而是**謊言**（Dewey 1911a, 14-15）。

知識的相對性（Relativity）

我們認爲，上述論點適當地回應了稱杜威學說爲主觀主義的指責。杜威清楚表明，在何種情況下他的哲學確實是主觀主義，同時清楚表明爲何這並不造成疑慮的論點。他也解釋得非常清楚，所謂知識的眞實和錯誤、以及信念的有效性問題，**的確**變得有意義、甚至是急迫的——是在社會互動的情況下。因此請注意，杜威不會以客觀主義來替代主觀主義，[因爲]主觀主義主張我們以排除任何人性關注的方式，來呈現我們的知識對象。對於杜威來說，這是不可能的。他會選擇以**互爲**主體性來替代主觀主義。[也就是說]我們首先在嚴格的個人層次、以嚴格的各殊方式建構知識對象，然後將它們導入我們的社會實踐中，以便共同構建——或更好的狀況是，共同重新建構（co-reconstruct）——這些知識對象。

這種觀點的其中一種涵義是，不可能在「屬於物理對象的特徵」和「屬於社會習俗的特徵」之間進行嚴格區分（Dewey 1911a, 20）。除了物體的主要特質（例如堅固性、延展性和形狀）以及物體的次要特質（例如聲音、味道、顏色和氣味）（由約翰·洛克[228]所提出的區別）之外，還有除了所謂的第三類特質（愉悅、悲傷、虛弱、出色或邪惡）（由美國哲學家喬治·桑塔亞那[229]提出的概念）以外，杜威提出我們

---

[228] John Locke，英國經驗主義的代表人物，詳見第一章注 22。

[229] George Santayana，1863-1952，西班牙裔美國哲學家與文學家，屬於自然主

也許可以談及第四類的特質：「由於在 [人類] 社會生活中扮演影響因子，而被社會習俗賦予屬於該物體的適當特質。」（1911a, 21）

　　儘管杜威似乎能夠抵禦主觀主義的指責，但這似乎直接指向他論述的一種相對主義。如果說照著事物的本質來指涉事物，實際上是支持一種根據社會傳統要求的呈現事物方式，那麼這似乎意味著知識變得依賴、並因此「相對於」該傳統。許多人會認為從這個意義上來說，相對主義是個問題，因為相對主義不可能對知識主張作出任何確定的、與脈絡或傳統無關的決定。因此，批評家們說對了嗎？——如果我們依循杜威的實用主義，任何事都可以[230]？

　　杜威對此的回應，有部分在於他的交互作用論，此論述清楚限制了何為可接受的「真確」。但是，在杜威的著作中有另一個論點，為了全盤了解他的實用主義如何處理知識相對性的問題，我們需要探討這個論點。首先，我們需要了解，儘管杜威強調社會習俗和傳統是知識的一部分，而它們是無法從知識中抹去的，但杜威也看見將知識完全建構於傳

101

義與實用主義學派，啟發者包括實用主義的詹姆士與杜威；其主要哲學著作包括 1896 年出版的《美感》（*The sense of beauty*）以及 1920 年出版的《批判實在論論文集》（*Character and opinion in the United States*）等（Saatkamp, 2002）。

[230] 原文為 anything goes，可依上下文譯為「怎樣都行」、「什麼都可以」、「百無禁忌」、「什麼事情都可能發生」等等。而這句話讓人聯想到科學哲學家費耶阿本（Paul Karl Feyerabend, 1924-1994）於《反對方法》（*Against Method*）一書中的用語 anything goes。費氏在其書中提倡一種更人性化的科學方法論，即理論的無政府主義（theoretical anarchism），反對以強制性的研究規則限制科學的進步；而他認為唯一不會阻擋科學進步的取徑就是 anything goes。當然這番激進的言論引來批評，費氏在《反對方法》一書的修訂版中澄清，"anything goes" 不是研究方法的規則，也非提倡拋棄所有方法規則，而是一種不使方法論（methodologies）限制科學、且以不同觀點重新看待所有標準的心態（Feyerabend, 1993）。而這句提倡知識論無政府主義的術語，可在後來對於討論哲學家（例如杜威）面臨相對主義傾向批評的文章中，見到被引申使用的情形（Gavin, 2003; Jorgensen, 2017）。

統和習俗上還是有嚴重的問題。最重要的是，這種主張會讓我們完全沒有機會批評反思傳統和習俗。

　　如果沒有需要質疑習俗和傳統的話，當然就沒有問題。但是，一旦我們要質疑現狀，我們就不能依靠現狀本身提供我們質疑的手段。杜威認為，西方哲學，就是在社會習慣不再能維持自身作為最終生活標準時所產生的。柏拉圖（Plato）提出不再以傳統生活作為最終的標準，而是轉向一種**超越**傳統的實在（參見 Dewey 1911a, 26）。然而，我們已經看到，杜威發現這種轉變是有問題的，因為它使眞理和知識，變成了與人類生活以及眞實的人性關懷脫節的事物。他寫道：「如果存在永恆的、絕對的眞理，但眞理無法在人類事務中發揮作用，以擴大和確保人類福祉（prosperity），那麼，絕對眞理的存在和它的本質可能只會使無形的天使般的物種感到有興趣，而非有血肉的一般人。」（1911a, 54）

　　杜威這裡的說明有一個重要元素，可在他的**結果主義**（consequentialism）中找到。他觀察到，從傳統到超越實在（transcendental reality）的柏拉圖式轉變，僅是從一個絕對基礎轉變到另一個絕對基礎。杜威實用主義的意義並**不是**要單純地規範另一個基礎。實用主義不會為了尋找我們知識的基礎而回頭看（看向傳統和習俗）；它建議我們向前看，也就是專注於我們的行動及想法的結果。對於實用主義而言，關鍵問題始終與我們的想法或以特定方式行事的可能結果有關。如上所述，知識本身，不過是在闡述我們的行動與隨之而來的結果之間的可能聯繫。我們也可以將知識對象理解為是在總結作為（doing）與經歷（undergoing）之間的可能關係。而**眞理**——以杜威的詞彙中這個詞所含意義的程度而言——最終也與努力產出特定目標的具體成果有關。

　　在這方面，杜威的實用主義顯然不同於傳統主義以及柏拉圖主義的基礎主義策略。然而，仍有個關鍵問題有待解決，也就是應將哪種**結果**納入考量？我們最終應該優先考量純粹理智的結果，還是應該強調社會性的結果？可想而知，杜威並不希望我們在這當中二選一，而希望我

102

們尋找一種將兩種觀點融合在一起的方法：「我的假設是，科學的立場與方法，並不是要放棄社會目的、福利，以形成理智信念的正確規範準則，相反的，它是代表一種社會目的和社會福利本質的深層轉化。」（1911a, 57）杜威對此假設的闡述包括兩個階段。首先，他認為理智或科學觀點並不一定排除社會觀點。代表理智觀點的價值觀——例如公正無偏見（impartiality）、去個人化[231]和價值觀自由——僅與固有或預設的價值觀相對立，而非與所有的價值觀相對立。換句話說，理智觀點所要摒棄的是**教條主義**（dogmatism）；杜威寫道：「要達到理智上的客觀，就要公正無偏見、不強爭對錯、不執意維護先入為主的目的；不可不顧任何危險，堅持達成特定結果。」（191 la, 60）如果我們總是可以事先知道哪些是受重視或所欲的、而哪些不是，那麼結果主義將受到嚴重阻礙；這會導致知識分子受限於社會的情況。

　　但是，這並不意味著應該允許由理智或科學觀點來決定什麼結果應該發生、而什麼結果不應該發生，或什麼是人之所欲、而何者不是。這將如我們在第一章所說的，變成實證主義（positivism），而這是杜威希望克服的。理智或科學的觀點可以幫助我們確立什麼（有可能）是可行的。它可以為我們提供實現目標的手段。然而，杜威認為，「當我們僅將進步視為一種更高原則的手段，目的在實現我們已經熟悉的目標時，就是未對進步有適切的理解。」（1911a, 60）杜威試圖實現的理智與社會觀點的融合，是為要使我們設立目的與目標時有更加「科學的」（即實驗主義的和結果主義的）觀點：「有意義的重大進步，不僅是技術上的進步，它取決於能夠預見新的、不同的結果，並對環境條件做出妥善安排以實現這些結果的能力。」（1915b, 81）這，當然不是科學家可以為我們做的事情。關於目標和目的，以及關於什麼是可欲的、什麼

---

[231] Impersonality，亦可譯做非人格性、非關個人、客觀；國家教育研究院的學術名詞網翻譯為「對事不對人」（http://terms.naer.edu.tw/detail/3131988），供讀者參考。

103　不是的審議（deliberation），應該是**開誠布公的**（public）。也因此，民主的價值在此變得至關重要，並且與我們對於理解和理解過程的思考密不可分。如果互為主體的知識，其價值是取決於一個社群所形成的傳統和習慣，那麼對於知識進行審議和檢驗的能力，就成了衡量該社群價值的重要標準——對杜威而言，這確實是民主制度的主要優勢。

　　這裡更需要注意的是，我們不應將關於目的的公開民主審議與關於方法的審議分開。並不是說我們可以簡單地決定要實現的目標，然後找到實現目標的最佳方法。**一開始**，我們可能認為某個目的是好的，然而只有當我們知道實現該目的需要付出什麼代價時，也就是當我們知道**如何**實現這一目的時，我們才能決定，這個想要實現的目標是否真的是我們所欲的。很有可能一旦我們知道如何去實現想要達到的目標，我們會得出這樣的結論：從表面上、或倫理上、或社會層面、或出於環境的因素，這代價太高了，甚至是不能接受的。換句話說，唯有知道如何達成一個目標，我們才知道它真正的意義。在這裡，我們看到了杜威論述的重點，亦即理智或科學觀點，應該使我們在考慮目標與目的、考慮什麼是所欲時，了解到這些權衡必須從社會的、互為主體的面向來進行。

從相對主義到人文主義（humanism）

　　前面的章節已清楚地說明，對於杜威來說，社會與我們知識和認識過程是密不可分的。前面同時也說到，杜威並未提倡一種會讓知識分子變得完全依賴於社會的純粹相對主義；在這種相對主義中，杜威選擇將社會和理智的觀點相結合。這種結合作用在兩個主要面向。一方面，他主張採取一種與目的和價值結合的經驗取徑。我們需要仔細考慮我們想要實現的目標，並且以系統性、實驗性和民主的方式進行，以避免令人窒息的教條主義。我們不僅需要從理智觀點（科學）注入的意見，好使我們明白想要實現的目標是否可能實現、實現的代價為何。杜威還主
104　張，探究方法提供了一種系統性的實驗、審議目標及價值的方法。循此思路，知識分子應該可以轉化社會。

　　另一方面，杜威一次次地強調，理智脫離了社會脈絡、背景獨自存在，是沒有意義的：首先是因為，認識（to know）是一種典型的人類行為——「是人類的專屬，神靈或野獸不會這樣做。」（1911a, 68）從這方面來看，真理只會是**人類的**真理，也就是說，是一種對事物的詮釋，「目的在使這些事物有效地解放人類的目的與人類努力的效能」（Dewey 1911a, 66）。正如我們在上一章所討論的，這意味著驗證（verification）不是僅限於科學實驗室或類似情境內進行的事，而是需要盡可能廣泛應用的事情。

　　這是相對主義嗎？從某種意義上說，我們已經同意是相對主義，因為杜威不認為知識是可能在人類關注之外的情境下產生的（或有意義的）。正如他所說：「歸根究柢，真理是對事物『如其所是』的陳述，不是對它們處於空洞、荒蕪、無人關注的孤立狀態 [的陳述]，而是對它們處於 [人們] 共享和進步的經驗下的樣態 [之陳述]。」（1911a, 67）但這並不代表一切皆有可能，也不意味著個人滿足將是真理的唯一相關標準：「實用主義者所做的，是堅信人類因素必須與環境因素合作以解決問題，以及堅信這兩者的共同適應（coadaptation）同時代表著『符應』（correspondence）和『滿足』。」（Dewey 1910, 10）

　　杜威拒絕把所有的雞蛋都放在知識分子的籃子裡[232]。其中一個實際

---

[232] 原文為 Dewey refused to put all his eggs in the intellectual basket. 此諺語的意思，譯者理解為：「杜威不想對知識分子孤注一擲」，因為杜威雖然認為知識分子可以轉化社會，但也不是所有知識分子的價值觀都相同；如下文所述，杜威擔心的是知識分子發展出某種科學至上、否定人性的理性這種意識形態上的獨裁。不過也有審查者將這句諺語理解為「不是知識分子才掌握知識」，也許是與杜威對於人類生活中常識的肯定有關。因此譯者以下對杜威相關的論述來源稍作補充，僅供讀者參考，同時再次將內容詮釋的空間與樂趣交給讀者。

下文中作者標明這個結論的出處來自杜威 1910 年的著作《關於真理的簡短問答集》（*A Short Catechism Concerning Truth*），這篇短文收錄學生們與杜威之間對於實用主義的對話。對話中顯示出學生接收到許多關於實用主義的

的原因是，如果我們忘記或否認人的因素，最後這種因素無論如何都會以一種意想不到的、不可控制的、甚至是不負責任的方式表現出來（Dewey 1910, 10）。就此而言，「非人性的理性」不僅是我們不樂見的，而且是危險的。

這裡並沒有對於人們稱杜威的立場為「相對主義的」，做些什麼辯駁。但在此確實引發一個問題，就是在杜威實用主義的脈絡下，這個標籤是否還有意義、以及多大程度上是有意義的。他關於知識的論點既不是客觀的、也不是主觀的，而是徹底的**互為主體的**，他超越了區隔客觀主義立論與相對主義立論的架構。出於這個原因，杜威認為自己不是屬於相對主義，而是**人文主義**（Dewey 1911a, 65）。

105 結論

在本章中，我們介紹了杜威實用主義當中三個相關的結果：他對於理論與實踐之關係、對於知識的實在，以及他對客觀主義與相對主義的看法。在這三種論述中，杜威都提供了一些新穎而有趣的想法。

杜威的行動理論架構，屏除了一個觀念，即理論與實踐之間有認識論上的差異。並不是說理論提供我們有關事物的知識，而實踐只是遵循這些知識。如杜威所言，如果知識確實是人類行動**中**的一個因素，那麼理論不會凌駕於實踐之上，而是從實踐中產生並回饋於實踐。因此，如果我們想區別理論和實踐（例如，區分教育研究和教育實踐，或者更廣泛的來說，區分科學和常識），那麼，我們不是在認識論上進行區分，而是社會程度上的區別。與教育實踐一樣，科學（包括教育科學和教育研究在內）也是一種實踐。這並不表示科學完全等同於實踐，但卻可以

批評、質疑，例如實用主義是主觀主義、相對主義、重視人的因素的非理性學說等，因此杜威針對這些主要來自主智論（intellectualism，請見第一章注103）者的批評加以回應，並指出主智論對於絕對客觀真理的追求、以及對自身的哲學體系的自命不凡，是危險也是不令人樂見的。基於杜威的以上相關論述，譯者因而將這句諺語的意思理解為此。

消除兩種實踐之間在認識論上的差異；在這差異中，科學只與知識有關，而實踐只與行動有關。

當我們承認[理論與實踐]兩者之間的關聯，就可以針對科學與常識之間、以及教育研究與教育實踐之間的關係，提出不同的問題。一方面來說，我們應該就科學與常識之間、以及教育研究與教育實踐之間的實際（權力）關係，提出實證與歷史發展方面的問題。另一方面，杜威的觀點邀請我們以不同的方式思考理論與實踐之間的關聯。在這方面，杜威的建議是，科學產生的知識，不單是讓人遵循的真理，而是一種我們可以應用於日常生活問題解決上的**可能性**（possibility），並且也可為教育領域等提供[許多應用]。所以，杜威的取徑顯示，科學可以比認識論的詮釋所允許的，更為人性化與務實（down-to-earth）[233]。他對於實踐只能遵循理論的說法不以為然，這也意味著他認為實踐中存在著反思的可能性。

杜威實用主義的第二個結果——也就是他對於知識與實在如何連結的觀點——從某種意義上來說，可以看作是他對理論和實踐觀點的進一步支持。他主要的看法是，科學領域和常識領域不應被看作兩個相對立競爭的領域，也絕對不是爭辯何者為更加接近某個「真實」實在的競爭對手。杜威的交互作用實在論，意味著我們建構知識對象，為要作為我們行動的依據和支持。[因此]我們的知識對象是工具，唯一有意義的探討問題是，哪一個工具最適合用來解決我們生活中遇到的問題。就理論上來說，我們調和科學的「真理」與日常生活的「真理」，應該是不成問題的。只有關於我們如何有效且負責任地使用各種工具，會有一些實務面的問題。

杜威實用主義的第三個結果——即他對於主觀主義和相對主義指控的回應——再次表明他提出的實用主義，不是要使知識和科學遠離人

106

---

[233] 原諺語是形容一個人或思想不是高高在上、高談闊論的，而是實際、接近日常生活、接地氣的。

性關注，而是找尋理智觀點與社會觀點之間有意義的合作、整合方式。因此，對於主觀主義的指責，他的回答不是 [提出] 客觀主義，而是互為主體論；就如他對相對主義的指責，他的回答不是 [提出] 絕對主義（absolutism），而是人文主義[234]。需要釐清的是，杜威的人文主義，不是一種個人主義式的人文主義，而是一種徹底的社會或互為主體的人文主義——在這種人文主義中，我們唯有透過與他人的合作、溝通與共同而民主的審議，才能成為真正的人。

---

[234] 有關杜威人文主義的觀點，除了是他對於現代科學所帶來的文化危機之回應，以及對於指稱他的知識論相對性的回應，也是他對於唯心論及傳統哲學高舉理性、鄙視經驗的回應，強調人對於自然所經驗到的一切雖具不可預測性但有無限潛能與創造性。因此杜威亦稱其觀點為「自然主義的人文主義」（李日章，2005；傅統先，2019）。

第四章譯注之參考文獻

但昭偉（2000）。懷疑論。**教育大辭書**。取自 http://terms.naer.edu.tw/detail/1315329/

但昭偉、徐宗林（2000）。不可知論。**教育大辭書**。取自 http://terms.naer.edu.tw/detail/1302245/

李日章（譯）（2005）。George R. Geiger 著。**杜威：科學的人文主義哲學家**（*John Dewey：In perspective*）。新北市：康德。

傅統先（譯）（2019）。**經驗與自然**。臺北市：五南。

趙曉維（2000）。互為主體性。**教育大辭書**。取自 http://terms.naer.edu.tw/detail/1302590/

鄧曉芒、匡宏（譯）（2014）。S. E. Stumpf & J. Fieser 著。**西方哲學史：從蘇格拉底到沙特及其後**（*Socrates to Sartre and Beyond*）。臺北市：五南。

Feyerabend, P. K. (1993). *Against method: Outline of an anarchistic theory of knowledge* (Third Edition). London: Verso.

Gavin, W. J. (2003). *In Dewey's wake: Unfinished work of pragmatic reconstruction*. New York: State University of New York Press.

Jorgensen, C. G. (2017). *Discovering John Dewey in the twenty-first century: Dialogues on the present and future of education*. New York: Palgrave Macmillan.

Saatkamp, H. (2002). George Santayana. *Sandford Encyclopedia of Philosophy*. Retrieved from https://plato.stanford.edu/entries/satayana/

第五章
實用主義與教育研究

　　在本書中，我們概述了杜威實用主義關於教育研究的關鍵思想；接著我們也要釐清一個概念，就是實用主義既不提出執行教育研究的特定「方案」（program），也不提出任何特定的研究方法。但是，它提供了對教育研究的獨特見解，是一種理解研究教育本質及爲教育而做的研究、其可能性與侷限性的方式。這種觀點與其他理解教育研究（以及更廣泛的研究）的方式不同之處，首先是在於它的**交互作用**架構，該架構使我們將知識理解爲人類行動中的功能與作用，並使我們能以非常實際的方式理解人類的互動與溝通。在前面的章節中，我們不僅試著盡可能詳細地闡明這種哲學觀點隱含對於理解知識與探究過程的意義；我們也強調了實用主義的一些最重要的結果。

　　(1) 實用主義提供了一種不同的方式來理解知識與行動之間的關係。從實用主義者的角度來看，知識使我們更有可能改進與支持我們日常的問題解決，但這是在沒有人類行動的基礎上。這種觀點可能會，舉例來說，影響我們選擇探究哪些教育問題。

　　(2) 實用主義提供了一種不同的方式來思考理論與實踐之間的關係，以及，更具體地說，教育研究與教育實踐之間的關係。實用主義者的角度並不是主張研究屬於理論性、而實踐屬於實用性的，也不是說教育實踐是應用教育研究結果的領域；而是主張兩者本身都屬於實踐，具有不同的可能性和不同的侷限性，並且兩者應互相參照。換句話說，教育研究與實踐之間的關係並不是應用的關係，而是相互合作與協調的關係。這種觀點可能會影響研究團隊的組成方式以及組成的成員。

　　(3) 實用主義對於我們知識的客體，提供一種不同的思考。它並不主張科學的世界比現實世界更貼近實在。知識的客體是行動的工具，而不同的客體和不同的世界爲我們提供了不同行動的機會和可能性。這種觀點可能會影響研究方法的選擇，並強調以多元的探究工具來獲取有關問題的各種不同觀點。

　　(4) 最後，實用主義爲我們提供了一種不同的方式來思考客觀性與

相對性。它拒絕了屬於意識哲學[235]傳統的嚴格客觀主義，在這種傳統中，人們假定思想（mind）與知識的世界、以及物質與行動的世界之間，存在著不可逾越的鴻溝。然而，客觀主義的反義詞不是相對主義，而是互為主體性；換句話說，我們所唯一擁有且真正重要的世界，是我們共有、互為主體的世界，在這個世界，我們共同生活、一起行動，並且共同為此世界承擔責任。因此，理智的範圍並不限於手段、技術和工具的領域，而還包括結果、目的和價值的領域。畢竟，杜威的計畫不僅要使人類行為更加科學，且要使科學的行動更加人性化。毫無疑問，這是一個遠大的計畫——不僅在杜威的時代，在現代亦是如此。這種觀點可能會影響我們如何看待我們進行的研究，其內容問題與研究的背景組織、以及研究者自身的背景的**關聯性**。

　　所以，實用主義的哲學考察不會完全不提供研究人員任何協助。本書的目的有部分正是為**教育**研究者提供理智的資源，以便他們重新思考和考量他們研究活動本身的目標和目的。作為本書的總結，我們在此想對實用主義對於教育研究的基本問題所提出的見解，做進一步的觀察。

教育研究的目的是什麼？

　　從某種意義上說，根據實用主義對教育研究的理解所得出最重要的結論是，教育研究不是僅在於尋找更好、更精細、更經濟又有效的方法來達成理所當然的教育目的，而是要探究這些應該屬於教育研究**不可或缺的**一部分的教育目標、結果和目的。換句話說，教育研究的「研究議題」應該包含工具性及價值性兩方面的觀點。正如第三章的說明，杜威主張教育研究不應侷限於對教育方法與技術的系統性探究，因為這仍然可能導致對教育方法的探究和對教育目標的探究之間產生分歧。杜威的觀點是，對於教育的結果、目標和目的的探究只能是對教育手段和技術的探究不可或缺的一部分。進行教育研究的目的，不僅在於找出什麼

---

[235] philosophy of consciousness，請參考第一章注 89。

是可能的或可達成的，也要考慮一個問題：這些可能或可達成的目標，是否**值得追求的**（desirable）——更具體地說，從教育的觀點來看是否值得。例如，我們也許能夠設計出高效能的教學機器，但是，如果這會造成一種教育系統，其中兒童和年輕人的教育經驗只是克服教學機器的各種考題[236]，即使能證明這些系統能成功地促進某些學習成果，我們**仍然**會需要提出一個問題，即，學生會從系統本身學到什麼（例如，這種系統展現出何種社會所重視的教育面向、或何種適當的學習「本質」），是否與我們所期望學生學到的東西一致。在這個例子中，工具有效性的問題**不能**與價值分開而論。

　　同樣的，杜威也告訴教育研究者和教育工作者，不要使自己隨流扮演教育技術員的角色；他們只決定教育方法，而由別人為他們決定教育的目的。杜威為教育工作者和教育研究者提供了一套十分有說服力的論述，說明為什麼這樣的限制是有問題的，甚至是危險且不民主的。

教育研究對教育實踐所能做出的貢獻

　　杜威的交互作用理論最重要的意涵之一，就是教育研究不會形成教育行動的規則。教育研究只能告訴我們在特定情況下可能發生的事——即使該情況是所謂「具代表性樣本」（representative sample）的特定情況——它也不可能告訴我們適用於所有情況的做法。教育知識，即教育探究的「產物」，揭示了行動與後果之間的**可能**關聯。無疑地，這些知識對於教育工作者而言極為重要，但是他們不應該期望從中獲得如何行動的答案（同樣的，教育研究者也不應假設他們可以告訴教育工作者該做和不該做什麼）。

　　教育研究與教育實踐之間的關係，不是單純對知識的應用，原因除了因為實用主義以新的方式理解知識（實用主義認為知識不只是對實在

---

[236] 原文使用的英文諺語：jump through hoops，意思是克服障礙、關卡，就如同馬戲團的特技員可以跳過各種火圈、環子一樣。

的描述，而是行動與結果之間的關聯）；也與我們所生活的世界不斷在變化與發展有關。這表示基本上我們無法預測未來。從某種意義上說，我們所遭遇的每一種情況都是獨一無二的。這並不是說我們會持續的一無所獲；我們的許多行動都是習慣性的，隨著時間的推移，我們習得的行動模式足以應付大多數情況。只有在我們的行動模式不足以應付情況時才會出現問題。正是這樣的情形，我們可以運用所擁有的知識的唯一方法，是將我們的觀察與探究連結到可能的行動對策。這可以幫助我們理解和應對所面臨的獨特情況，而知識正好就是以這種方式，使我們能更明智地解決日常問題。但是，是否應用研究成果於自身的實踐探究及問題解決的判斷，則取決於教育工作者本身了。如我們已討論的，這就是爲什麼杜威主張教育科學最終的實在[237]，存在於教育者的思想中（而這也意味著即使教師和其他教育者是從他人進行的研究中汲取靈感，但他們不只是教育知識的消極消費者，而是教育知識的創造者，因爲他們解決問題的行動**即是**探究的過程）。

　　此外，這更意味著透過教育研究改善教育實踐的過程，並不是研究提供實踐一個處方，好使教育實踐「臻至完善」。這種研究影響教育實務、以及研究可改進教育實務的觀念，它的問題在於，只有在假設教育實在本身並不會隨著時間推移而改變時，這觀念才有意義。但至少有三個原因，使這種假設幾乎是極不可能的：首先是因爲基本上，每個教育情況在某種程度上都是獨一無二的。另外，像教育這樣的社會實踐，本質上是由溝通與行動的協調而構成（和重構）的；它取決於人們的行動、以及對他人的行動做出反應的方式，而這通常是不可預測的。最後是一個非常實際的原因，隨著時間推移，教育實在不會仍舊不變，也因此當今的教育工作者面臨了許多過去根本不存在的問題。這表示，如果教育研究要爲改善教育做出貢獻，則需透過提供新的知識和實踐資源來

111

---

[237] 實在，reality，也可以理解爲實際樣貌、現實或現狀。以下各處的「教育實在」，讀者都可用這些詞替代，以理解作者與杜威的概念。

解決教育者的日常問題。也就是說，研究對於教育改善若有所貢獻，會是在幫助教育者以更明智的方式來解決面臨問題這方面。當然，這能對於要形成什麼樣的教育研究問題（以及由誰來提出）有所啟發；但這絕不會使教育體系臻至完美。

當然，有人會從比較挖苦的角度，主張減低教育的不可預測性方法——從而也減低教育者以明智方式解決教育問題的需要——是限制教育情境中可能行動與活動的數量。這種做法的最好示例就是速食餐廳，它們菜單的餐點種類有限、全球採用一致的備餐方式及餐廳裝飾，而這些都限制了餐廳員工的活動以及顧客行動的類型[238]。這使得在全世界任何地方，無論是否會說當地語言，幾乎都可以輕易點得到漢堡。由於幾乎沒有任何意外，因此有 99.9% 的機率，人們只要採取有限的行動模式與既定的習慣（或「能力」）就足夠應付了。顯然，這樣的模式幾乎不需要任何明智的行動。目前西方國家的學校有多大程度正朝著這種模式發展，以及出於教育等因素，這種教育改革和「改善」的方法是否令人嚮往，我們交由讀者自行判斷；因為此議題不在本書的討論範圍內[239]。但是實用主義者對於知識與行動之間、以及理論與實踐之間關係的理解，使得這些發展的可能結果顯現出來，並能解釋產生這些結果的原因。在教育研究或其他研究情境中，若是對「效能」（efficiency）問

---

[238] 在這裡，我們可以看到作者對於全球化（globalization）議題的反思。也許對於熟悉美國文化的國人或華人讀者而言，甚至是年輕的讀者而言，對速食店、飲料連鎖店等情形頗熟悉且理所當然，不會感覺是個問題。但在歐洲、英國等地，對於保存當地特色文化相當敏銳，因此這類衝擊當地文化的討論時而可見。再者，作者成書的二十一世紀初，距現今已近二十載，當時全球化的情形尚未如今日這般深入各地的各個生活層面。相關的討論可參考本章譯注的參考文獻。

[239] 針對此議題，作者畢斯達倒是在其著作中有進一步的討論，例如 Biesta（2010a），本書收錄之中文版序，作者亦提到這本著作的相關論點。請見本章收錄之參考文獻。

題進行定義和評估時，不考慮研究內容和目標，可能會為了符合最有效的方法，而重新定義或限制原本的研究目的，導致與初衷目標背道而馳。

實用主義作為哲學學說的限制為何？

在本書中，我們試圖闡明約翰‧杜威的實用主義。我們認為實用主義的意涵還有許多可以闡述，例如，關於知識和行動之間關係的更廣泛（哲學的）討論、科學在現代社會中扮演的角色、關於客觀性與相對主義的問題、還有我們對教育研究與教育實踐之關聯的理解等等。從杜威對西方思想史的再建構中，我們可以學到最有趣的教訓之一是，現代科學之所以對日常生活產生崩解式的影響，原因是現代科學的成果竟是用哲學方法來解釋，而這種哲學方法早在現代科學出現之前許久就發展了。這種矛盾導致許多人認為科學知識只關注與一般人沒什麼關聯的東西，以至於當我們處理社會和道德議題時，我們只能放棄以真實知識[240]來指引我們的盼望，或者像杜威所說的：「以犧牲特特屬於人類的所有一切為代價，來換取科學的頭銜和權威。」（Dewey 1939b, 51）

有趣的是，杜威對此問題的解決方案，不是以旁觀者角度批評現代科學，而是問到如果我們依循現代科學本身的世界觀來發展對知識之理解，會產生什麼結果。結論——對於某些人來說會是個出乎意料的結論——是如果我們利用現代科學的發現來增進對科學本身的理解，我們就必須放棄一個想法：科學賦予我們獲得最終實在的特權。如果我們是認真地把科學當科學看待（而不是將它視為希臘哲學），那麼我們將被迫**不要**如此嚴肅地對待科學；或者，更確切地說，我們被迫改變對科學的理解。顯然，現代科學是在許多重要人類實踐中的一種。換句話說，杜威表示，如果我們檢視現代科學的內容和方法所帶來的啟示，最終將

113

---

[240] 這裡的「真實知識」（genuine knowledge），即本書第一章（頁97）作者引用杜威（1939b: 51）的話當中的「真實知識」，代表一般日常生活的常理與知識，與現代科學的權威知識形成對比。

只得到科學理性的「霸權」（hegemony），而不是一個充滿可能性和潛力的世界。在一個仍然迷戀於狹隘的科學理性的世界中，杜威提供了一種最有效的解藥、一種最能有效找回「所有特特屬於人類的事物」的方式。如我們在本書中所闡明，杜威的見解不僅對於我們看待社會科學的方式很重要，對於我們如何理解與探究教育領域的研究更是重要，尤其教育領域的研究不斷地嘗試使之更符合狹義的「科學的」定義，卻沒有意識到將科學狹隘地定義爲一套固定不變的方法，是一項最「不科學」的舉動之一！[241]

　　以上論述並不是說杜威的實用主義可以解決現代生活的所有問題，完全不是如此，因爲杜威的哲學──雖然是實驗性的、開放的，並且眞正致力於所有人的福祉──在某一重要方面也是有限制的。杜威說明自然世界，或現代科學的世界，是充滿著人類的潛能和可能性。如此，杜威就可證明「所有特特屬於人類的事物」都可以在這樣的世界中占有一席之地。但是，爲實現這一成就需要付出代價，因爲唯一能使「所有特特屬於人類的事物」在世上擁有一席之地的方法，就是以「自然主義」的術語對其重新定義。畢竟，杜威著作中的基本論調是作爲生命有機體的人類，會持續不斷透過與其他生命有機體的互動，來適應總在變化中的環境，且透過互動釋放出新的潛能，其中最顯著的是意識（consciousness）和自我覺察（self-awareness）。但這只是了解這個世界和人類定

---

[241] 關於作者引用杜威對於科學的觀點，進深探討吾人應如何理解教育探究、以及教育研究嘗試符合狹隘「科學的」定義所帶來的結果，可參考本章文獻收錄的文章：Biesta（2007）、Biesta（2010b）、Biesta（2020）。其中前兩篇文章〈爲什麼「什麼管用」不管用：以證據爲基礎的實踐與教育研究的民主缺失〉（Why 'what works' won't work. Evidence-based practice and the democratic deficit of educational research）、〈爲什麼「什麼管用」還是不管用：從以證據爲基礎的教育到價值爲基礎的教育〉（Why 'what works' still won't work. From evidence-based education to value-based education），亦可參考本書第一部分導讀的「延伸之重要著作」中，譯者所作之簡介。

位的其中一種可能方式，而且在二十一世紀初，我們不應再認爲任何這樣的故事、任何一個後設敘事[242]就足夠了。換句話說，杜威哲學的兩難困境（catch-22）[243]是，他能夠向人們揭示現代科學的世界實際上是多麼開放且充滿了人性化的可能性——而這與許多人心目中所相信的現代科學是相反的——但，杜威學說仍然屬於現代科學的世界。

114

---

[242] metanarrative，又譯爲元敘事（國家教育研究院雙語詞彙 http://terms.naer.edu.tw/detail/3264300/），也稱爲大敘事（grand narrative）、宏大敘事（master narrative）。後設敘事一詞是由法國的後現代主義哲學家 Jean-François Lyotard（1924-1998）所提出，用以形容後現代主義所質疑的普遍性主導思想，例如啟蒙解放、結構主義、馬克思主義等。所以後設敘事多出現在批判理論或後解構主義等論述中，簡單來說，它是指一種宏大理想的意識形態，透過具歷史意義、經驗或知識的敘述，帶給整體社會前進的準則，也爲文化現象賦予最終的涵義。Lyotard 對於後設敘事普遍性的仰賴，提出了質疑，認爲其建構過度忽視個別事件、混亂與無秩序的存在，因而主張以更小的敘事、本地脈絡化的（contextualized）敘事來取代大敘事，使人類經驗有多樣、流動的觀點呈現。本書作者的哲學取向除了受到實用主義的啟發，也受到後結構主義的影響（請見頁 241 作者簡介），因此對於杜威的實用主義在二十一世紀的學術界有著何種地位與限制相當清楚敏銳。我們可以看見作者以後現代主義的用詞來暗示杜威的學說彷彿一種後設敘事，對於已經走過後現代、後結構、後殖民主義等發展的二十一世紀而言，當知識分子不再嚮往過去爲總體世界提供超越性與普遍性的價值，而是側重多元視角、微型、當地的敘事時，二十世紀的杜威學說的限制就很清楚了。如作者所述：「杜威學說仍然屬於現代科學的世界。」

[243] catch-22 這個名詞是來自美國作家 Joseph Heller 的長篇小說《第二十二條軍規》（1961），小說內容描述第二次世界大戰時，基層的軍官夾在充滿慾望、勾心鬥角卻不顧下屬安危的長官，以及看似人道卻實質上無法申請保護的第二十二條軍規。因此，catch-22 可用來比喻讓人進退兩難、無法跳脫的圈套。作者認爲杜威的學說雖然跳脫了意識哲學的傳統框架，另闢蹊徑，使人們能以另一種出發點理解人與實在、知識的關係，只是不可避免的，杜威所處的時代及其思維，仍舊跳脫不了現代主義、仍舊標榜現代科學與實驗的價值。

教育研究者應如何「應用」實用主義？

　　我們對這個問題的回答很簡單，但可代表本書的主旨：實用主義不是教育研究和教育研究者的法則；它不提供解決處方。如前所述，它是一種能**排除**特定的錯誤二元對立論、特定假設、某些傳統實踐方法的思考方式，並且可以開啟思考的新可能性。簡而言之，它是一種資源，可以幫助教育研究者對其研究活動更具反思性，以及──以杜威最喜歡的用詞之一來說──更加**明智**。

第五章譯注之參考文獻

吳美娟（2003）。全球化影響下社會學習領域之趨勢。**國民教育研究集刊**，11，61-76。

張鍠焜（2003）。解構主義。**教育大辭書**。取自 http://terms.naer.edu.tw/detail/1312532/

鄧曉芒、匡宏（譯）（2014）。S. E. Stumpf & J. Fieser 著。**西方哲學史：從蘇格拉底到沙特及其後**（*Socrates to Sartre and Beyond*）。臺北市：五南。

龍應台（1985）。**野火集**。臺北市：圓神。

龍應台（1999）。**百年思索**。臺北市：時報文化。

簡成熙（in press）。後結構主義的師資培育：論 G. J. J. Biesta 對學習化現象的批評與教學的期許。

Bertens, H. (1995). *The Idea of the Postmodern: A History*. London: Routledge.

Biesta, G. J. J. (2007). Why "what works" won't work: Evidence-based research and the democratic deficit in educational research. *Educational Theory, 57*(1), 1-22.

Biesta, G. J. J. (2010a). *Good education in an age of measurement: Ethics, politics, democracy*. Boulder, Co: Paradigm Publishers.

Biesta, G. J. J. (2010b). Why "what works" still won't work: From evidence-based to value-based education. *Studies in Philosophy and Education, 29*(5), 491-503.

Biesta, G. J. J. (2020). *Educational research: An unorthodox introduction*. London: Bloomsbury.

Carr, D. (1986). *Time, Narrative, and History*. Bloomington, Indiana: Indiana University Press.

Cheng, T. (2019). Consciousness. In H. Salazar & C. Hendricks (Eds.), *Introduction to philosophy: Philosophy of mind*, pp.44-51. Open educational resources: Rebus Community.

Giddens, A. (2003). *Runaway world: How globalization is reshaping our lives*. New York: Routledge.

Kriegel, U. (2020). Introduction: What is the Philosophy of Consciousness? In U. Kriegel (Ed.), *Oxford Handbook of the Philosophy of Consciousness*, pp.1-13. Oxford: Oxford University Press.

Ladson-Billings, G. & William F. Tate (Eds) (2006). *Education research in the public interest: Social justice, action, and policy*. Teachers College Press.

Lin, Y.-s. (2009). *Teacher and Pupil Responses to a Creative Pedagogy - Case Studies of Two Primary Classes in Taiwan* (Unpublished PhD Thesis). University of Exeter, UK.

Lin, Y.-s. (2014). A third space for dialogues on creative pedagogy: Where hybridity becomes possible. *Thinking Skills and Creativity, 13*, 43-56.

參考文獻

Bernstein, R. J. 1983. *Beyond Objectivism and Relativism: Science, Herme-neutics, and Praxis.* Oxford: Basil Blackwell.

——. 1986. *Philosophical Profiles: Essays in a Pragmatic Mode.* Cambridge: Polity Press.

Biesta, G. J. J. 1994. "Education as Practical Intersubjectivity: Towards a Critical-Pragmatic Understanding of Education. *Educational Theory* 44, no. 3: 299-317.

——. 1998. "Mead, Intersubjectivity and Education." *Studies in Philosophy and Education* 17: 73-99.

Boydston, J. A., and K. Poulos, eds. 1978. *Checklist of Writings about John Dewey: 1887-1977. Second edition, enlarged.* Carbondale: Southern Illinois University Press.

Burbules, N. C., B. Warnick, T. McDonough, and S. Johnston. Forthcoming. "The Educational Strand in American Philosophy." In *Blackwell Guide to American Philosophy*, edited by Armen Marsoobian and John Ryder. New York: Blackwell.

Condliffe-Lagemann, E. 2000. *An Elusive Science: The Troubling History of Education Research.* Chicago: University of Chicago Press.

Cook, G. A. 1993. *George Herbert Mead: The Making of a Social Pragmatist.* Urbana: University of Illinois Press.

Coughlan, N. 1975. *Young John Dewey.* Chicago: University of Chicago Press.

Dancy, J. 1985. *An Introduction to Contemporary Epistemology.* Oxford: Blackwell.

Davidson, D. 1980. *Essays on Actions and Events*. Oxford: Clarendon Press.

——. O 1984. *Inquiries into Truth and Interpretation*. Oxford: Clarendon Press.

Dewey, J. 1896. "The Reflex Arc Concept in Psychology." In *The Early Works (1882-1898)*, edited by Jo Ann Boydston. Carbondale: Southern Illinois University Press, 5: 96-109.

——. 1899. "Principles of Mental Development as Illustrated in Early Infancy." In *The Middle Works (1899-1924)*, edited by Jo Ann Boydston. Carbondale: Southern Illinois University Press, 1: 175-91.

——. 1903a. "Logical Conditions of a Scientific Treatment of Morality." In *The Middle Works (1899-1924)*, edited by Jo Ann Boydston. Carbondale: Southern Illinois University Press, 3: 3-39.

——. 1903b. Studies in Logical Theory. In *The Middle Works (1899-1924)*, edited by Jo Ann Boydston. Carbondale: Southern Illinois University Press, 2: 293-375.

——. 1905. "The Postulate of Immediate Empiricism." In *The Middle Works (1899-1924)*, edited by Jo Ann Boydston. Carbondale: Southern Illinois University Press, 3: 158-67.

——. 1906a. "Beliefs and Existences." In *The Middle Works (1899-1924)*, edited by Jo Ann Boydston. Carbondale: Southern Illinois University Press, 3: 83-100.

——. 1906b. "The Experimental Theory of Knowledge." In *The Middle Works (1899-1924)*, edited by Jo Ann Boydston. Carbondale: Southern Illinois University Press, 3: 107-27.

——. 1907a. "The Control of Ideas by Facts." In *The Middle Works (1899-1924)*, edited by Jo Ann Boydston. Carbondale: Southern Illinois University Press, 4: 78-90.

———. 1907b. "The Intellectualist Criterion for Truth." In *The Middle Works (1899-1924)*, edited by Jo Ann Boydston. Carbondale: Southern Illinois University Press, 4: 50-75.

———. 1908a. "What Pragmatism Means by Practical." In *The Middle Works (1899-1924)*, edited by Jo Ann Boydston. Carbondale: Southern Illinois University Press, 4: 98-115.

———. 1908b. "Does Reality Possess Practical Character?" In *The Middle Works (1899-1924)*, edited by Jo Ann Boydston. Carbondale: Southern Illinois University Press, 4: 125-42.

———. 1909a. How We Think. In *The Middle Works (1899-1924)*, edited by Jo Ann Boydston. Carbondale: Southern Illinois University Press, 6: 177-356.

———. 1909b. "The Influence of Darwin on Philosophy." In *The Middle Works (1899-1924)*, edited by Jo Ann Boydston. Carbondale: Southern Illinois University Press, 4: 3-14.

———. 1910. "A Short Catechism Concerning Truth." In *The Middle Works (1899-1924)*, edited by Jo Ann Boydston. Carbondale: Southern Illinois University Press, 6: 3-11.

———. 1911a. "The Problem of Truth." In *The Middle Works (1899-1924)*, edited by Jo Ann Boydston. Carbondale: Southern Illinois University Press, 6: 12-68.

———. 1911b. "A Reply to Royce's Critique." In *The Middle Works (1899-1924)*, edited by Jo Ann Boydston. Carbondale: Southern Illinois University Press, 7: 64-78.

———. 1911c. "Brief Studies in Realism." In *The Middle Works (1899-1924)*, edited by Jo Ann Boydston. Carbondale: Southern Illinois University Press, 6: 103-22.

———. 1912. "Perception and Organic Action." In *The Middle Works (1899-*

1924), edited by Jo Ann Boydston. Carbondale: Southern Illinois University Press, 7: 3-30.

——. 1915a. "The Existence of the World as a Logical Problem." In *The Middle Works* (*1899-1924*), edited by Jo Ann Boydston. Carbondale: Southern Illinois University Press, 8: 83-97.

——. 1915b. "The Logic of Judgements of Practice." In *The Middle Works* (*1899-1924*), edited by Jo Ann Boydston. Carbondale: Southern Illinois University Press, 8: 14-82.

——. 1916a. Democracy and Education. In *The Middle Works* (*1899-1924*), Volume 9, edited by Jo Ann Boydston. Carbondale: Southern Illinois University Press.

——. 1916b. "Introduction to *Essays in Experimental Logic*." In T*he Middle Works* (*1899-1924*), edited by Jo Ann Boydston. Carbondale: Southern Illinois University Press, 10: 320-69.

——. 1917. "The Need for a Recovery of Philosophy." In *The Middle Works* (*1899-1924*), edited by Jo Ann Boydston. Carbondale: Southern Illinois University Press, 10: 3-48.

——. 1920. Reconstruction in Philosophy. In *The Middle Works* (*1899-1924*), edited by Jo Ann Boydston. Carbondale: Southern Illinois University Press, 12: 77-201.

——. 1922a. "Pragmatic America." In *The Middle Works* (*1899-1924*), edited by Jo Ann Boydston. Carbondale: Southern Illinois University Press, 13: 306-10.

——. 1922b. Human Nature and Conduct. In *The Middle Works* (*1899-1924*), Volume 14, edited by Jo Ann Boydston. Carbondale: Southern Illinois University Press.

——. 1922c. "An Analysis of Reflective Thought." In *The Middle Works* (*1899-1924*), edited by Jo Ann Boydston. Carbondale: Southern Illinois

University Press, 13: 61-71.

———. 1925a. Experience and Nature. In *The Later Works (1925-1953)*, Volume 1, edited by Jo Ann Boydston. Carbondale: Southern Illinois University Press.

———. 1925b. "The Development of American Pragmatism." In *The Later Works (1925-1953)*, edited by Jo Ann Boydston. Carbondale: Southern Illinois University Press, 2: 3-21.

———. 1928a. "The Inclusive Philosophical Idea." In *The Later Works (1925-1953)*, edited by Jo Ann Boydston. Carbondale: Southern Illinois University Press, 3: 41-54.

———. 1928b. "Appearing and Appearance." In *The Later Works (1925-1953)*, edited by Jo Ann Boydston. Carbondale: Southern Illinois University Press, 3: 55-73.

———. 1929a. The Quest for Certainty. In *The Later Works (1925-1953)*, Volume 4, edited by Jo Ann Boydston. Carbondale: Southern Illinois University Press.

———. 1929b. The Sources of a Science of Education. In *The Later Works (1925-1953)*, edited by Jo Ann Boydston. Carbondale: Southern Illinois University Press, 5: 1-40.

———. 1930a. "Conduct and Experience." In *The Later Works (1925-1953)*, edited by Jo Ann Boydston. Carbondale: Southern Illinois University Press, 5: 2 18-35.

———. 1930b. "From Absolutism to Experimentalism." In *The Later Works (1925-1953)*, edited by Jo Ann Boydston. Carbondale: Southern Illinois University Press, 5: 147-60.

———. 1930c. "Qualitative Thought." In *The Later Works (1925-1953)*, edited by Jo Ann Boydston. Carbondale: Southern Illinois University Press, 5: 243-62.

——. 1931. "Social Science and Social Control." In *The Later Works* (*1925-1953*), edited by Jo Ann Boydston. Carbondale: Southern Illinois University Press, 6: 64-68.

——. 1933. How We Think: A Restatement of the Relation of Reflective Thinking to the Educative Process. In *The Later Works* (*1925-1953*), edited by Jo Ann Boydston. Carbondale: Southern Illinois University Press, 8: 105-352.

——. 1934a. A Common Faith. In *The Later Works* (*1925-1953*), edited by Jo Ann Boydston. Carbondale: Southern Illinois University Press, 9: 1-58.

——. 1934b. Art as Experience. In *The Later Works* (*1925-1953*), Volume 10, edited by Jo Ann Boydston. Carbondale: Southern Illinois University Press.

——. 1938a. Logic: The Theory of Inquiry. In *The Later Works* (*1925-1953*), Volume 12, edited by Jo Ann Boydston. Carbondale: Southern Illinois University Press.

——. 1938b. Experience and Education. In *The Later Works* (*1925-1953*), edited by Jo Ann Boydston. Carbondale: Southern Illinois University Press, 12: 1-62.

——. 1939a. Theory of Valuation. In *The Later Works* (*1925-1953*), edited by Jo Ann Boydston. Carbondale: Southern Illinois University Press, 13: 189-252.

——. 1939b. "Experience, Knowledge, and Value: A Rejoinder." In *The Later Works* (*1925-1953*), edited by Jo Ann Boydston. Carbondale: Southern Illinois University Press, 14: 3-90.

——. 1941. "Propositions, Warranted Assertibility, and Truth." In *The Later Works* (*1925-1953*), edited by Jo Ann Boydston. Carbondale: Southern Illinois University Press, 14: 148-88.

———. 1947. "Liberating the Social Scientist." In *The Later Works* (*1925-1953*), edited by Jo Ann Boydston. Carbondale: Southern Illinois University Press, 15: 224-38.

———. 1948. "Introduction: Reconstruction as Seen Twenty-Five Years Later." In *The Middle Works* (*1899-1924*), edited by Jo Ann Boydston. Carbondale: Southern Illinois University Press, 12: 256-77.

———. 1951. "How, What, and What For in Social Inquiry." In *The Later Works* (*1925-1953*), edited by Jo Ann Boydston. Carbondale: Southern Illinois University Press, 16: 333-42.

Dewey, J., and A. F. Bentley. 1949. *Knowing and the Known*. In *The Later Works* (*1925-1953*), edited by Jo Ann Boydston. Carbondale: Southern Illinois University Press, 16: 1-294.

Hickman, L. A. 1990. *John Dewey's Pragmatic Technology*. Bloomington: Indiana University Press.

Horkheimer, M. 1947. *Eclipse of Reason*. New York: Oxford University Press.

Kuklick, B. 1985. *Churchmen and Philosophers: From Jonathan Edwards to John Dewey*. New Haven: Yale University Press.

Langfeld, H. S. 1943. "Jubilee of the Psychological Review: Fifty Volumes of the Psychological Review." *Psychological Review* 50: 143-55.

Leahey, Th. H. 1987. *A History of Psychology*. Englewood Cliffs, N.J.: Prentice-Hall.

Lovejoy, A. O. 1963. *The Thirteen Pragmatisms and Other Essays*. Baltimore, Md.: The John Hopkins Press.

Peirce, Ch. S. 1955. *Philosophical Writings*. New York: Dover.

Phillips, D. C., and N. C. Burbules. 2000. *Postpositivism and Educational Research*. Lanham, Md.: Rowman & Littlefield.

Putnam, H. 1990. *Realism with a Human Face*. Cambridge, Mass.: Harvard

University Press.

———. 1995. *Pragmatism*. Oxford: Blackwell.

Quine, W. V. O. 1980. *From a Logical Point of View: Nine Logico-Philo-sophical Essays*. Second edition, revised. Cambridge, Mass.: Harvard University Press.

Rajchman, J, and C. West. 1985. *Post-analytic Philosophy*. New York: Columbia University Press.

Rorty, R. 1980. *Philosophy and the Mirror of Nature*. Oxford: Blackwell.

———. 1982. *Consequences of Pragmatism*. Brighton: Harvester Press.

Russell, B. 1922. "As a European Radical Sees It." *Freeman* 4: 608-10.

———. 1940. *An Inquiry into Meaning and Truth*. New York: W. W. Norton.

Schneider, H. W. 1963. *A History of American Philosophy*. New York: Columbia University Press.

Sleeper, R. W. 1986. *The Necessity of Pragmatism: John Dewey's Conception of Philosophy*. New Haven, Conn.: Yale University Press.

Stenhouse, L. 1983. *Authority, Education and Emancipation*. London: Heinemann Educational Books.

Thayer, H. S. 1973. *Meaning and Action: A Critical History of Pragmatism*. Indianapolis, Ind.: Bobbs-Merrill.

Titchener, E. B. 1898. "The Postulates of Structural Psychology." *The Psychological Review* 5: 449-65.

Welchman, J. 1989. "From Absolute Idealism to Instrumentalism: The Problem of Dewey's Early Philosophy." *Transactions of the Charles S. Peirce Society* 25: 407-19.

索 引

（條目後的頁碼係原文書頁碼，檢索時請查本書的側邊頁碼。）

作者簡介

Gert J. J. Biesta[244]是英格蘭艾克希特大學（University of Exeter[245]）教育與終身學習學院的教育理論教授，也是瑞典厄勒布魯大學（Örebro University）教育系教育與民主公民的客座教授。他是《教育與哲學研究》期刊的主編。他撰寫、合著或編輯了共 9 本書籍，並發表許多有關教育理論和教育研究哲學的文章和書籍章節。他的主要啟發來自實用主義（Dewey, Mead）和後結構主義[246]（Derrida, Levinas）。他的作品已經以英語、荷蘭語、德語和瑞典語出版，

---

[244] 1957- ，荷蘭裔教育學家。本書關於作者的簡介資料停留在 2003 年，以下簡列關於作者介紹的最新訊息，有關 Biesta 更詳細的資料與著作，讀者可參閱作者本人的網站（https://www.gertbiesta.com）。作者目前為愛爾蘭的梅努斯大學（Maynooth University）、英國愛丁堡大學（University of Edinburgh）的教授，同時也是挪威艾格德爾大學（University of Agder）以及芬蘭赫爾辛基藝術大學（University of the Arts, Helsinki）的客座教授。此外，他也是 *British Educational Research Journal*、*Asia-Pacific Journal of Teacher Education* 等期刊的共同編輯。

[245] 以當地人發音做音譯，當地人常以此發音來判定對方是外地人或是本地人。

[246] Poststructuralism。後結構主義領域中少有相互一致的理論，但皆是以批判結構主義為起點，挑戰結構主義對世界、人類理性、語言、制度等的理解。後結構主義主張世界是由數個分割的體系組成，不承認世界有固定的結構存在，認為結構會不斷變化發展、無確定性。因此，後結構主義拋棄結構主義的簡化主義方法論及其所強調的中立、全知觀點，追求揭露結構或文本中各種存在觀點的衝突。其中 Derrida 提出的解構（Deconstruction），即一種解構閱讀文本的分析法，強調文本中被忽視的觀點以及文本意義的流動性，希望透過批判男性中心主義與二元對立思想，找出文本背後的真實。因此從本書作者認肯杜威對於傳統西方哲學中二元對立的批判，不難理解他們對於後結構主義以及解構理論的興趣，同時也更能明白作者在第一章引用羅蒂的話，描述杜威早已等在這些後現代主義哲學家前頭的意涵。

最近的著作包括《德希達與教育》（*Derrida and Education*）（與 Denise Egéa-Kuehne 合著，2001 年）和《從教育的角度來看：教育理想在教學中的作用》（*Pedagogisch bekeken. De rol van pedagogische idealen in de onderwijspraktijk*）（與 Fred Korthagen 和 Hildelien Verkuyl 合著，2002 年）。他所翻譯杜威《經驗與教育》（*Experience and Education*）的荷蘭文譯本（與 Siebren Miedema 合譯）於 1999 年出版，在英格蘭、瑞士和瑞典舉辦了與這本書有關議題的研討會，並藉此次機會與不同國家的學生、同事探討他關於實用主義與教育研究的想法，從中受益匪淺。

Nicholas C. Burbules[247]是伊利諾伊大學厄巴納—香檳分校（University of Illinois, Urbana-Champaign）教育政策系的 Grayce Wicall Gauthier 教授[248]，他在教育哲學、科技與教育、以及批判社會和政治理論領域已廣泛發表著作。他同時也是《教育理論》（*Educational Theory*）期刊的現任主編。他最近的著作包括：《關注教育新科技的前景與風險》（*Watch IE The Promises and Risks of New Information Technologies for Education*）（與 Thomas A. Callister Jr. 合著，2000）；而在本系列中則包括《後實證主義和教育研究》（*Postpositivism and Educational Research*）（與 D. C. Phillips 合著，2000）；以及《全球化與教育：批判性視角》（*Globalization and Education: Critical Perspectives*）（與 Carlos Torres 合編，2000）。

128

---

[247] 1954-，是組織和領導方面的 Gutgsell 特聘教授，隸屬於批判和闡釋理論部門。他自 1991 年以來一直擔任《教育理論》雜誌的編輯。最近的著作為 *Showing and Doing: Wittgenstein as a Pedagogical Philosopher*（2010, Paradigm Press）（與 Michael Peters、Paul Smeyers 為共同作者），以及與 Paul Smeyers, David Bridges 和 Morwenna Griffiths 共同編輯的 *International Handbook of Interpretation in Educational Research*（Springer, 2015）一書。

[248] Grayce Wicall Gauthier 是一種教授的榮譽頭銜，此榮譽為 1995 年由該校校友 C. J. Gauthier 所建立，紀念其過世的妻子。本書第二作者擔任此榮譽教授的時間為 2002-2007（https://education.illinois.edu/faculty/nicholas-burbules）。

國家圖書館出版品預行編目資料

實用主義與教育研究／Gert J. J. Biesta,
Nicholas C. Burbules著；林于仙, 單文經
譯. ——初版. ——臺北市：五南圖書出版
股份有限公司, 2022.11
　　面；　公分
　　譯自：Pragmatism and educational
　　research
　　ISBN 978-626-343-409-7（平裝）

1.CST: 杜威(Dewey, John, 1859-1952)
2.CST: 實用主義　3.CST: 教育研究法

143.73　　　　　　　　　　111015408

1Ｉ4X

科技部經典譯注計畫

實用主義與教育研究
Pragmatism and educational research

作　　者 — Gert J. J. Biesta, Nicholas C. Burbules

譯　　者 — 林于仙、單文經

發 行 人 — 楊榮川

總 經 理 — 楊士清

總 編 輯 — 楊秀麗

副總編輯 — 黃文瓊

責任編輯 — 劉芸蓁、李敏華

封面設計 — 王麗娟

出 版 者 — 五南圖書出版股份有限公司

地　　址：106臺北市大安區和平東路二段339號4樓

電　　話：(02)2705-5066　　傳　　真：(02)2706-6100

網　　址：https://www.wunan.com.tw

電子郵件：wunan@wunan.com.tw

劃撥帳號：01068953

戶　　名：五南圖書出版股份有限公司

法律顧問　林勝安律師事務所　林勝安律師

出版日期　2022年11月初版一刷

定　　價　新臺幣400元

經典永恆・名著常在

五十週年的獻禮——經典名著文庫

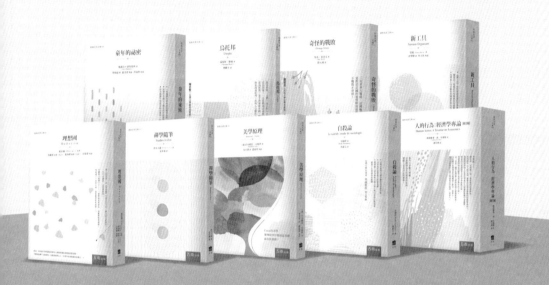

五南，五十年了，半個世紀，人生旅程的一大半，走過來了。

思索著，邁向百年的未來歷程，能為知識界、文化學術界作些什麼？

在速食文化的生態下，有什麼值得讓人雋永品味的？

歷代經典・當今名著，經過時間的洗禮，千錘百鍊，流傳至今，光芒耀人；

不僅使我們能領悟前人的智慧，同時也增深加廣我們思考的深度與視野。

我們決心投入巨資，有計畫的系統梳選，成立「經典名著文庫」，

希望收入古今中外思想性的、充滿睿智與獨見的經典、名著。

這是一項理想性的、永續性的巨大出版工程。

不在意讀者的眾寡，只考慮它的學術價值，力求完整展現先哲思想的軌跡；

為知識界開啟一片智慧之窗，營造一座百花綻放的世界文明公園，

任君遨遊、取菁吸蜜、嘉惠學子！